CB052202

Utilize este código QR para se cadastrar de forma mais rápida:

Ou, se preferir, entre em:
https://www.moderna.com.br/ac/livroportal
e siga as instruções para ter acesso aos conteúdos exclusivos do
Livro Digital

CÓDIGO DE ACESSO:
A 00266 GRFUF14E 3 19173

Faça apenas um cadastro. Ele será válido para:

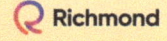

SANTILLANA EDUCAÇÃO — Richmond — SANTILLANA ESPAÑOL

Da semente ao livro,
sustentabilidade por todo o caminho

Plantar florestas
A madeira que serve de matéria-prima para nosso papel vem de plantio renovável, ou seja, não é fruto de desmatamento. Essa prática gera milhares de empregos para agricultores e ajuda a recuperar áreas ambientais degradadas.

Fabricar papel e imprimir livros
Toda a cadeia produtiva do papel, desde a produção de celulose até a encadernação do livro, é certificada, cumprindo padrões internacionais de processamento sustentável e boas práticas ambientais.

Criar conteúdos
Os profissionais envolvidos na elaboração de nossas soluções educacionais buscam uma educação para a vida pautada por curadoria editorial, diversidade de olhares e responsabilidade socioambiental.

Construir projetos de vida
Oferecer uma solução educacional Moderna é um ato de comprometimento com o futuro das novas gerações, possibilitando uma relação de parceria entre escolas e famílias na missão de educar!

MODERNA

Apoio: TWO SIDES
www.twosides.org.br

Fotografe o Código QR e conheça melhor esse caminho.
Saiba mais em *moderna.com.br/sustentavel*

DOUGLAS TUFANO

Licenciado em Letras e Pedagogia pela Universidade de São Paulo.

Professor do Ensino Fundamental e do Médio em escolas da rede pública e particulares do estado de São Paulo por 25 anos.

Autor de várias obras didáticas para o ensino da língua portuguesa no Ensino Fundamental e no Médio.

GRAMÁTICA FUNDAMENTAL

3

Ensino Fundamental

DE ACORDO COM A BNCC

4ª edição

MODERNA

© Douglas Tufano, 2020

MODERNA

Coordenação editorial: Marisa Martins Sanchez
Edição de texto: Anabel Ly Maduar, Christina Binato, Claudia Padovani
Gerência de *design* e produção gráfica: Everson de Paula
Coordenação de produção: Patricia Costa
Gerência de planejamento editorial: Maria de Lourdes Rodrigues
Coordenação de *design* e projetos visuais: Marta Cerqueira Leite
Projeto gráfico: Bruno Tonel, Mariza de Souza Porto
Capa: Ana Carolina Orsolin, Bruno Tonel
  Ilustração: Marilia Pirillo
Coordenação de arte: Carolina de Oliveira Fagundes
Edição de arte: Gláucia Koller
Editoração eletrônica: Setup Bureau Editoração Eletrônica
Coordenação de revisão: Maristela S. Carrasco
Revisão: Beatriz Rocha, Cecilia S. Oku, Leila dos Santos
Coordenação de pesquisa iconográfica: Luciano Baneza Gabarron
Pesquisa iconográfica: Cristina Mota de Barros
Coordenação de *bureau*: Rubens M. Rodrigues
Tratamento de imagens: Ademir Francisco Baptista, Joel Aparecido, Luiz Carlos Costa, Marina M. Buzzinaro
Pré-impressão: Alexandre Petreca, Everton L. de Oliveira, Marcio H. Kamoto, Vitória Sousa
Coordenação de produção industrial: Wendell Monteiro
Impressão e acabamento: Bercrom Gráfica e Editora
Lote: 797.504
Cód: 24123413

Dados Internacionais de Catalogação na Publicação (CIP)
(Câmara Brasileira do Livro, SP, Brasil)

```
Tufano, Douglas
   Gramática fundamental / Douglas Tufano. --
4. ed. -- São Paulo : Moderna, 2020.

   Obra em 5 volumes do 1º ao 5º ano.


   1. Português (Ensino fundamental) 2. Português -
Gramática (Ensino fundamental) I. Título.

20-33441                                 CDD-372.61
```

Índices para catálogo sistemático:

1. Gramática : Português : Ensino fundamental   372.61

Maria Alice Ferreira - Bibliotecária - CRB-8/7964

ISBN 978-85-16-12341-3 (LA)
ISBN 978-85-16-12342-0 (LP)

Reprodução proibida. Art. 184 do Código Penal e Lei 9.610 de 19 de fevereiro de 1998.
Todos os direitos reservados
EDITORA MODERNA LTDA.
Rua Padre Adelino, 758 – Belenzinho
São Paulo – SP – Brasil – CEP 03303-904
Vendas e Atendimento: Tel. (0_ _11) 2602-5510
Fax (0_ _11) 2790-1501
www.moderna.com.br
2024
Impresso no Brasil

1 3 5 7 9 10 8 6 4 2

Para você

Olá!

Este livro foi feito para ajudá-lo a ler e a escrever cada vez melhor.

Nele, há textos interessantes e muitas atividades para você aprender de forma agradável e divertida.

Espero que goste deste livro, que foi produzido com muito carinho especialmente para você!

Um abraço do seu amigo

Douglas Tufano

Nome: _____

_____

Escola: _____

_____

Veja como é o seu livro...

Em cada **capítulo**, conteúdos de **Gramática** e de **Ortografia** feitos para você aprender com facilidade.

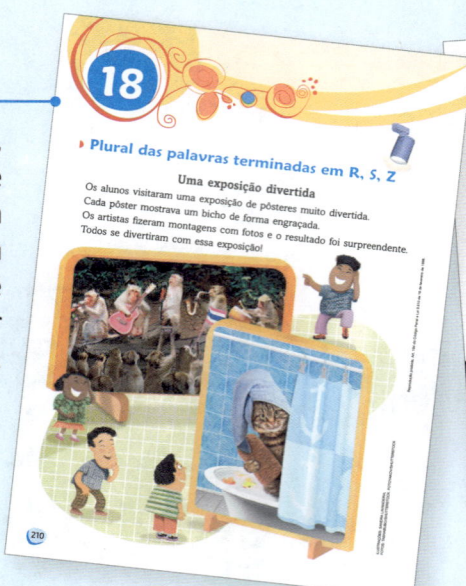

Sempre que encontrar esta vinheta, consulte no **Minidicionário** as palavras indicadas. Assim, você fica craque na **consulta a dicionários** e **amplia seu vocabulário**.

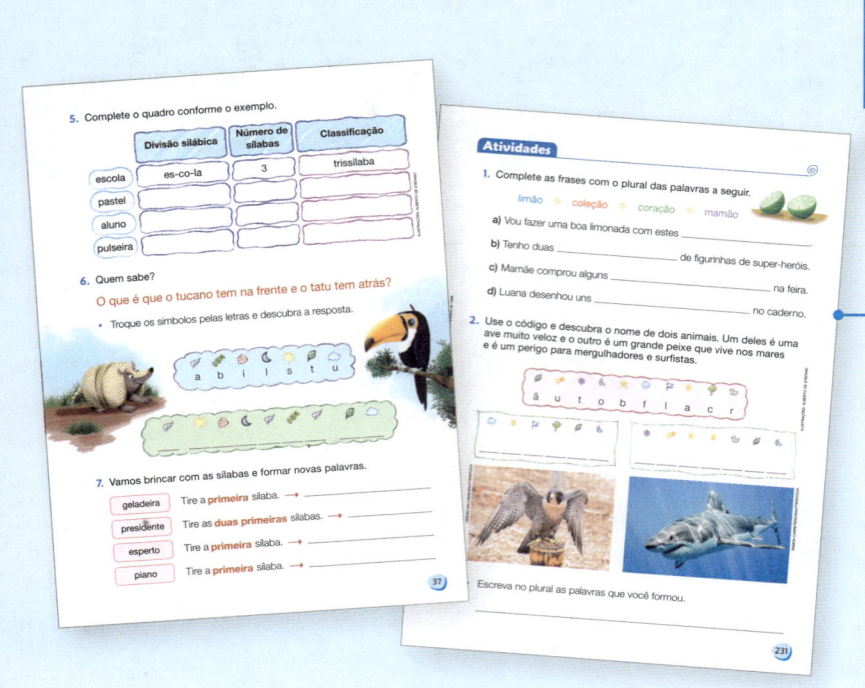

Com **atividades inteligentes e divertidas**, ficará mais gostoso estudar!

Na **Revisão**, você retoma os conteúdos estudados.

E mais! **Histórias bem ilustradas**, com atividades variadas, para você ler e se divertir.

No final do livro, um **Minidicionário ilustrado** para você consultar sempre que quiser aprender novas palavras.

Este ícone indica que a atividade é oral

Sumário

1
- **O alfabeto** 10
  - *Tirinha do Hagar, o Horrível* 10
- **Ordem alfabética** 14
  - *Alfabeto* 14
- **Dicionário – um livro muito importante!** 18
- **B/P, D/T, F/V** 22
  - *Vida boa* 22

2
- **Sinônimos e antônimos** 26
  - *Você sabe perder?* 26
- **H inicial e grupos CH, LH, NH** 31
  - *Hora do banho!* 31

3
- **Sílaba** 34
  - *Um peixinho superdiferente* 34
- **Divisão silábica: casos especiais** 38
  - *Dona Chica* 38

4
- **Sílaba tônica** 42
  - *Um monstro da Pré-história* 42
- **CA, CO, CU/GA, GO, GU** 46
  - *Escorregão* 46

5
- **Acento agudo e circunflexo** 50
  - *Tirinha do Chico Bento* 50
- **GUA, GUE, GUI** 55
  - *Mergulhos de campeão* 55

6
- **Frase** 60
  - *Tirinha do Garfield* 60
- **Encontros consonantais: consoante + L/consoante + R** ... 66
  - *As listras das zebras* 66
- **Revisão** 70
- **Hora da história** 74
  - *O pastorzinho e o lobo* 74

7
- **Sinais de pontuação: dois-pontos e travessão** ... 78
  - *O fantasminha* 78
- **Cedilha** 84
  - *Importância da cedilha* 84

8
Vírgula 88
Um ursinho de frutas 88
Til 93
Tirinha do Garfield 93

9
Verbo 96
Patinando e dançando no gelo 96
AR, ER, IR, OR, UR 101
Liberdade 101

10
Tempos verbais 106
A pequena bailarina 106
RAM, RÃO (passado e futuro) 111
Verbo: passado e futuro 111

11
Verbos irregulares 114
Identidade 114
QUA, QUE, QUI 119
Macaco arteiro 119
Revisão 122
Hora da história 128
A roupa nova do rei 128

12
Substantivo comum e próprio 132
Tirinha do Bidu 132
Substantivo: singular e plural 136
Um passeio de balão 136
Sons do X 140
Um fotógrafo da natureza 140

13
Substantivo coletivo 146
Espetáculo colorido 146
S, SS, S com som de Z 153
O Sol e a Lua 153

14
Substantivo: masculino e feminino ... 156
Alegria 156
S, Z 162
Trovas populares 162

Sumário

15
- **Artigo** 166
  - *O urso-polar* 166
- **R, RR** 171
  - *O corvo e o jarro* 171

16
- **Aumentativo e diminutivo** 174
  - *Tirinha do Bidu* 174
- **SC, SÇ** 182
  - *A natureza renasce na primavera* 182

17
- **Adjetivo** 186
  - *Amazônia: tesouro da humanidade* 186
- **Adjetivo pátrio** 191
- **AS, ES, IS, OS, US** 193
  - *Os benefícios do esporte* 193
- **Revisão** 198
- **Hora da história** 204
  - *O menino que tinha quase tudo* 204

18
- **Plural das palavras terminadas em R, S, Z** 210
  - *Uma exposição divertida* 210
- **X, CH** 215
  - *A coruja* 215

19
- **Plural das palavras terminadas em L** 220
  - *Tirinha do Garfield* 220
- **AL, EL, IL, OL, UL** 225
  - *Tirinha do Menino Maluquinho* 225

20
- **Plural das palavras terminadas em ÃO** 230
- **Dígrafo** 235
  - *Chuva querida* 235

21
- **Pronomes pessoais** 240
- **O, OU** 246
  - *Desejo de abraço* 246

22
- **Pronomes demonstrativos** 250
  - *Tirinha da Magali* 250
- **Consoante muda** 255
  - *Tirinha do Homem-Cacto* 255

23
- **Pronomes possessivos** 260
  - *Tirinha de Jean Galvão* 260
- **LH, LI** 264
  - *Menina abelhuda* 264

24
- **Numeral** 268
  - *Qual é o mais bonito animal do planeta?* 268
- **ANS, ENS, INS, ONS, UNS** 276
  - *Meios de transporte* 276

Revisão 280

Hora da história 286
Os músicos de Bremen 286

Minidicionário ilustrado 291

1

▸ O alfabeto

HAGAR Dik Browne

HÄGAR, O HORRÍVEL by Dik Browne

— ELE ESTÁ LENDO LIVROS DE NOVO!

— VOU DAR UM JEITO NISSO!

— HAMLET, VOCÊ ESTÁ PERDENDO O SEU TEMPO!

— LER NÃO SERVE PRA NADA!
— VOCÊ PRECISA APRENDER A TRABALHAR COM AS MÃOS!

— PORTANTO, PROCURE APRENDER ALGO DE PRÁTICO!

— O QUE DIZ AÍ, HAGAR?
— SEI LÁ, MAS VAMOS EM FRENTE... NÃO DEVE SER IMPORTANTE.

PERIGO! AREIA MOVEDIÇA À FRENTE

Hoje, vivemos num mundo em que as pessoas trocam mensagens a todo instante. Por isso, é importante saber ler e escrever muito bem. Precisamos entender o que os outros dizem e também saber expressar nossas ideias e opiniões.

O alfabeto

Você já aprendeu que, quando escrevemos, usamos letras. As letras representam os sons que usamos para falar. O conjunto das letras recebe o nome de **alfabeto**. O nosso alfabeto tem 26 letras.

Alfabeto maiúsculo

A B C D E F G H I J K L M N
O P Q R S T U V W X Y Z

Alfabeto minúsculo

a b c d e f g h i j k l m n
o p q r s t u v w x y z

As letras K, W, Y

As letras **K/k** (cá), **W/w** (dáblio) e **Y/y** (ípsilon) podem ser encontradas em abreviaturas, palavras estrangeiras e nomes de pessoas. Veja.

2 **k**g = 2 quilogramas

show

Wílson e **Y**ara

Atividades

1. Vamos formar palavras trocando as letras de cada grupo por aquelas que vêm **antes** na ordem alfabética.

    H B S P U B E B ⟶ ___ ___ ___ ___ ___ ___ ___ ___

    Q B S R V F ⟶ ___ ___ ___ ___ ___ ___

    Q B U J O F U F ⟶ ___ ___ ___ ___ ___ ___ ___ ___

    • Crie uma frase com as palavras que você formou.

    _____

    _____

2. Escreva o nome dos animais ilustrados. Depois, ligue as colunas.

    _____

    nome com duas vogais iguais e três consoantes

    _____

    nome sem nenhuma vogal repetida

    _____

    nome com três vogais iguais

3. Vamos brincar de formar palavras?

> A primeira palavra é **conta**.

▶ Troque **c** por **p** ⟶ _____

▶ Troque **a** por **e** ⟶ _____

▶ Troque **o** por **e** ⟶ _____

▶ Troque **p** por **d** ⟶ _____

▶ Troque **d** por **l** ⟶ _____

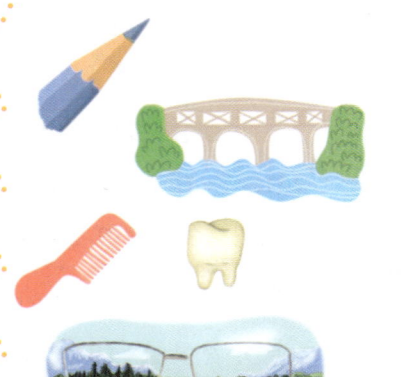

- Agora, encontre, no quadro de letras, as palavras que você formou.

```
D N T A O I P O N T P E N T E M
B D U S J C O L U E N A O L F E
G E K X L P N N T A T I R E T F
M N J I O E T E N L Y O P N I D
L T H E P T E L T O J V G T P E
A E T O S J N A L A I L S E U N
F S Y T A P O N T A Q N P O N A
```

4. As palavras abaixo estão escritas ao contrário. Escreva-as corretamente.

E M R O F I N U ⟶ _____

O R I E D N A P ⟶ _____

E T N A D U T S E ⟶ _____

A R U O S E T ⟶ _____

- Circule o encontro vocálico que há em duas dessas palavras.

> Há encontro vocálico numa palavra quando duas ou mais vogais aparecem juntas.

13

Ordem alfabética

Alfabeto

Encontrei um ursinho de pelúcia,
no seu bolso tinha bordado:
"Pertence a Maria".

Resolvi devolver o ursinho.
Foi então que apareceram:

Maria Auxiliadora
Maria Betânia
Maria Cristina
Maria Doroteia
Maria Eugênia
Maria Francisca
Maria Galdina
Maria Helena
Maria Inês
Maria Joaquina
Maria Karen
Maria Luíza
Maria Moema
Maria Noêmia
Maria Oneida
Maria Paula
Maria Quitéria
Maria Rita
Maria Sandra
Maria Telma
Maria Ubirajara
Maria Verônica
Maria Wilma
Maria Ximenes
Maria Yara
Maria Zuleide

Descobri que o ursinho
pertencia a todas as Marias,
que eram filhas
de uma única Maria:
Maria Alfabeto.

André Neves. *Poesias dão nomes ou nomes dão poesias*. São Paulo: Mundo Mirim, 2013.

A ordem em que as letras aparecem no alfabeto é chamada de **ordem alfabética**.

Atividades

1. Escreva o segundo nome das meninas usando os nomes do quadro.

> Eduarda   Alice   Teresa   Rosa   Celeste   Beatriz

Siga a ordem alfabética.

1. Maria _____
2. Maria _____
3. Maria _____
4. Maria _____
5. Maria _____
6. Maria _____

2. Escreva o segundo nome dos meninos usando os nomes do quadro em ordem alfabética.

> Eduardo   Ricardo   Antônio   Sérgio   Francisco   Carlos

1. José _____
2. José _____
3. José _____
4. José _____
5. José _____
6. José _____

3. Substitua cada letra pela letra que vem **depois** no alfabeto e forme o nome de três animais.

S H F Q D ⟶ ___ ___ ___ ___ ___

B N D K G N ⟶ ___ ___ ___ ___ ___ ___

Q H M N B D Q N M S D ⟶ ___ ___ ___ ___ ___ ___ ___ ___ ___ ___

4. Ligue os pontos seguindo a ordem alfabética.

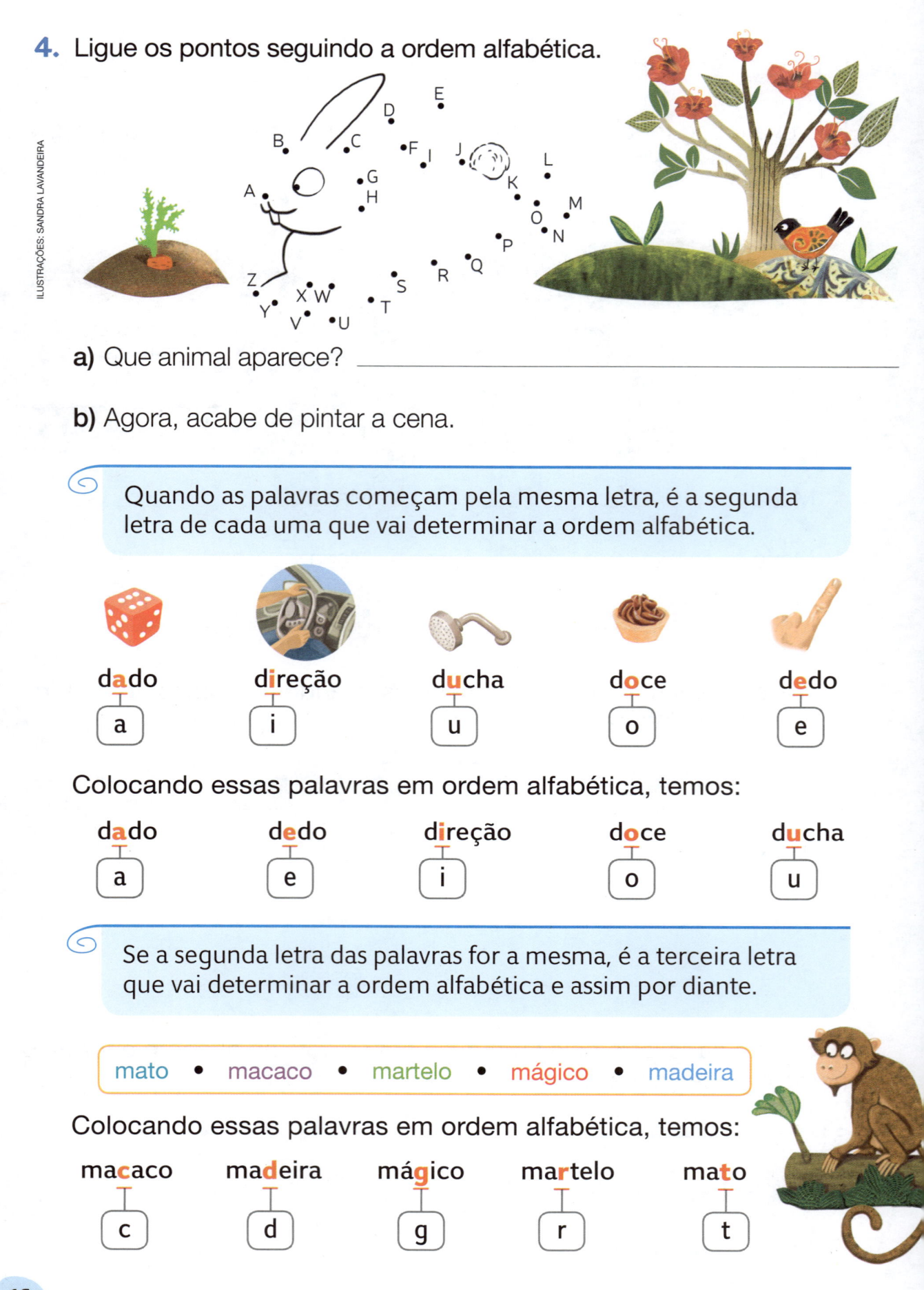

a) Que animal aparece? _____

b) Agora, acabe de pintar a cena.

> Quando as palavras começam pela mesma letra, é a segunda letra de cada uma que vai determinar a ordem alfabética.

d**a**do — a
d**i**reção — i
d**u**cha — u
d**o**ce — o
d**e**do — e

Colocando essas palavras em ordem alfabética, temos:

d**a**do — a
d**e**do — e
d**i**reção — i
d**o**ce — o
d**u**cha — u

> Se a segunda letra das palavras for a mesma, é a terceira letra que vai determinar a ordem alfabética e assim por diante.

mato • macaco • martelo • mágico • madeira

Colocando essas palavras em ordem alfabética, temos:

ma**c**aco — c
ma**d**eira — d
má**g**ico — g
ma**r**telo — r
ma**t**o — t

16

5. Numere as palavras dos grupos de acordo com a ordem alfabética.

a) furo — feio — faca — foca — fino

b) milho — mel — mar — muro — mola

6. Escreva o segundo nome dos meninos usando os nomes verdes em ordem alfabética.

> **Observe:** são casos de letra inicial igual!

Flávio   Alfredo   Fernando   Henrique   Américo   Hermes

1. Luís _____
2. Luís _____
3. Luís _____
4. Luís _____
5. Luís _____
6. Luís _____

7. Leia a tirinha.

ARMANDINHO — Alexandre Beck

- Copie, em ordem alfabética, os seres que a menina cumprimentou.

_____

_____

Dicionário — um livro muito importante!

O dicionário é um livro muito importante para você enriquecer seu vocabulário e conhecer melhor nossa língua, pois ele explica o significado das palavras e fornece informações gramaticais.

No dicionário, as palavras são apresentadas em ordem alfabética. A explicação de cada palavra é chamada de **verbete**. Veja um exemplo.

corajoso *adjetivo*
Valente, que não tem medo:
O bombeiro corajoso salvou a vida da criança.

Veja que, além da explicação do significado da palavra **corajoso**, o verbete apresenta uma frase de exemplo e informa que essa palavra é um adjetivo.

Palavras com mais de um significado

Às vezes, uma palavra pode ter mais de um significado. Quando isso acontece, cada significado é numerado no verbete do dicionário. Veja um exemplo.

ganhar *verbo*
1. Receber: *Ganhei um presente.*
2. Vencer: *Nosso time ganhou o jogo.*

Como achar um verbete

No alto de cada página do dicionário, há duas palavras. A da esquerda indica qual é o **primeiro** verbete da página; a da direita indica qual é o **último** verbete da página. Sabendo a ordem alfabética, você logo descobre se a palavra que está procurando se encaixa ou não entre essas duas palavras.

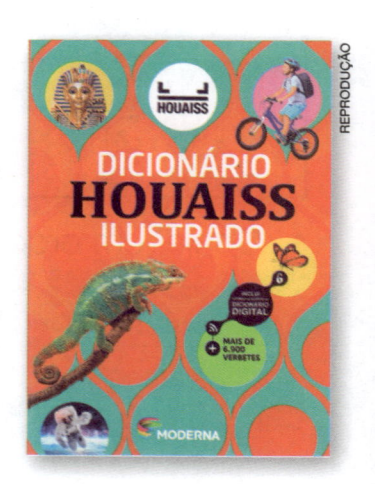

Veja um exemplo de uma página de dicionário.

Primeiro verbete da página → **capoeira**

Último verbete da página → **carambola**

---

capoeira

capoeira (ca.po.ei.ra) *subst.fem.* Luta em que se usam os pés e as mãos, trazida para o Brasil pelos escravos. Hoje, a **capoeira** é um jogo e um esporte. ~ **capoeirista** *subst.masc.fem.*

Verbete → **capota** (ca.po.ta) *subst.fem.* Cobertura que protege do sol e da chuva os veículos descobertos. A **capota** é feita de lona ou de outro material impermeável.

capotar (ca.po.tar) *verbo* Um carro **capota** quando cai com as rodas para cima ou dá voltas no ar.

caprichar (ca.pri.char) *verbo* Fazer o que tem de ser feito com cuidado, atenção e perfeição. *Alzira caprichou na feijoada!*

capricho (ca.pri.cho) *subst.masc.* **1** Cuidado que se tem ao realizar um trabalho, uma tarefa. *Carla prepara as festas com muito capricho.* **2** Desejo só para atender uma vontade tola ou passageira. *Crianças mimadas são cheias de caprichos.*

capturar (cap.tu.rar) *verbo* Levar quem está livre a um lugar de onde não poderá sair. *A polícia capturou o ladrão que fugiu.* ☞ Sinôn.: *prender.* Antôn.: *libertar.*

capuz (ca.puz) *subst.masc.* O **capuz** cobre nossa cabeça e fica preso a uma roupa, como um casaco ou uma capa. ☞ Pl.: *capuzes.*

caqui (ca.qui) *subst.masc.* Fruta avermelhada, de polpa mole como a gelatina e bem doce. ~ **caquizeiro** *subst.masc.*

cáqui (cá.qui) *subst.masc.* Cor marrom, de tom amarelado ☞ Esta palavra pode ser usada como adj., e o sing. e o pl. são iguais: *blusa cáqui, uniformes cáqui.*

cara (ca.ra) *subst.fem.* **1** É o mesmo que rosto. **2 Cara** é também o lado da moeda que tem uma figura, que pode ser o rosto de uma pessoa. É o oposto de coroa. *subst.masc.* **3** Uma pessoa qualquer. *Um cara perguntou por você.* ☞ Este sentido é de uso informal.

carambola

cará (ca.rá) *subst.masc.* Tubérculo comestível que tem a casca marrom e é branco por dentro. O **cará** é parecido com o aipim e com o inhame.

caracol (ca.ra.col) *subst.masc.* Molusco terrestre, com uma concha nas costas, em forma de espiral. O **caracol** rasteja bem devagar e tem os olhos na ponta das antenas, que saem da sua cabeça. ☞ Pl.: *caracóis.*

característica (ca.rac.te.rís.ti.ca) *subst. fem.* **1** Traço particular, próprio ou especial de algo ou alguém. *Cada jogador tem uma característica, uns são mais velozes, outros têm mais habilidade.* **2 Característica** também é tudo que define o que você é. *O anúncio pedia um trabalhador com as seguintes características: acima de 18 anos e com experiênciza.*

característico (ca.rac.te.rís.ti.co) *adj.* O que é **característico** é próprio seu e não deixa você ser confundido com outra pessoa. E o mesmo acontece com as coisas. *Mesmo sem vê-la, eu soube que ela chegou por causa do seu jeito característico de falar. Esta é a orelha característica desta raça de cães.*

cara de pau (ca.ra de pau) *subst.masc. fem.* **1** Um **cara de pau** não se incomoda com as suas atitudes, que geralmente envergonham ou incomodam os outros. *Meu vizinho é um cara de pau, sempre pede para ler nosso jornal.* ☞ Neste sentido, esta palavra também pode ser usada como adj.: *mulher cara de pau, homem cara de pau.* **2** Atrevimento de fazer algo que merece reprovação. *O rapaz teve a cara de pau de sair sem pagar a conta!* ☞ Esta palavra é de uso informal.

carambola (ca.ram.bo.la) *subst.fem.* Fruta de cor amarelada, quando madura, e polpa suculenta de sabor meio ácido. A **carambola** tem cinco ângulos, por isso, quando cortada em fatias, fica com a forma de uma estrela. ~ **caramboleira** *subst.fem.*

85

Instituto Antônio Houaiss de Lexicografia (org.).
Dicionário Houaiss Ilustrado. São Paulo: Moderna, 2016.

O seu Minidicionário!

No fim deste livro, apresentamos um **Minidicionário** que vai ajudá-lo a enriquecer seu vocabulário e a conhecer cada vez mais nossa língua.

Ao longo dos capítulos, há várias atividades em que você vai usar o **Minidicionário**.

Atividades

1. Vamos praticar a rápida localização de palavras! Consulte o **Minidicionário** e indique as páginas em que aparecem estes verbetes.

biografia → página _____   **difícil** → página _____

idoso → página _____   **veloz** → página _____

2. Consulte o **Minidicionário** e responda às perguntas.

a) Qual é o primeiro verbete da letra **h**? _____

b) Qual verbete vem logo depois de **feliz**? _____

3. Leia o verbete.

mandar *verbo* **1.** Dar uma ordem: *Ele mandou o pessoal limpar a sala.*
2. Enviar: *Mandei uma carta ao meu tio.*

- Agora, numere o significado que a palavra **mandar** tem em cada uma das frases abaixo.

a) Mandei uma mensagem aos meus colegas pelo celular. ☐

b) A professora mandou a turma entrar na sala. ☐

4. Troque os símbolos pelas letras e forme uma palavra que significa **enorme**, **muito grande**.

a   c   e   g   i   n   o   s   t

_____

ILUSTRAÇÕES: SANDRA LAVANDEIRA

Reforço ortográfico

B/P, D/T, F/V

Vida boa

Bola, pipa e peteca,
dado, pião e boneca...
Toda a turma querida,
Fabiana, Vitor, Renata,
Caio, Tiago, Aparecida,
brincando feliz da vida!

bola **da**do **fe**liz pe**te**ca **pi**pa **vi**da

bola
ba	be	bi	bo	bu
BA	BE	BI	BO	BU

dado
da	de	di	do	du
DA	DE	DI	DO	DU

feliz
fa	fe	fi	fo	fu
FA	FE	FI	FO	FU

pe**te**ca
ta	te	ti	to	tu
TA	TE	TI	TO	TU

pipa
pa	pe	pi	po	pu
PA	PE	PI	PO	PU

vida
va	ve	vi	vo	vu
VA	VE	VI	VO	VU

Atividades

1. As palavras abaixo foram escritas ao contrário. Escreva-as corretamente.

A T A R I P ⇢ _____

O T I L A P ⇢ _____

E T E P A T ⇢ _____

A L E V I F ⇢ _____

A D A C O C ⇢ _____

- Numere as palavras formadas de acordo com a ordem alfabética.

2. Complete com **bi** ou **pi** e forme palavras.

____ poca   ____ fe   ____ loto   ____ gode

____ jama   ____ cho   ____ menta   ____ cicleta

SANDRA LAVANDEIRA

Reforço ortográfico

3. Vamos brincar de formar palavras.

POTE ---- Troque **p** por **b** ⟶ ____ ____ ____ ____

BICADA -- Troque **b** por **p** ⟶ ____ ____ ____ ____ ____ ____

FONTE --- Troque **f** por **p** ⟶ ____ ____ ____ ____ ____

MODO ---- Troque **d** por **t** ⟶ ____ ____ ____ ____

- Agora, complete as frases com as palavras que você formou.

   a) O _____ passou por baixo da _____.

   b) Cuidado com a _____ da abelha!

   c) Edu gosta de andar de _____.

4. Leia em voz alta.

Vai ou não vai?

Era uma vez um marceneiro que gostava muito de dar apelido para as coisas. Nunca chamava as suas ferramentas como todo mundo; preferia chamar o martelo de bate-bate, a plaina de raspa-e-afina, o alicate de prende-e-puxa e o serrote de vaivém.

Um dia, o filho do seu vizinho foi até lá pedir o serrote emprestado. O marceneiro, porém, conhecia a fama do vizinho: ele nunca devolvia o que pedia emprestado. Então, disse assim para o menino:

— Olhe, meu filho, diga a seu pai que vaivém só vai quando vaivém vem; se vaivém fosse e vaivém viesse, vaivém ia; mas, como vaivém vai e vaivém não vem, vaivém não vai.

Maria José Nóbrega; Rosane Pamplona. *Era uma vez... três!* São Paulo: Moderna, 2005.

a) Ligue as figuras ao nome que o marceneiro dava a suas ferramentas.

- raspa-e-afina
- vaivém
- bate-bate
- prende-e-puxa

b) Desafio! Quem consegue ler depressa e em voz alta o último parágrafo do texto sem errar nenhuma palavra?

2

Sinônimos e antônimos

Você sabe perder?

Quando ganhamos um jogo ou uma brincadeira, ficamos alegres, contentes. Mas e quando perdemos? Você é do tipo que fica nervoso, bravo, dizendo que foi uma injustiça, que o vencedor foi desonesto, não aceitando a derrota de jeito nenhum?

É preciso saber perder. À medida que crescemos, vamos vendo que nem tudo acontece como queremos. Por isso, não podemos imaginar que sempre vamos ganhar, que sempre seremos vencedores. Além disso, perder pode nos trazer ensinamentos. Em vez de ficar reclamando, devemos pensar em como corrigir nossos erros. Assim, podemos melhorar e ficar mais preparados para a próxima vez.

contentes — alegres
sinônimos

ganhar — perder
antônimos

Sinônimos são palavras que têm significados bem parecidos.
Antônimos são palavras que têm significados contrários, opostos.

Atividades

1. Leia os pares de palavras e escreva ⬜1 se eles forem **sinônimos** e ⬜2 se forem **antônimos**.

   a) longe → perto ⬜

   b) bondoso → maldoso ⬜

   c) iniciar → começar ⬜

   d) sumir → desaparecer ⬜

   e) jovem → moço ⬜

   f) cedo → tarde ⬜

   g) gordo → magro ⬜

   h) acordar → despertar ⬜

   i) lento → rápido ⬜

   j) entrar → sair ⬜

   k) concluir → finalizar ⬜

   l) claro → escuro ⬜

2. Preencha a cruzadinha.

   1. antônimo de **raso**
   2. sinônimo de **exibir**
   3. antônimo de **achar**
   4. antônimo de **entrar**
   5. sinônimo de **enxugar**
   6. antônimo de **não**

3. Use o código e forme uma palavra.

🍎 = R
🥤 = B
🍴 = A
☕ = S
🍰 = O

a) Escreva a palavra que você formou. _____

b) Sublinhe, na frase abaixo, o **sinônimo** da palavra que você formou.

O lanche estava delicioso, todo mundo gostou muito.

4. Podemos formar o antônimo de diferentes maneiras. Uma delas é escrevendo **des** antes da palavra. Veja:

organizar ⟶ **des**organizar
                    |
                 antônimo

montar ⟶ **des**montar
                 |
              antônimo

- Agora, faça você! Use **des** e forme o antônimo destas palavras.

tampar _____   obedecer _____

ocupar _____   aparecer _____

5. Observe as figuras e complete os espaços com **antônimos** iniciados por **des**.

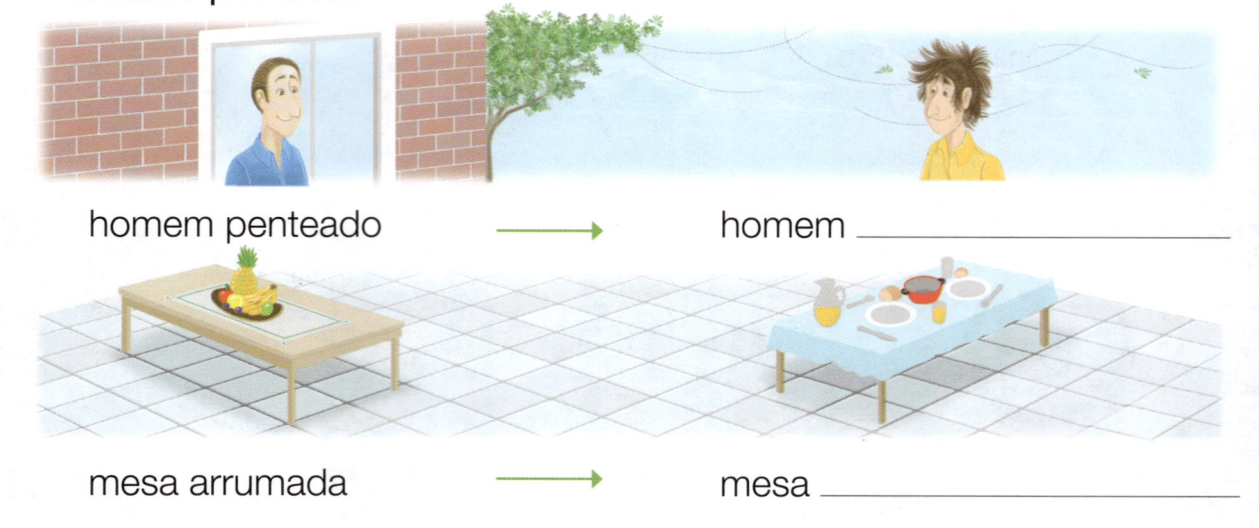

homem penteado ⟶ homem _____

mesa arrumada ⟶ mesa _____

28

6. Decifre o enigma e forme uma palavra.

| d | e | g | o | p | r | s | t |

a) Copie a palavra que você formou, separando as sílabas.

b) Qual é o antônimo dessa palavra? _____

7. Também podemos formar antônimos escrevendo **im** ou **in** antes da palavra. Veja:

puro → **im**puro   justo → **in**justo
         antônimo   antônimo

> Usamos **im** quando a palavra começa com **p** ou **b**.
> Usamos **in** quando a palavra começa por qualquer outra letra.

- Agora, é a sua vez! Faça o antônimo destas palavras usando **im** ou **in**.

a) perfeito → _____

b) feliz → _____

c) popular → _____

d) disciplinado → _____

e) seguro → _____

Os antônimos no dicionário

Além de sinônimos, muitos dicionários registram também os antônimos das palavras. Veja, por exemplo, este verbete.

> **obediente** *adjetivo* Que obedece, que segue as ordens: *aluno obediente*.
> • Antônimo: desobediente.

8. Agora, é com você!

a) Leia o verbete **valente** no **Minidicionário** e copie dois antônimos dessa palavra.

_____

b) Leia o verbete **correto** no **Minidicionário** e copie um sinônimo e dois antônimos dessa palavra.

_____

_____

9. Escreva as letras nos locais indicados e forme duas palavras.

- Agora, complete as frases com as palavras formadas.

a) O trabalho não foi terminado, ele está _____.

b) Mateus não gostou da sua nota, ele está _____.

Reforço ortográfico

▶ H inicial e grupos CH, LH, NH

Hora do banho!

Quando faz calor, os bichos da fazenda adoram tomar banho. O cavalinho gosta de entrar embaixo da cachoeira. As vacas e seus filhotes molham as patas no riacho que corta o pasto. Os porquinhos são diferentes: eles gostam de tomar banho também, mas banho de lama! Você pode pensar: *que sujeira!* Mas não é isso.

Para se refrescar e também para se livrar de pequenos bichos que o incomodam, o porco rola na lama. Um banho de lama diminui a temperatura do corpo e pode ser mais refrescante que um banho de água fria, pois a água na lama evapora mais lentamente e a sensação refrescante dura mais tempo. Espertinho o porco, não é mesmo?

SIMONE ZIASCH

hora — h
bi**ch**os — ch
fi**lh**otes — lh
ba**nh**o — nh

Sozinha, a letra **h** não representa nenhum som. Ela é usada no início de muitas palavras:

hoje • **h**erói • **h**ino • **h**umor.

Quando o **h** se junta às letras **c** (ch), **l** (lh) e **n** (nh), o grupo formado passa a representar um som. Exemplos:

ria**ch**o • mo**lh**ar • esperti**nh**o

Reforço ortográfico

Atividades

1. Junte as sílabas da mesma cor e forme palavras iniciadas por **h**.

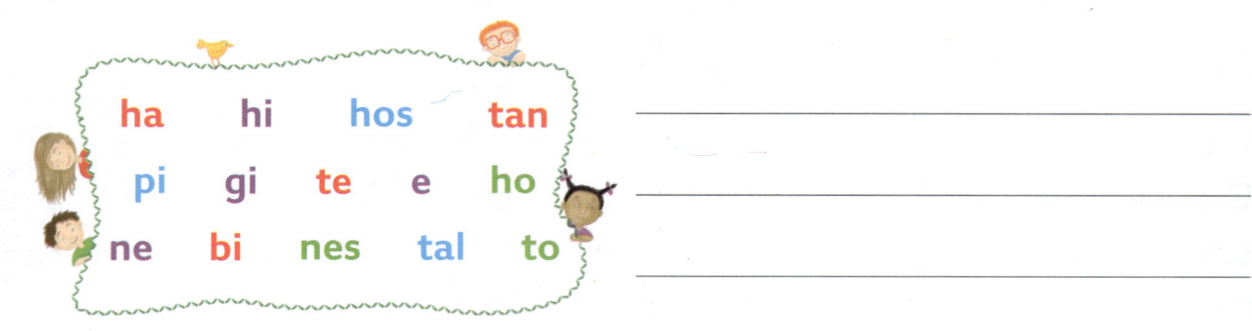

ha	hi	hos	tan
pi	gi	te	e	ho
ne	bi	nes	tal	to

_____
_____
_____

• Agora, relacione cada palavra com sua explicação.

a) Local onde pessoas doentes ou feridas recebem tratamento médico.

_____

b) Aquele que age corretamente, que não mente nem engana ninguém.

_____

c) Pessoa que vive no lugar onde tem sua casa.

_____

d) Limpeza e cuidados com o corpo.

_____

2. Coloque **ch** na frente das palavras e forme novas palavras. Veja o exemplo.

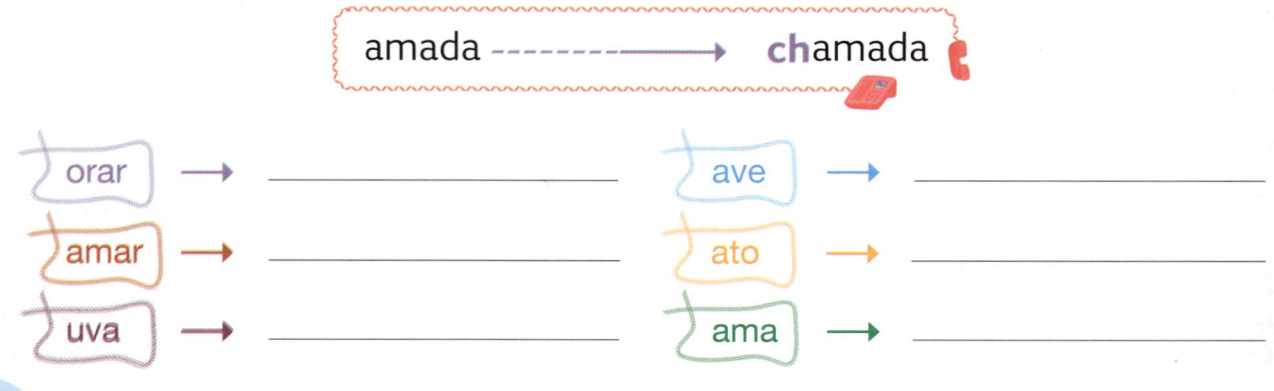

amada ----------> **ch**amada

orar → _____   ave → _____
amar → _____   ato → _____
uva → _____   ama → _____

3. Vamos brincar de formar palavras!

> A primeira palavra é **mala**.

▸ Troque **l** por **lh**: _____

▸ Troque **m** por **f**: _____

▸ Troque o primeiro **a** por **o**: _____

▸ Troque **o** por **i**: _____

▸ Troque **f** por **p**: _____

4. Ordene as letras e forme uma palavra. Comece pela letra **azul**.

A **L** H N E ⟶ ___ ___ ___ ___ ___

Z H O N **C** I A ⟶ ___ ___ ___ ___ ___ ___ ___

A L H **G** I N A ⟶ ___ ___ ___ ___ ___ ___ ___

O H **N** I N ⟶ ___ ___ ___ ___ ___

*Todas as palavras têm o grupo **nh**.*

• Agora, complete as frases com as palavras que você formou.

a) A _____ choca os ovos no _____.

b) Na _____, há um velho fogão a _____.

5. Complete os espaços com **ch**, **lh** ou **nh**.

mo ___ ___ ila

boli ___ ___ a

te ___ ___ ado

sozi ___ ___ o

meda ___ ___ a

fari ___ ___ a

boli ___ ___ e

toa ___ ___ a

bola ___ ___ a

33

3

▶ **Sílaba**

Um peixinho superdiferente

Não parece peixe, mas é. Parece um cavalinho, mas não é.

É o cavalo-marinho, um tipo de peixe bem diferente dos outros.

Ele tem uma cabeça alongada, nada com o corpo na posição vertical e o seu jeito lembra mesmo um cavalinho.

É pequeno, tem só uns quinze centímetros de comprimento, mais ou menos. Consegue mudar de cor e é capaz de mexer um olho sem mexer o outro.

É um peixinho realmente especial ou não é?

p e i x e ⟶ **pei-xe**

duas sílabas

Cada pedacinho de palavra pronunciado de uma só vez recebe o nome de **sílaba**.

De acordo com o número de sílabas, as palavras classificam-se em:
- **monossílabas** – palavras com uma só sílaba. Exemplos:

    cor ⟶ **cor**   bem ⟶ **bem**

- **dissílabas** – palavras com duas sílabas. Exemplos:

    tipo ⟶ **ti-po**   jeito ⟶ **jei-to**

- **trissílabas** – palavras com três sílabas. Exemplos:

    pequeno ⟶ **pe-que-no**   posição ⟶ **po-si-ção**

- **polissílabas** – palavras com quatro ou mais sílabas. Exemplos:

    comprimento ⟶ **com-pri-men-to**

    superdiferente ⟶ **su-per-di-fe-ren-te**

Atividades

1. Escreva a sílaba indicada de cada palavra e descubra o nome de um veículo.

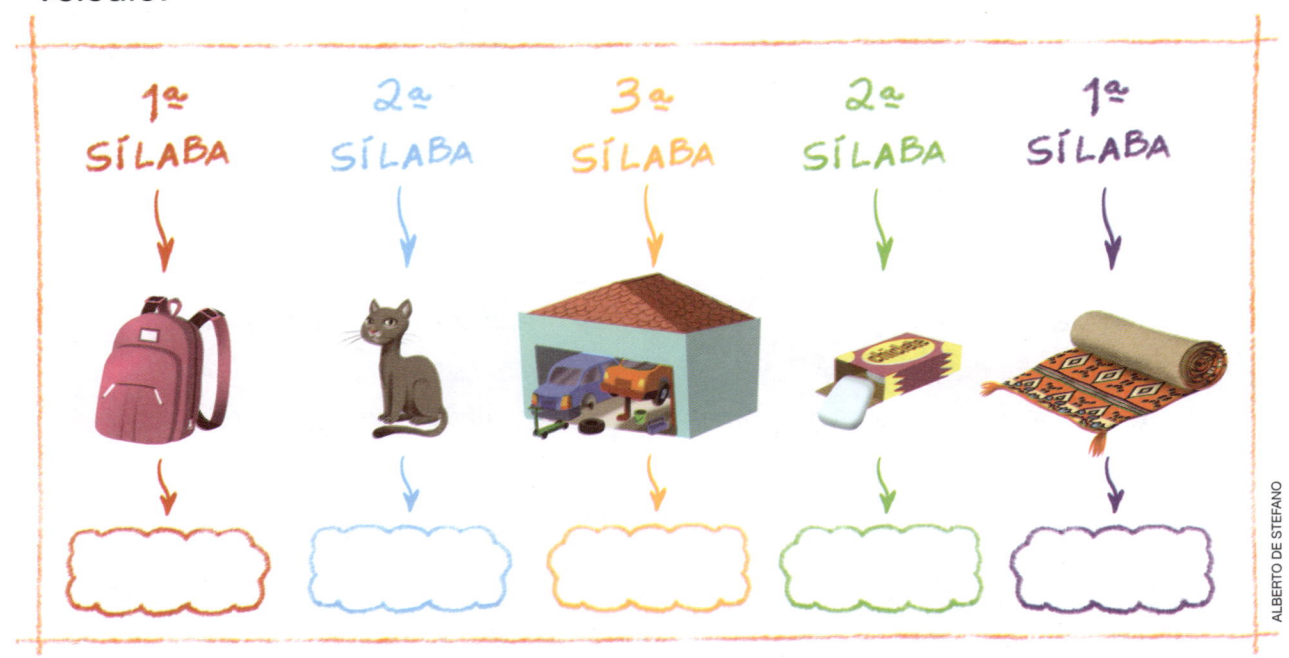

1ª SÍLABA — 2ª SÍLABA — 3ª SÍLABA — 2ª SÍLABA — 1ª SÍLABA

a) Quais palavras abaixo têm o mesmo número de sílabas que a palavra que você formou?

☐ estudante   ☐ telefonista   ☐ bicicleta   ☐ felicidade

b) E quantas sílabas têm as duas outras palavras? _____

2. Junte as sílabas de acordo com a numeração e encontre dois antônimos de **começar**.

(Lanternas: 1-MI, 2-NAR, 3-FI, 4-ZAR, 5-LI, 6-TER, 7-NA)

6 + 1 + 2 = _____

3 + 7 + 5 + 4 = _____

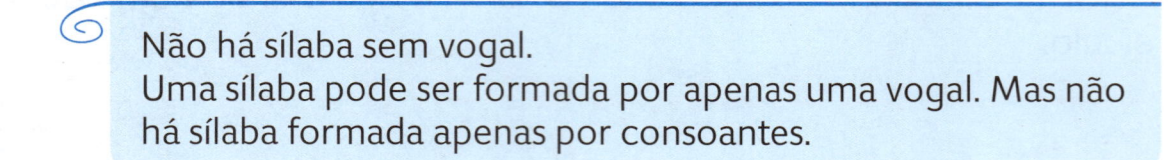

> Não há sílaba sem vogal.
> Uma sílaba pode ser formada por apenas uma vogal. Mas não há sílaba formada apenas por consoantes.

3. Sublinhe as palavras em que a primeira sílaba é formada apenas por uma vogal.

iniciar ◆ acabar ◆ ordenar ◆ elefante ◆ universo ◆ esporte

a) Colocando essas palavras na ordem alfabética, qual deve ser a primeira? _____

b) E qual deve ser a última? _____

4. Leia as palavras em voz alta e circule apenas as que forem monossílabas.

dia   sol   dor   olá   oi   pai   mãe   tio

5. Complete o quadro conforme o exemplo.

	Divisão silábica	Número de sílabas	Classificação
escola	es-co-la	3	trissílaba
pastel			
aluno			
pulseira			

6. Quem sabe?

O que é que o tucano tem na frente e o tatu tem atrás?

- Troque os símbolos pelas letras e descubra a resposta.

a b í l s t u

_____

7. Vamos brincar com as sílabas e formar novas palavras.

geladeira	Tire a **primeira** sílaba. → _____
presidente	Tire as **duas primeiras** sílabas. → _____
esperto	Tire a **primeira** sílaba. → _____
piano	Tire a **primeira** sílaba. → _____

37

Reforço ortográfico

Divisão silábica: casos especiais

Dona Chica

Dona Chica é uma mulher animada. Ela põe seu gorro vermelho e vai passear no parque com sua cachorrinha.

Um dia, resolveu dar uma voltinha de patinete. Foi uma loucura!

— Sai da frente, pessoal! — dona Chica gritava, enquanto voava na patinete!

Será que ela vai acabar caindo no laguinho?

Célia Siqueira.
Texto escrito especialmente para esta obra.

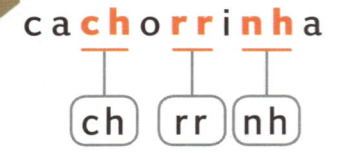

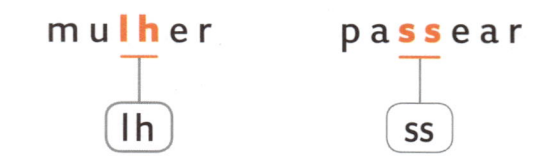

ca**ch**o**rr**i**nh**a mu**lh**er pa**ss**ear
ch rr nh lh ss

Na divisão silábica das palavras, preste atenção a estes casos.

1. Nos grupos **rr** e **ss**, cada letra fica em uma sílaba.

   go**rr**o → go**r**-**r**o   pa**ss**ear → pa**s**-**s**e-ar

2. Nos grupos **ch**, **lh** e **nh**, as letras não se separam.

Chica → **Ch**i-ca   verme**lh**o → ver-me-**lh**o   volti**nh**a → vol-ti-**nh**a

Atividades

1. Siga as instruções e forme novas palavras, separando as sílabas. Veja o exemplo.

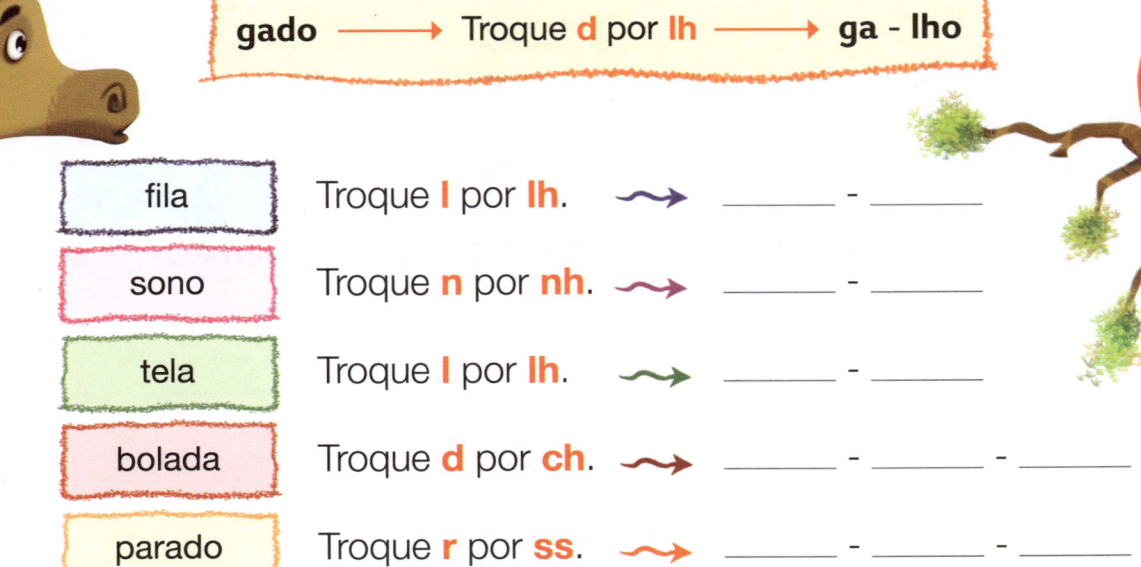

   gado → Troque **d** por **lh** → ga - lho

fila	Troque **l** por **lh**. → ____ - ____
sono	Troque **n** por **nh**. → ____ - ____
tela	Troque **l** por **lh**. → ____ - ____
bolada	Troque **d** por **ch**. → ____ - ____ - ____
parado	Troque **r** por **ss**. → ____ - ____ - ____

2. Substitua os números pelas sílabas e forme três palavras.

   | TE | LHE | LHO | MO | CA | NHA | BI | PA | CHO |
   | 1 | 2 | 3 | 4 | 5 | 6 | 7 | 8 | 9 |

   a) 7 + 2 + 1 = _____

   b) 9 + 5 + 3 = _____

   c) 8 + 4 + 6 = _____

39

Reforço ortográfico

3. Complete os espaços com as letras dadas e forme palavras.

DELA → m____ ____a____h____

THNON → m____ ____a____ ____a

RARBC → ____o____ ____a____h____

- Agora, separe as sílabas das palavras que você formou.

4. Vamos formar palavras trocando as letras de cada grupo por aquelas que vêm **antes** na ordem alfabética.

1 U F M I B → ____ ____ ____ ____ ____

2 D I V S S B T D P → ____ ____ ____ ____ ____ ____ ____ ____ ____

3 H B G B O I P U P → ____ ____ ____ ____ ____ ____ ____ ____ ____

- Classifique as palavras que você formou de acordo com o número de sílabas.

☐ palavra polissílaba   ☐ palavra dissílaba   ☐ palavra trissílaba

5. Copie as letras nos locais indicados e forme duas palavras.

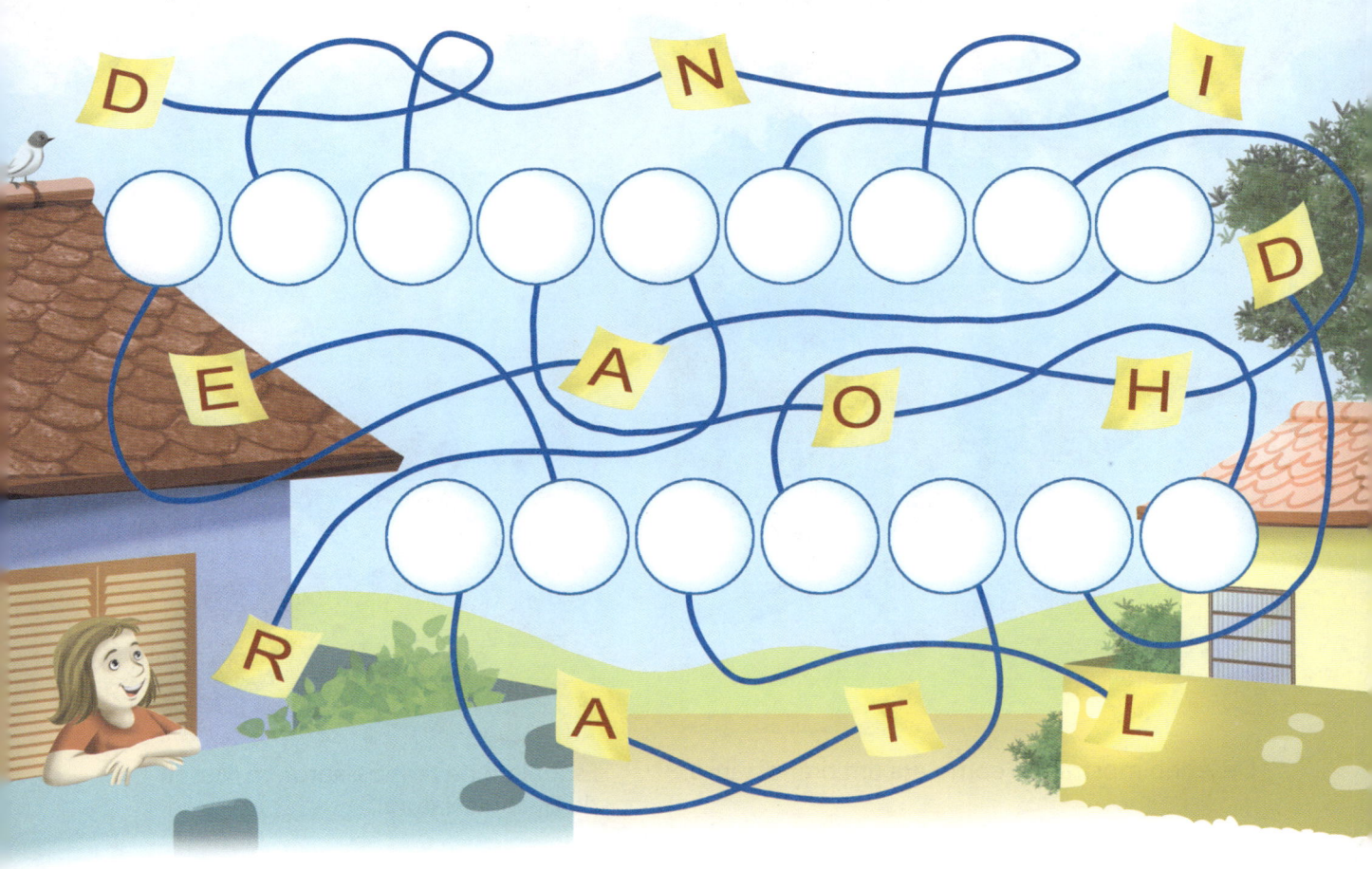

a) Qual sílaba está presente nas duas palavras que você formou?

_____

b) Qual dessas palavras tem mais sílabas? E quantas sílabas ela tem?

_____   _____ sílabas

c) Escreva uma frase com essa palavra.

_____

_____

4

▶ Sílaba tônica

Desenho mostrando como era um tiranossauro.

Esqueleto de tiranossauro em Museu de História Natural.

Um monstro da Pré-história

Entre os dinossauros, havia um que era o mais temido de todos, chamado tiranossauro. Ele era um terror. Foi o maior dinossauro carnívoro que viveu no nosso planeta. Com quinze metros de comprimento, era mais comprido que um ônibus e podia chegar a seis metros de altura. Tinha sessenta dentes com mais de vinte centímetros cada um. Suas mandíbulas eram tão grandes que ele podia engolir uma pessoa de uma só vez. Os esqueletos de tiranossauro encontrados pelos cientistas nos mostram que, de fato, ele era assustador!

pla**ne**ta ⟶ pla **ne** ta
sílaba tônica

ônibus ⟶ **ô** ni bus
sílaba tônica

> Damos o nome de **sílaba tônica** à sílaba de uma palavra que é pronunciada com mais força que as outras.

Conforme a posição da sílaba tônica, as palavras são classificadas em:

- **oxítonas** – quando a sílaba tônica é a última.

    Exemplos: ca**fé** ⟶ ca-**fé**

    co**mer** ⟶ co-**mer**

- **paroxítonas** – quando a sílaba tônica é a penúltima.

    Exemplos: **me**tro ⟶ **me**-tro

    al**tu**ra ⟶ al-**tu**-ra

- **proparoxítonas** – quando a sílaba tônica é a antepenúltima.

    Exemplos: **ô**nibus ⟶ **ô**-ni-bus

    cen**tí**metro ⟶ cen-**tí**-me-tro

Atividades

1. Leia as palavras em voz alta e circule a sílaba tônica de cada uma.

    animal ☐   terror ☐   carnívoro ☐

    mandíbulas ☐   centímetros ☐   comprido ☐

    assustador ☐   esqueletos ☐   cientistas ☐

    - Agora, classifique as palavras usando este código:

        | a | oxítona | | b | paroxítona | | c | proparoxítona |

2. Leia as palavras em voz alta e sublinhe a sílaba tônica de cada uma delas.

    sabia ☐   metro ☐   trova ☐   baba ☐

    sabiá ☐   metrô ☐   trovão ☐   babá ☐

    - Agora, classifique as palavras em oxítonas (**O**) ou paroxítonas (**P**).

43

3. Copie a sílaba tônica das palavras e descubra, na coluna destacada, o nome de um animal pré-histórico, parecido com um elefante, mas que tinha presas de marfim longas e curvas.

sílaba tônica

- pomada
- alto
- tomate
- urso
- tatu
- maestro

a) Copie aqui a palavra que você descobriu. _____

b) Separe as sílabas dessa palavra e circule a sílaba tônica.

☐ ☐ ☐

c) Classifique essa palavra, pintando o quadrinho que acompanha a resposta.

☐ oxítona   ☐ paroxítona   ☐ proparoxítona

d) Agora, acabe de pintar a cena.

4. A primeira sílaba de cada palavra está certa, mas as outras estão fora de ordem. Escreva-as corretamente. Veja o exemplo.

r a + s a p o ⟶ raposa

c a + l o v a ⟶ _____

c a + v a p i r a ⟶ _____

b o r + t a l e b o ⟶ _____

c r o + d i c o l o ⟶ _____

r i + t e c e n o r o n ⟶ _____

e + f a n l e t e ⟶ _____

- Como são classificadas as palavras que você formou?

  ☐ oxítonas   ☐ paroxítonas   ☐ proparoxítonas

Sílaba tônica no dicionário

Para mostrar ao leitor a pronúncia correta das palavras, muitos dicionários marcam a sílaba tônica. No **Minidicionário**, a sílaba tônica de cada palavra aparece destacada na divisão silábica. Veja um exemplo.

> **adormecer** a.dor.me.**cer**
> v. Pegar no sono: *Ele adormeceu vendo televisão.*

Nesse verbete, vemos que, na divisão silábica, a última sílaba aparece destacada (**cer**). Essa é a sílaba tônica. Trata-se, portanto, de uma palavra oxítona.

5. Agora é com você! Consulte o **Minidicionário** e copie:

a) uma palavra proparoxítona da letra **h**. _____

b) uma palavra oxítona da letra **x**. _____

c) uma palavra com a letra inicial do seu nome. _____

Reforço ortográfico

CA, CO, CU / GA, GO, GU

Escorregão

Um garoto estava andando
pela rua, sossegado,
de repente, escorregou,
foi ao chão, caiu sentado!
Levantou meio sem jeito,
com cara de envergonhado...

ca ra
ca   co   cu
CA   CO   CU

ga roto
ga   go   gu
GA   GO   GU

Atividades

1. Complete as palavras com **co** ou **go**.

   pa____te   en____lir   ____elho

   a____ra   ____leiro   bi____de

   peri____so   es____va   ____lega

   - Qual dessas palavras é polissílaba? _____

2. Vamos brincar de formar palavras!

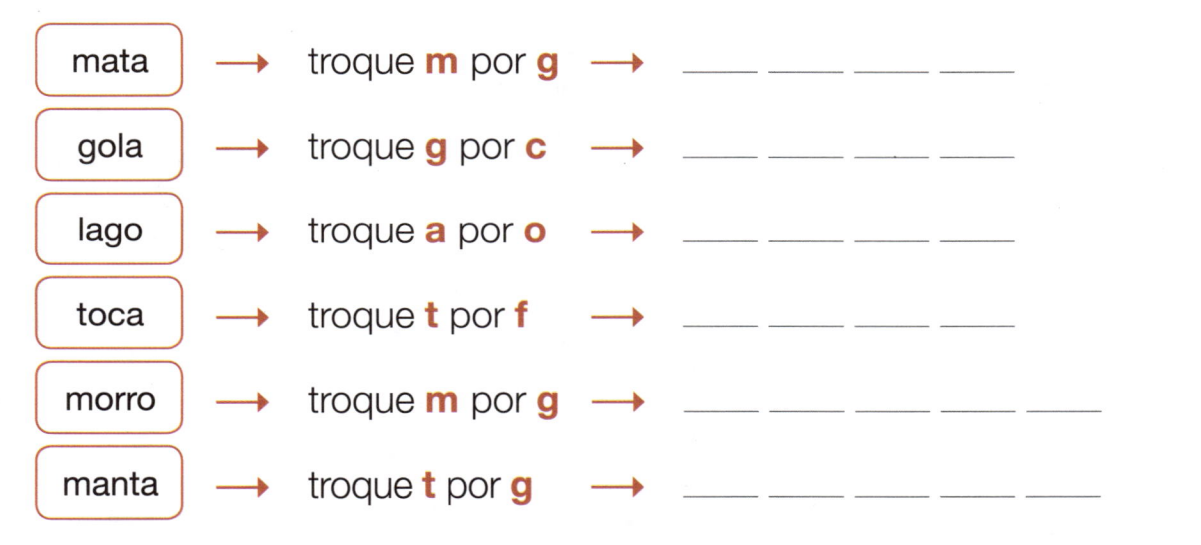

mata	→	troque **m** por **g**	→	____ ____ ____ ____
gola	→	troque **g** por **c**	→	____ ____ ____ ____
lago	→	troque **a** por **o**	→	____ ____ ____ ____
toca	→	troque **t** por **f**	→	____ ____ ____ ____
morro	→	troque **m** por **g**	→	____ ____ ____ ____
manta	→	troque **t** por **g**	→	____ ____ ____ ____ ____

   a) Copie em ordem alfabética as palavras que você formou.

   1 _____   2 _____   3 _____

   4 _____   5 _____   6 _____

   b) Desafio! Quais as palavras em que a primeira sílaba de uma é igualzinha à última sílaba da outra?

Reforço ortográfico

3. Leia e tente adivinhar qual é o bicho.

> De ponta-cabeça eu ando
> E do poleiro não caio.
> Eu sou mesmo um grande artista:
> Canto e danço sem ensaio.
> O meu apelido é louro,
> E eu me chamo...

Fábio Sombra. *Arara, tucano, bordados no pano*. São Paulo: Moderna, 2013.

a) Para saber a resposta, decifre o enigma.

	1	2	3	4	5	6	7	8
A	Z	S	A	E	V	P	Q	I
B	F	J	U	O	G	O	R	A
C	P	A	D	L	I	N	I	Y

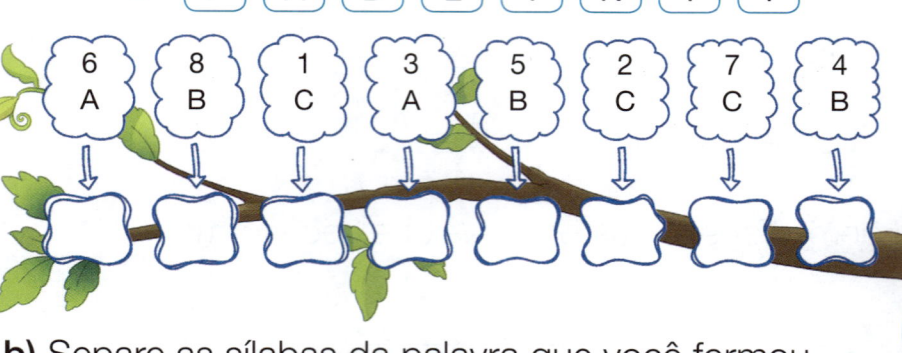

6A 8B 1C 3A 5B 2C 7C 4B

b) Separe as sílabas da palavra que você formou.

c) Quantas sílabas ela tem? _____

d) Complete a frase.

> A palavra com esse número de sílabas chama-se _____.

4. Complete os espaços com as letras dos quadros e forme palavras.

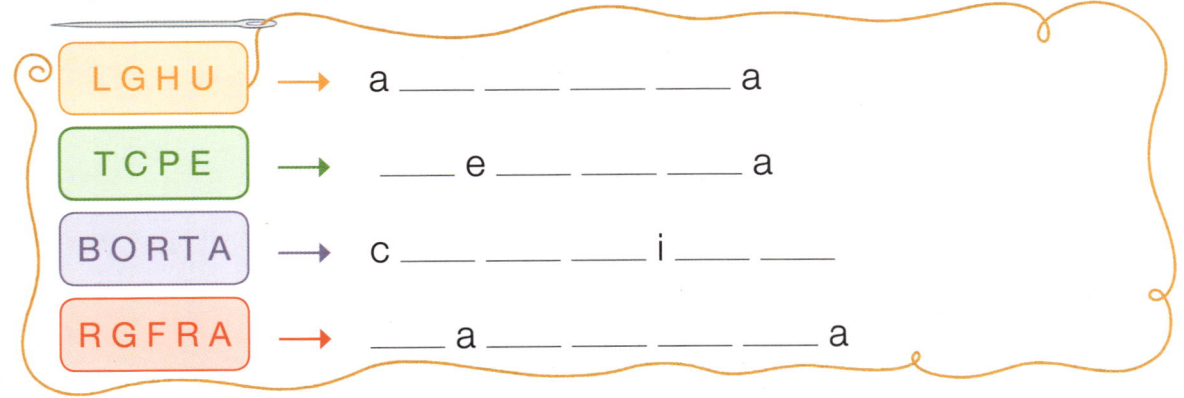

LGHU → a __ __ __ a

TCPE → __ e __ __ __ a

BORTA → c __ __ __ i __ __

RGFRA → __ a __ __ __ __ a

- Em qual das palavras formadas há uma sílaba sem consoante?

_____

5. Quantas palavras você consegue formar com as sílabas a seguir? Já escrevemos uma para você!

| co | lo | go | to | ga | do | la |

Atenção!
Não vale repetir sílabas na mesma palavra.

Lado, _____

_____

_____

6. Desafio! O que é, o que é?

Tem orelhas de gato, e não é gato;
tem focinho de gato, e não é gato;
rabo de gato, e não é gato?

_____

5

Acento agudo e circunflexo

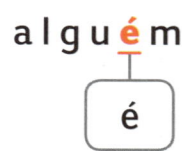

CHICO BENTO Mauricio de Sousa

v o c **ê** s   a l g u **é** m

ê   é

Os sinais (´) e (^) são colocados sobre as vogais de certas palavras. Eles são chamados **acento agudo** (´) e **acento circunflexo** (^).

A sílaba que tem vogal com acento agudo ou circunflexo é a **sílaba tônica** da palavra e deve ser pronunciada com mais força do que as outras.

O **acento agudo** pode ser usado sobre todas as vogais.

fub**á** • picol**é** • **í**ndio • palet**ó** • ba**ú**

Usado nas vogais **a, e, o**, o acento agudo indica que o som delas é **aberto**.

sof**á** • caf**é** • hist**ó**ria

O **acento circunflexo** pode ser usado sobre as vogais **a, e, o**, indicando que o som delas é **fechado**.

c**â**mera • nen**ê** • f**ô**lego

Atividades

1. Leia as palavras em voz alta e coloque **acento agudo** ou **circunflexo** nas vogais destacadas.

- chamin**e**
- sil**e**ncio
- mec**a**nico
- palet**o**
- pontap**e**
- **o**nibus

• Agora, complete a cruzadinha com as palavras que você acentuou.

Atenção!
Lembre-se de acentuar as palavras!

O acento agudo pode mudar o sentido das palavras.

Marina **é** a professora.

Marina **e** a professora.

2. Complete as frases com **e** ou **é**.

Hoje ____ um dia alegre!

Os pais ____ as mães dos alunos vão visitar a escola ____ ver a exposição dos trabalhos.

____ uma alegria ver as famílias na escola.

3. As letras vermelhas estão fora de ordem. Escreva as palavras corretamente. Veja o exemplo.

c a **e s t** l o → c a s t e l o

a c j a r e → _____

n u **e r o m** → _____

r e **m a l a p** g o → _____

f o s **o r f** o → _____

s **l a p** t i c o → _____

g r a **m i t a** c a → _____

- Acentue as palavras que você escreveu, usando **acento agudo** ou **circunflexo** na vogal das sílabas tônicas.

52

4. Siga as indicações e forme quatro palavras com acento agudo.

1. co 2. nó 3. fá 4. gi 5. má 6. ca 7. do 8. mi 9. bri 10. mé 11. di

3 + 9 + 6 → _____

5 + 4 + 6 → _____

7 + 8 + 2 → _____

10 + 11 + 1 → _____

- Qual das palavras formadas **não** é proparoxítona?

_____

> O acento circunflexo também pode mudar o sentido das palavras.
>
> **O bebê bebe leite**
>
> bebê ——   —— bebe

5. Complete as frases com as palavras **bebê** ou **bebe**.

a) Marcelo _____ água.

b) Ela _____ suco de laranja todo dia.

c) Mamãe faz o _____ dormir.

d) Este é o berço do _____.

6. Copie as letras nos locais indicados e forme três palavras com acento circunflexo e uma palavra com acento agudo.

a) Separe as sílabas da única palavra com acento agudo.

b) Como podemos classificar essa palavra?

☐ oxítona ☐ paroxítona ☐ proparoxítona

> Nomes de pessoas também podem levar acento agudo ou circunflexo: José, Cláudia, Emília, Antônio.

7. Acentue os nomes.

Cesar   Tania   Marcia   Rogerio   Eugenio   Monica

Reforço ortográfico

GUA, GUE, GUI

Mergulhos de campeão

Aguinaldo e Gisele gostam de praticar saltos ornamentais na piscina, fazendo piruetas e voltas com o corpo.

Eles conseguem dar mergulhos espetaculares. Pulam lá de cima do trampolim e caem na água suavemente.

Os dois treinam muito porque, no futuro, querem participar dos Jogos Olímpicos. Mas eles sabem que, para ser um campeão, é preciso fazer esforço e se dedicar bastante. Só assim se consegue ganhar uma medalha de ouro!

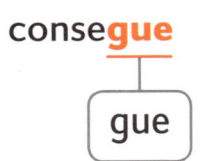

á**gua** — gua

conse**gue** — gue

A**gui**naldo — gui

Reforço ortográfico

Se depois de **gu** vier **a**, então o **u** é pronunciado: á**gua**.
Se depois de **gu** vier **e** ou **i**, em muitas palavras o **u** não é pronunciado: A**gui**naldo, conse**gue**.

Atividades

1. Complete as palavras usando **ge** ou **gue**.

ti_____la   fo_____te   açou_____

_____latina   con_____lador   _____nial

san_____   caran_____jo

a) Leia as palavras em voz alta.

b) Qual dessas palavras tem o menor número de sílabas? _____

c) Duas dessas palavras são oxítonas. Quais?
_____

d) Agora, complete as frases com as palavras que você formou.

O cachorro come ração na _____.

Mamãe guardou a _____ no _____.

O astronauta partiu em seu _____.

Saiu um pouco de _____ do meu machucado.

Comprei esses bifes naquele _____.

O _____ tem dez patas e duas são garras.

Esse jogador é _____, faz jogadas incríveis.

2. Complete as palavras usando **gi** ou **gui**.

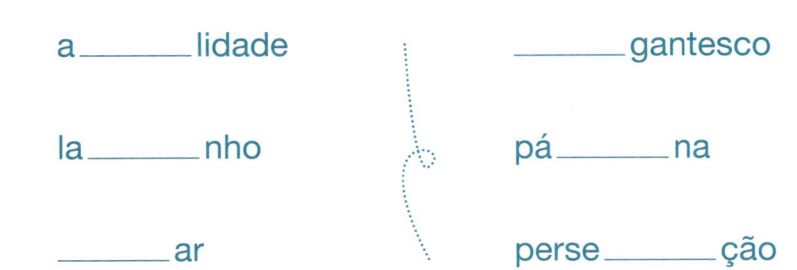

_____tarra   a_____lidade   _____gantesco

_____bi   la_____nho   pá_____na

_____chê   _____ar   perse_____ção

- Escreva as palavras do exercício que correspondem às explicações.

   a) Instrumento musical de cordas. _____

   b) conduzir, dirigir _____

   c) enorme, muito grande _____

3. Siga o caminho do quadro **A** no quadro **B** e forme a palavra que completa a frase abaixo.

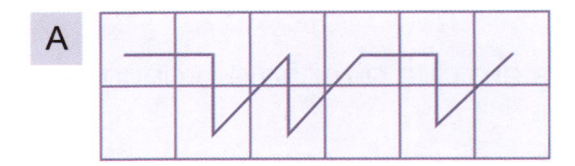

B	M	A	G	E	I	A
		N	U		R	

Papai pegou a _____ para lavar o carro.

- Agora, acabe de pintar a cena.

Reforço ortográfico

4. Leia estas palavras em voz alta.

guichê → gui   **gue**rreiro → gue   pin**gui**m → gui   a**gue**ntar → gue

(**u** não pronunciado)   (**u** pronunciado)

> Nos grupos **gue** e **gui**, em muitas palavras o **u** não é pronunciado. Mas há palavras em que o **u** é pronunciado.

- Leia em voz alta.

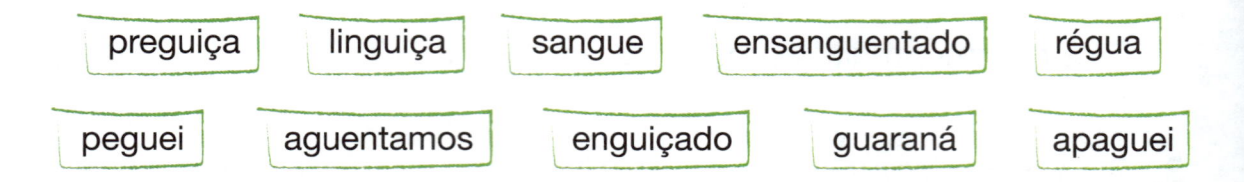

preguiça   linguiça   sangue   ensanguentado   régua

peguei   aguentamos   enguiçado   guaraná   apaguei

a) Sublinhe de **azul** as palavras em que o **u** é pronunciado.

b) Sublinhe de **vermelho** as palavras em que o **u** não é pronunciado.

c) Agora, encontre no quadro de letras cinco dessas palavras.

E	N	A	G	L	I	G	N	Ç	A	L	L
E	N	G	U	I	Ç	A	D	O	N	L	I
N	G	U	I	L	N	G	I	Ç	P	I	E
G	U	E	R	A	I	U	G	S	A	N	G
U	E	N	G	U	E	E	S	A	N	G	U
I	G	T	U	G	I	M	A	N	G	U	I
Ç	A	A	D	O	P	O	N	G	U	I	M
O	S	M	M	P	R	E	G	U	I	Ç	A
A	M	O	O	A	E	G	U	E	M	A	O
L	I	S	S	S	G	U	I	U	O	O	S

5. Escreva as letras nos locais indicados e forme uma palavra.

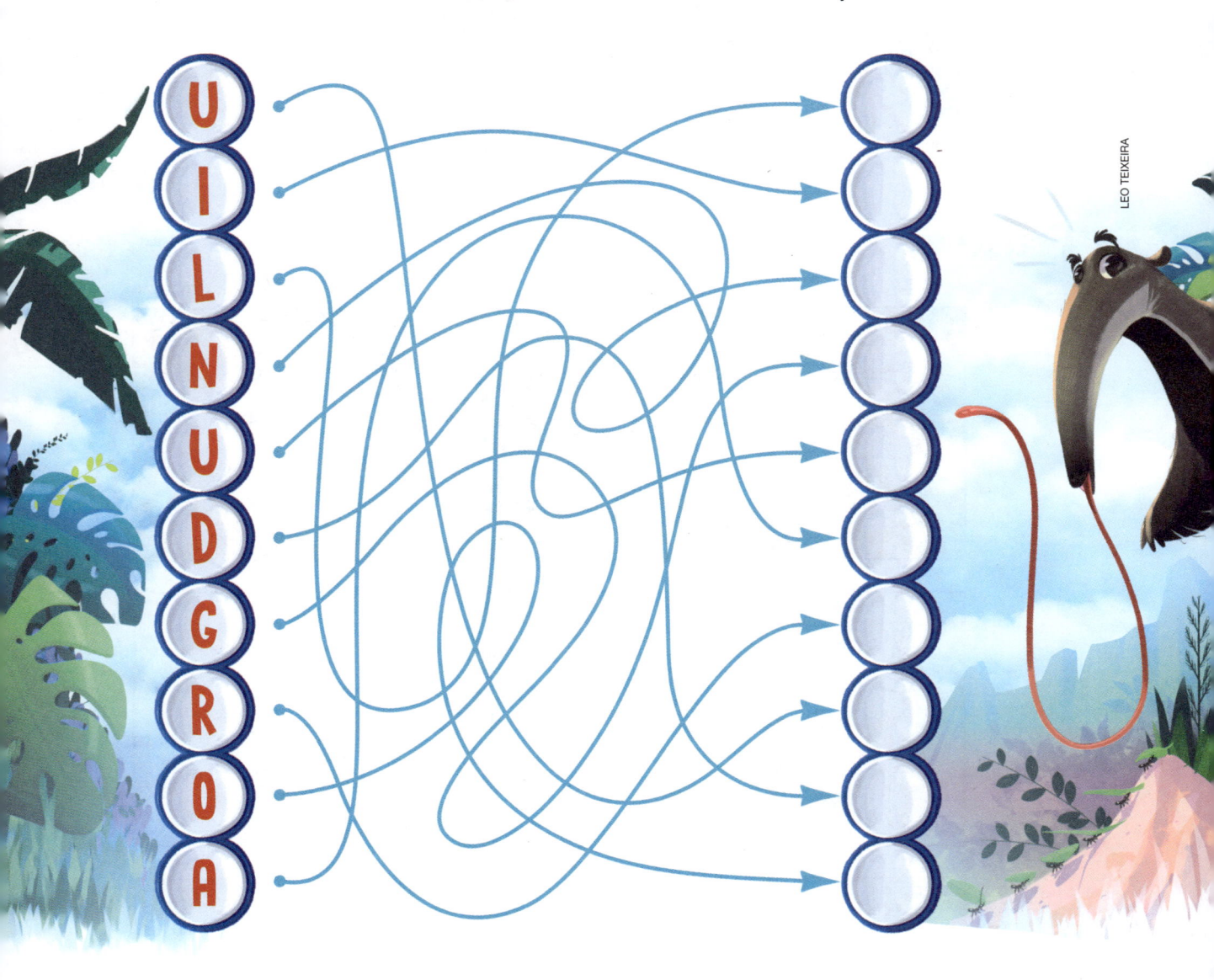

U
I
L
N
U
D
G
R
O
A

a) Copie a palavra que você formou. _____.

b) Separe as sílabas dessa palavra.

☐ ☐ ☐ ☐

c) Nessa palavra:

☐ o **u** é pronunciado.   ☐ o **u** não é pronunciado.

d) Consulte o **Minidicionário** e conheça o significado dessa palavra.

6

▶ Frase

GARFIELD — Jim Davis

CLIC

EU ADORO ESTE PROGRAMA.

ELE SEMPRE TEM UM FINAL FELIZ.

♪ DING

VIU?

O BOLO ESTÁ PRONTO!

Eu adoro este programa.
frase

> **Frase** é uma sequência organizada de palavras que apresenta uma ideia com sentido completo. Toda frase começa com letra maiúscula.

Nas tiras e HQs, porém, a frase inteira é escrita com letras maiúsculas.

Tipos de frase

> Quando a frase termina com **ponto-final**, recebe o nome de **frase declarativa**. Usamos esse tipo de frase quando fazemos uma declaração ou afirmação.

É o caso, por exemplo, de duas frases da historinha.

Eu adoro este programa.   Ele sempre tem um final feliz.
frases declarativas

> Quando a frase termina com **ponto de interrogação**, recebe o nome de **frase interrogativa**. Usamos esse tipo de frase sempre que fazemos uma pergunta.

Na historinha do Garfield, temos uma frase desse tipo.

Viu?
frase interrogativa

> Quando a frase termina com **ponto de exclamação**, recebe o nome de **frase exclamativa**. Usamos esse tipo de frase quando fazemos um pedido, damos uma ordem ou expressamos uma emoção: surpresa, admiração, espanto, alegria, medo etc.

Observe.

O bolo está pronto!
frase exclamativa

Atividades

1. Observe os sinais de pontuação e leia as frases em voz alta.

Vamos sair mais cedo? ↔ Vamos sair mais cedo!

A festa vai começar? ↔ A festa vai começar!

O Brasil é campeão? ↔ O Brasil é campeão!

Meus amigos chegaram? ↔ Meus amigos chegaram!

O passeio foi cancelado? ↔ O passeio foi cancelado!

2. Imagine uma conversa entre duas pessoas e escreva perguntas para as respostas abaixo. Veja o exemplo.

Meu nome é Tiago. → Qual é seu nome?
resposta — pergunta

a) Moro nesta casa.

_____

b) Hoje é sábado.

_____

c) Eu me chamo Carlos.

_____

d) Sim, eu estudo nessa escola.

_____

3. Com a orientação do professor, organizem-se em duplas para fazer a leitura em voz alta desta historinha.

PERNAS, PRA QUE TE QUERO!

© ZIRALDO

— VEM CÁ!
— NÃO!
— OBEDEÇA, MENINO!
— NEM VEM QUE NÃO TEM!
— TÔ FICANDO NERVOSA!
— NÃO DOU, NÃO DOU, NÃO DOU!
— PEGUEI!
— ODEIO DIA DE MACARRONADA!

Ziraldo. *Curta o Menino Maluquinho... em histórias rapidinhas*. São Paulo: Globo, 2006. p. 20.

- Observe que há vários tipos de destaque para algumas palavras da historinha.

    Por que será que o autor fez esses destaques? O que você acha que ele quis dizer?

4. Preencha os quadrinhos do texto com **ponto-final**, **ponto de interrogação** ou **ponto de exclamação**.

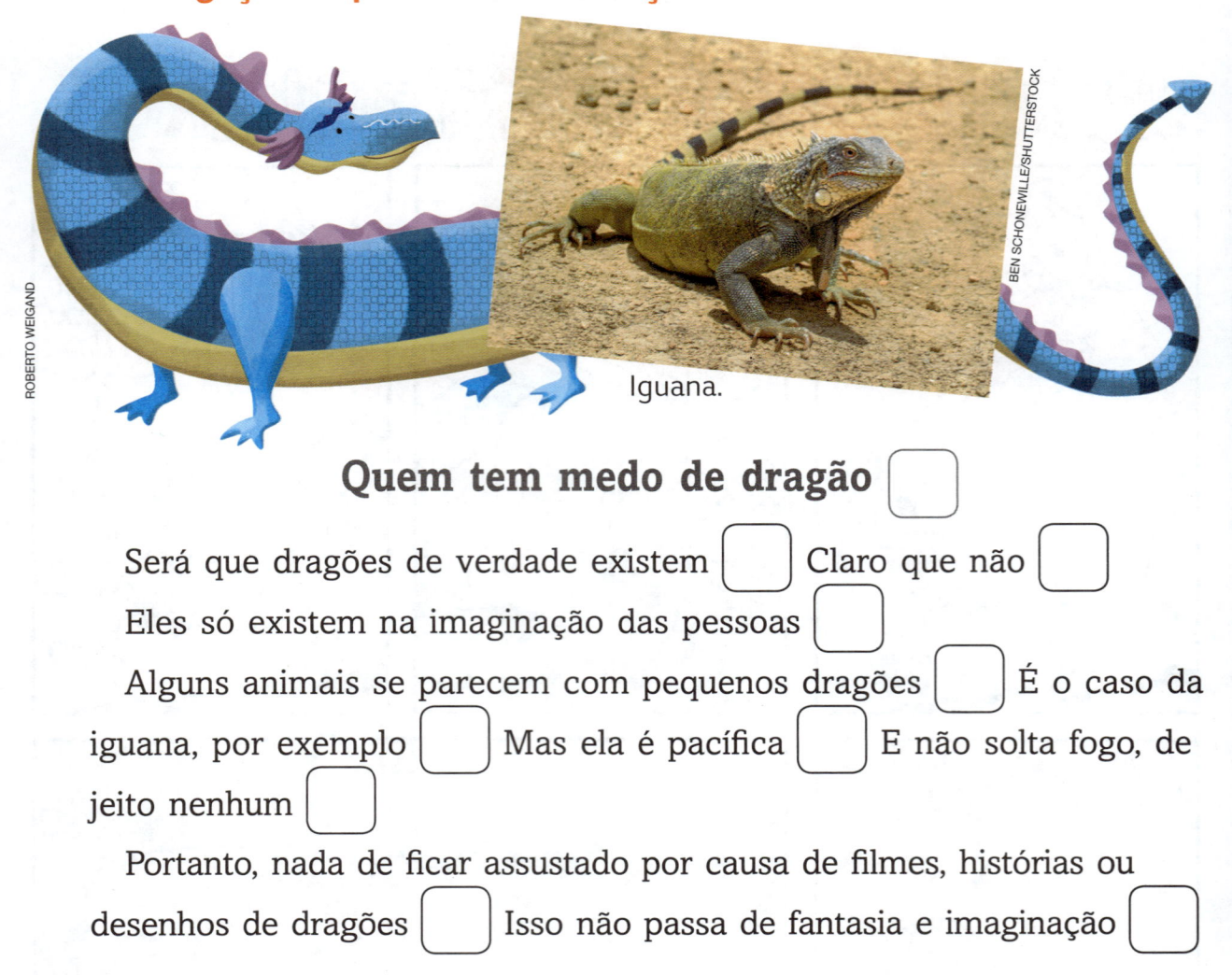

Iguana.

Quem tem medo de dragão ☐

Será que dragões de verdade existem ☐ Claro que não ☐

Eles só existem na imaginação das pessoas ☐

Alguns animais se parecem com pequenos dragões ☐ É o caso da iguana, por exemplo ☐ Mas ela é pacífica ☐ E não solta fogo, de jeito nenhum ☐

Portanto, nada de ficar assustado por causa de filmes, histórias ou desenhos de dragões ☐ Isso não passa de fantasia e imaginação ☐

Parágrafo

O texto que você leu é composto de quatro partes. Cada parte é chamada de **parágrafo** e pode ter uma ou mais frases. Esse texto, portanto, tem quatro parágrafos.

Cada parágrafo começa em uma nova linha, com letra maiúscula. A primeira frase do parágrafo começa um pouco à frente da margem esquerda da página.

Veja.

espaço que marca o início de parágrafo

■ Portanto, nada de ficar assustado por causa de filmes, histórias ou desenhos de dragões. Isso não passa de fantasia e imaginação.

64

5. Leia.

Emoções

    Dificilmente conseguimos esconder uma emoção. Ela fica visível em nosso rosto.

    Quando estamos felizes, sorrimos e nossos olhos brilham. Mas, quando estamos muito tristes, ficamos com cara de choro e os olhos perdem o brilho.

    Quando estamos aborrecidos ou irritados, enrugamos as sobrancelhas e nosso rosto fica sério.

    E quando nos sentimos muito envergonhados, ficamos vermelhos como um tomate! Não adianta querer esconder o que estamos sentindo.

> **Minidicionário**
> Leia o verbete **visível**.

a) Quantos parágrafos tem esse texto? _____

b) Quantas frases há em cada parágrafo?

parágrafo 1: _____ parágrafo 2: _____

parágrafo 3: _____ parágrafo 4: _____

Reforço ortográfico

▶ Encontros consonantais: consoante + L/consoante + R

As listras das zebras

Você sabia que as listras das zebras não são sempre iguais? É isso mesmo. Cada animal tem seus próprios desenhos, ligeiramente diferentes uns dos outros. As listras podem ser mais finas ou mais largas, mais escuras ou mais claras. O fato é que nunca uma zebra tem exatamente o mesmo tipo de desenho de outra. E esses desenhos ajudam as zebras a escaparem do perigo, pois elas se misturam com a vegetação e seus inimigos não as percebem.

ILUSTRAÇÃO: ROBERTO WEIGAND;
FOTO: MARTIN PROCHAZKACZ/SHUTTERSTOCK

z e **br** a

b + r

cl a r a

c + l

Em muitas palavras, na mesma sílaba, antes de **r** ou de **l** pode vir outra consoante. Nesse caso, temos um **encontro consonantal**.

Veja outros exemplos.

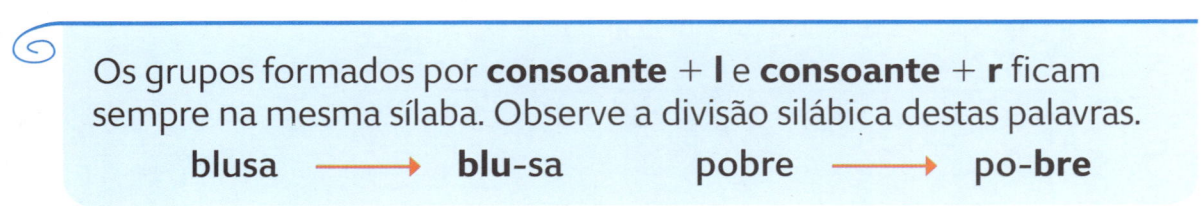

bloco   **glo**bo   lis**tra**   **pre**to   qua**dro**

b l   g l   t r   p r   d r

> Os grupos formados por **consoante + l** e **consoante + r** ficam sempre na mesma sílaba. Observe a divisão silábica destas palavras.
>
> blusa → **blu**-sa   pobre → po-**bre**

Nomes de pessoas também podem apresentar encontros consonantais. Veja exemplos.

Bea**tr**iz   **Cl**audete   Alexan**dr**e   **Fl**ávio   **Br**uno

Atividades

1. Complete as palavras conforme as indicações.

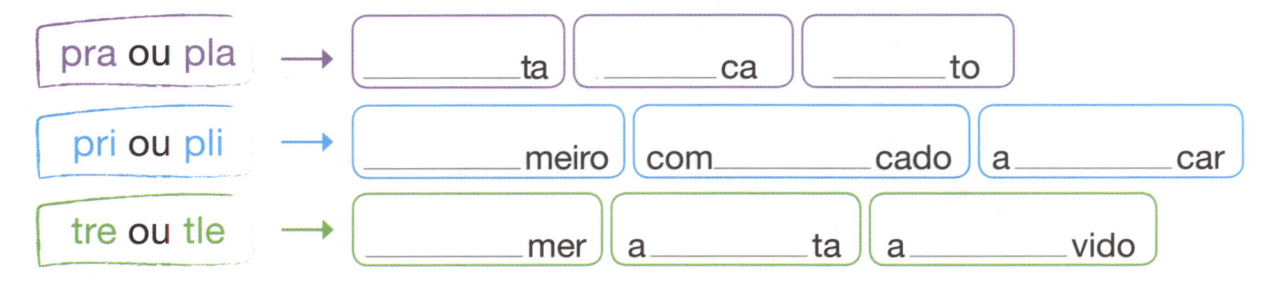

pra ou **pla** → ____ta   ____ca   ____to

pri ou **pli** → ____meiro   com____cado   a____car

tre ou **tle** → ____mer   a____ta   a____vido

- Você formou nove palavras. Separe as sílabas das duas únicas palavras polissílabas.

Reforço ortográfico

2. Use o código e forme uma palavra com dois encontros consonantais.

a) Que palavra você formou? _____

b) Copie aqui as sílabas com encontros consonantais.

3. Leia os títulos destes livros e copie as palavras que têm encontro consonantal.

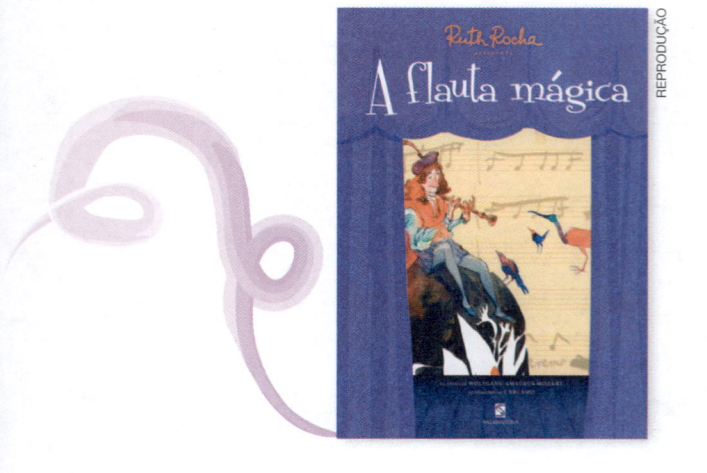

- Separe as sílabas dessas palavras.

4. Desembaralhe as letras e forme palavras com encontros consonantais.

e v a **t** r → __ __ __ __ __

o **c** r a l → __ __ __ __ __

i n **b** c r o → __ __ __ __ __ __

a t n **p** a l → __ __ __ __ __ __

a r l a **p** v a → __ __ __ __ __ __ __

> As palavras começam com a letra **vermelha**.

a) Circule as sílabas que têm encontro consonantal.

b) Copie essas palavras em ordem alfabética e, depois, separe as sílabas delas.

_____ → _____

_____ → _____

_____ → _____

_____ → _____

_____ → _____

5. Desafio! Quem consegue ler depressa, em voz alta, sem errar?

Gabriel dribla bem, ele aplica dribles incríveis, é um grande driblador.

Revisão

1. Numere as palavras de cada grupo de 1 a 6, seguindo a ordem alfabética.

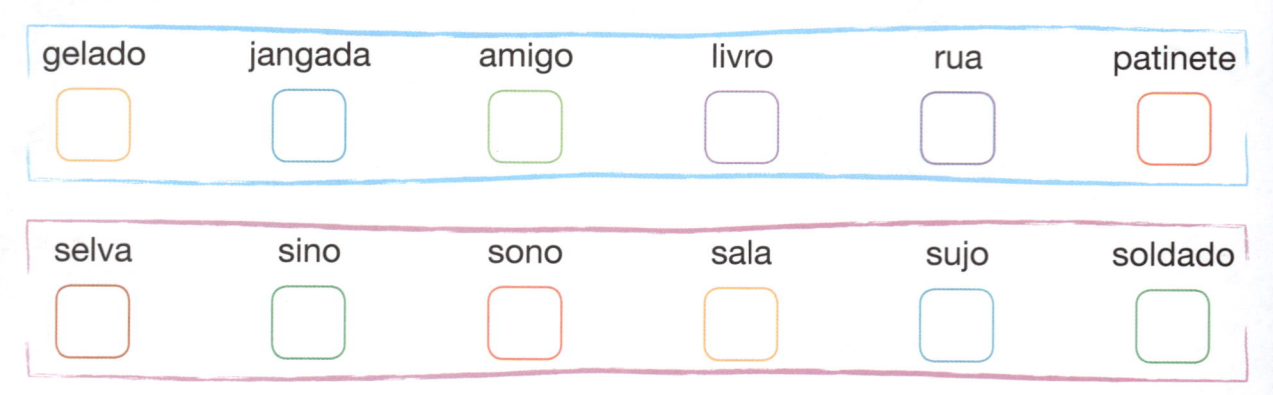

| gelado | jangada | amigo | livro | rua | patinete |

| selva | sino | sono | sala | sujo | soldado |

2. Complete as palavras com os encontros vocálicos do quadro.

Lembrete!
Ocorre encontro vocálico quando duas ou três vogais aparecem juntas numa palavra e são todas pronunciadas.

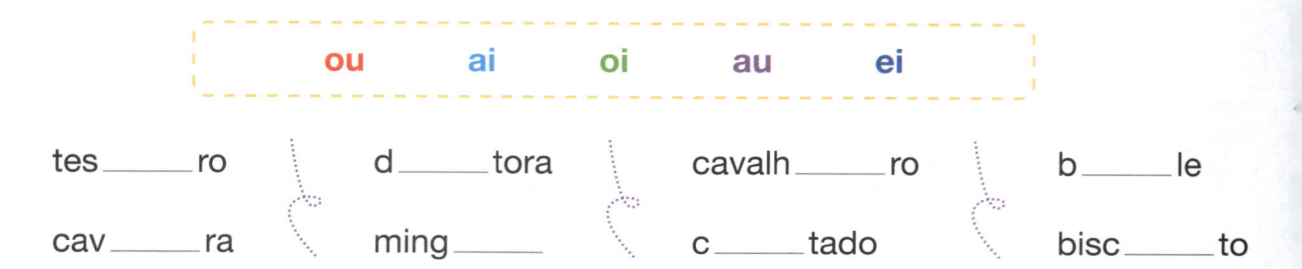

AU!

ou   ai   oi   au   ei

tes____ro   d____tora   cavalh____ro   b____le

cav____ra   ming____   c____tado   bisc____to

3. Circule os nomes das crianças que têm encontros vocálicos.

MATEUS   MARCOS   REINALDO   CLÁUDIA   ERICA

- Qual desses nomes tem dois encontros vocálicos?

_____

70

4. Complete os espaços com **g** ou **gu** e forme palavras.

deter_____ente   rea_____ir   fo_____eira

_____indaste   _____emido   peri_____oso

- Leia essas palavras em voz alta.

5. Classifique os pares de palavras de acordo com o código.

1 sinônimos   **2** antônimos

depressa ↔ devagar ☐   achar ↔ encontrar ☐

sério ↔ sorridente ☐   colar ↔ descolar ☐

certo ↔ correto ☐   pesado ↔ leve ☐

erguer ↔ baixar ☐   distante ↔ longe ☐

cheio ↔ vazio ☐   tarde ↔ cedo ☐

6. As palavras abaixo estão escritas ao contrário. Escreva-as corretamente.

açardiv ⟶ _____

orielisarb ⟶ _____

adagurdam ⟶ _____

alenalf ⟶ _____

- Qual dessas palavras tem um encontro consonantal e um encontro vocálico? Identifique-os.

71

Revisão

7. Escreva as letras nos locais indicados e forme duas palavras.

a) Copie aqui as palavras que você formou.

_____

b) Essas palavras são:

☐ sinônimos. ☐ antônimos.

c) Elas são:

☐ oxítonas. ☐ paroxítonas. ☐ proparoxítonas.

8. Transforme as frases declarativas em frases exclamativas. Veja o exemplo.

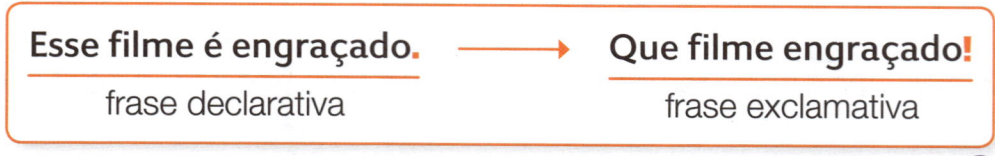

| **Esse filme é engraçado.** → **Que filme engraçado!** |
| frase declarativa — frase exclamativa |

Dica! Fique atento aos sinais de pontuação.

a) A chuva está forte. _____

b) Esse bolo é gostoso. _____

c) Aquele cão é feroz. _____

9. Vamos treinar a criação de frases interrogativas, escrevendo perguntas para as respostas abaixo. Veja o exemplo.

Eu me chamo Marina. → Como você se chama?
resposta — pergunta

a) Meu nome é Caio. _____

b) Hoje é dia 10. _____

c) Sim, eu moro neste bairro. _____

d) Moro naquele apartamento. _____

10. Use o código e forme três palavras.

Hora da história

O pastorzinho e o lobo

Era uma vez uma aldeia onde havia muitos rebanhos de ovelhas. Todos os dias, os pastores se levantavam cedinho para levar seus animais para pastar perto das montanhas.

Havia entre esses pastores um menino muito levado. Um dia, ele desceu a montanha gritando a plenos pulmões:

— Socorro! Um lobo! Ajudem-me!

Imediatamente, todos os pastores que estavam por perto saíram correndo para tentar salvar as ovelhas do pastorzinho. Mas logo viram que ele apenas ria num canto, orgulhoso de ter pregado uma peça em todos.

Alguns dias se passaram e, novamente, o menino agiu do mesmo jeito:

— Um lobo! Salvem minhas ovelhas! Acudam!

Os pastores ficaram desconfiados, mas largaram tudo e correram. Apenas para confirmar que era mais uma brincadeira sem graça do menino. O pastorzinho caçoava e ria muito, achando graça de ter enganado todos os pastores da aldeia mais uma vez.

Duas semanas se passaram e, num dia muito frio e chuvoso, os pastores levaram seus rebanhos para outra área, um pouco distante das montanhas onde o pastorzinho costumava ir. Algumas horas mais tarde, eles ouviram gritos desesperados.

— Aquele menino quer nos enganar novamente — disse um dos pastores.

— Estamos muito distantes, eu não vou correr até lá só para ele rir da nossa cara — disse o outro.

— Desta vez, não cairemos nesse golpe — finalizou o terceiro.

Mas, desta vez, havia mesmo um lobo e o pastorzinho estava em apuros. Por causa de suas mentiras, ninguém veio em seu socorro. Naquele momento, ele se arrependeu amargamente de ter enganado os outros pastores.

Com uma tocha e correndo grande perigo, ele conseguiu espantar o lobo e voltou para a aldeia com todas as suas ovelhas. Mas aprendeu a lição e nunca mais quis saber de contar mentiras.

Renata Tufano. Versão adaptada de uma fábula de Esopo.

Hora da história

Atividades

1. Numere as cenas de acordo com os acontecimentos da história.

2. Assinale as frases que mostram o que aconteceu nessa história.

   a) O pastorzinho não agiu bem com os outros pastores. ☐

   b) As mentiras do pastorzinho são brincadeiras sem gravidade. ☐

   c) Por causa das mentiras, o pastorzinho um dia se deu mal. ☐

   d) O pastorzinho não voltou a mentir. ☐

3. Você acha que algumas pessoas se comportam como o pastorzinho da história? Converse com os colegas sobre isso.

4. O que um comportamento como o do pastorzinho pode provocar entre as pessoas?

5. O que você aprendeu com essa história?

6. Hoje em dia, com o celular, ficou mais fácil espalhar mentiras? Por quê?

7. Que outro título você daria à história?

Vamos ler mais?

O pastorzinho era um menino mentiroso que aprendeu do jeito mais difícil que mentir pode causar muitos problemas... Na maioria das vezes, contar uma fofoca pode ser espalhar uma mentira. Fofocas também causam muitos problemas e confusões!

Em *Sai pra lá, dedo-duro*, contaram que Luís fazia xixi na cama! E que Paulo colou na prova de Geografia! Será que essa turma vai aprender que se meter na vida dos outros não é legal?

Leia o livro e descubra o poder da lealdade e da união e a importância da amizade.

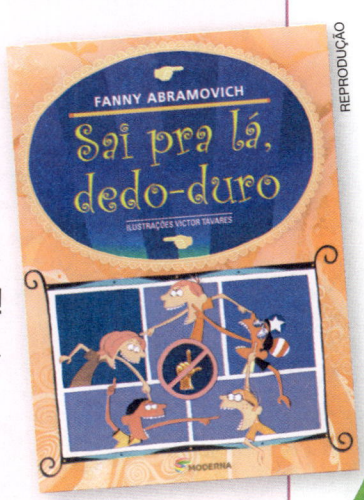

7

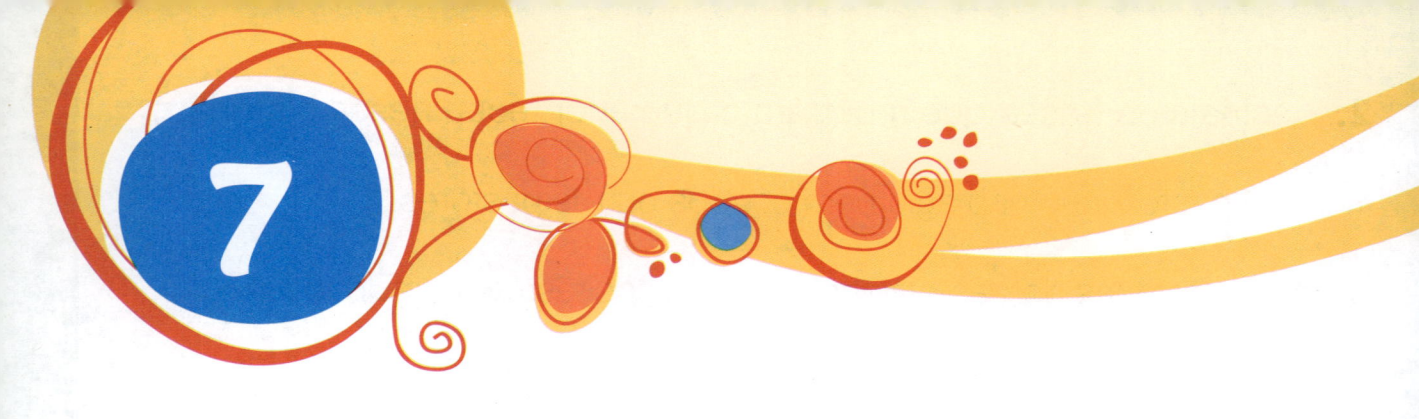

▸ Sinais de pontuação: dois-pontos e travessão

O fantasminha

Numa noite muito escura
apareceu o fantasma!!!

Coberto com um lençol
muito branco
assustador
com dois buracos
nos olhos
saltou
fazendo buuuuuuuuu
sobre os ombros
assustados
do papai e da
mamãe
que voltavam
do cinema.

O susto não foi
muito, muito grande,
não.
Mas,
com o fantasma
no colo,
o papai lhe
perguntou:
— Você não tem
medo do escuro?

E o menino
respondeu:
— Claro que não!
O fantasma
sou eu!

Ziraldo. *O menino maluquinho*. São Paulo: Melhoramentos, 1980.
(Por razões didáticas, demos um título a esse trecho do livro).

O papai lhe perguntou: ←dois-pontos

travessão —
— Você não tem medo do escuro?
E o menino respondeu:
— Claro que não! O fantasma sou eu!

Os **dois-pontos** (:) são usados no diálogo para indicar que alguém vai falar.

O **travessão** (—) é usado no diálogo antes da fala de alguém.

Recordando

Até agora, você já aprendeu os seguintes sinais de pontuação: **ponto-final, ponto de interrogação, ponto de exclamação, dois-pontos, travessão**.

Atividades

1. Leia.

"Beto, vamos jogar bola?"

"Claro, Zezinho, é pra já!"

Veja como reproduzimos o diálogo entre Beto e Zezinho.

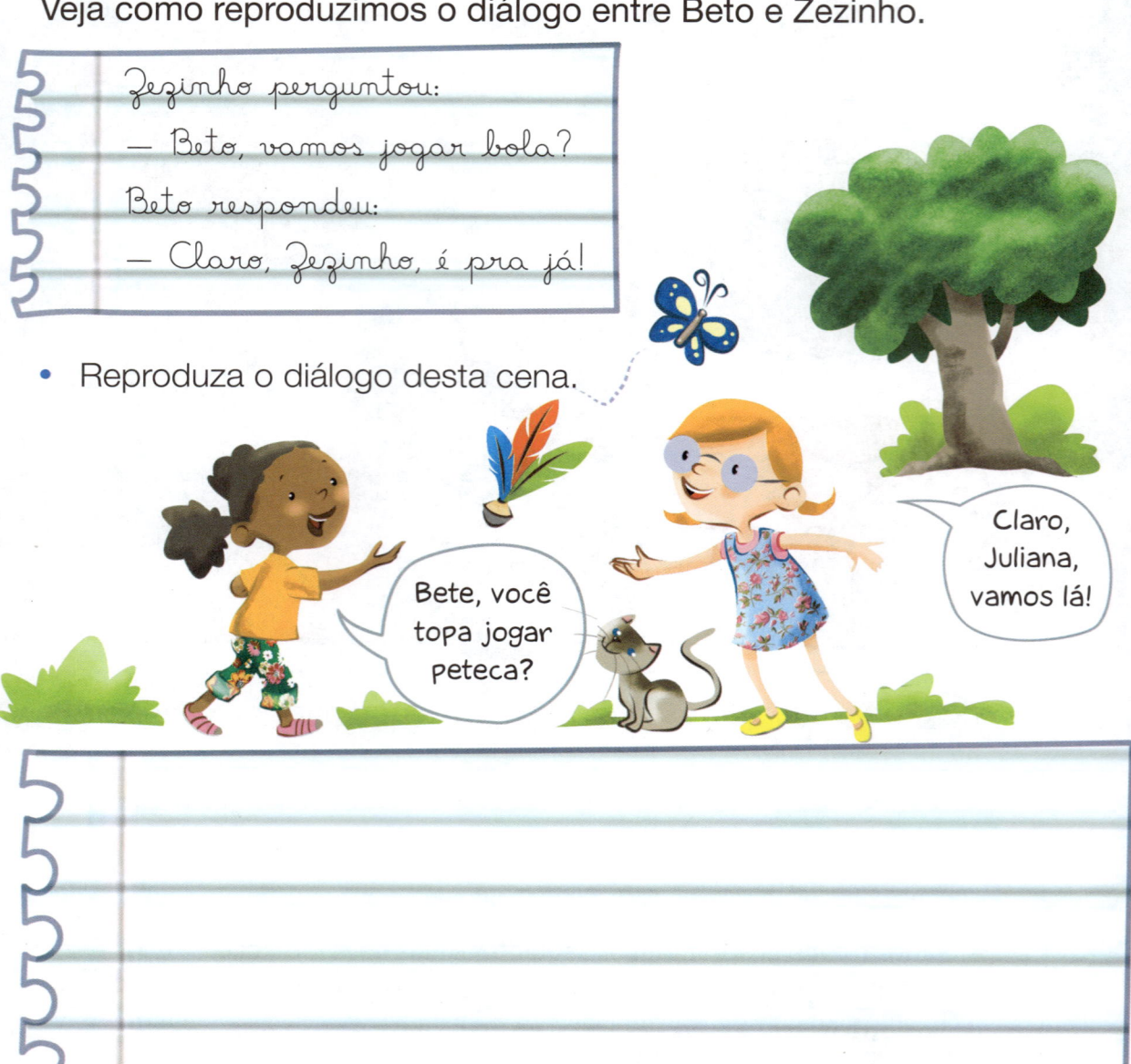

> Zezinho perguntou:
> — Beto, vamos jogar bola?
> Beto respondeu:
> — Claro, Zezinho, é pra já!

- Reproduza o diálogo desta cena.

"Bete, você topa jogar peteca?"

"Claro, Juliana, vamos lá!"

2. Leia a tira.

ARMANDINHO — Alexandre Beck

— ESCOVOU OS DENTES, FILHO?
— SIM, MÃE... ...FAZ TEMPO!
— QUE BOM!
— FAZ QUANTO TEMPO?
— UNS TRÊS DIAS!

Alexandre Beck. *Armandinho cinco*. São Paulo: Matrix, 2015. p. 68.

- Agora, reproduza o diálogo entre Armandinho e sua mãe.

_____
_____
_____
_____
_____
_____
_____

3. Que sinais de pontuação você usou no diálogo da atividade anterior?

a) Ponto-final, dois-pontos, ponto de exclamação.

b) Ponto-final, dois-pontos, ponto de interrogação.

c) Ponto-final, dois-pontos, travessão, ponto de exclamação.

d) Ponto-final, dois-pontos, travessão, ponto de exclamação, ponto de interrogação.

4. Você já sabe que o desenho é uma forma de linguagem visual. Por isso, podemos entender uma história sem palavras, observando apenas as imagens. É o caso da historinha abaixo.
Leia com atenção.

Ziraldo. *Curta o Menino Maluquinho 3*. São Paulo: Globo, 2007. p. 33.

a) Explique o que acontece na história.

b) Agora, observe as cenas escolhidas e escreva no caderno o que você imagina que as personagens estão dizendo em cada uma delas.

1   2   3   4

5. Leia o texto e escreva nos quadrinhos os sinais de pontuação que estão faltando.

Quem sabe a resposta?

Isabela perguntou ao pai □

□ Você sabe qual é o cúmulo da força □

O pai pensou, pensou e respondeu □

□ Não, Isabela, não sei. Qual é □

□ É costurar com a linha do trem □ Já pensou □

□ Ah, tudo bem, você me pegou □ Mas agora me diga □ o que é que atravessa qualquer rio e nunca se molha □

Isabela pensou, pensou e respondeu □

□ Essa eu não sei □

□ Ora, é a ponte □ Ela atravessa qualquer rio e nunca se molha, não é mesmo □

Reforço ortográfico

Cedilha

Importância da cedilha

Atenção, muita atenção,
Vamos falar da cedilha,
um sinalzinho importante
que não podemos esquecer
quando vamos escrever.

Quando ela aparece,
muda o som da letra **c**,
e porcão vira porção!
Tem cedilha na carroça,
na taça de campeão,
no palhaço, no açúcar,
na maçã e na lição.

Por isso, preste atenção,
pois sem ela, veja só,
ficamos sem **coração**!

ta**ça** — ça

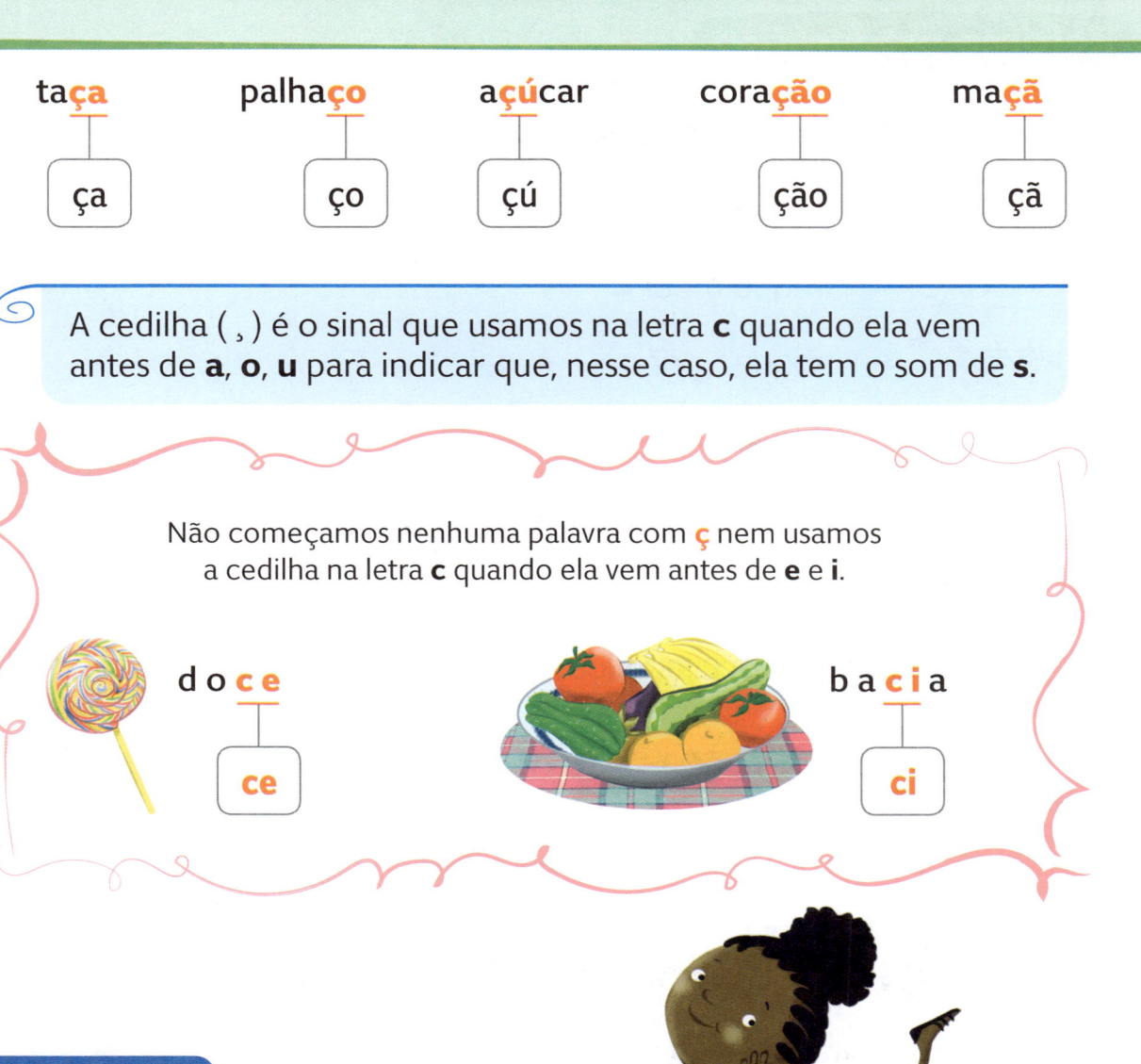

palha**ço** — ço

a**çú**car — çú

cora**ção** — ção

ma**çã** — çã

> A cedilha (¸) é o sinal que usamos na letra **c** quando ela vem antes de **a**, **o**, **u** para indicar que, nesse caso, ela tem o som de **s**.

Não começamos nenhuma palavra com **ç** nem usamos a cedilha na letra **c** quando ela vem antes de **e** e **i**.

d o **c e** — ce

b a **c i** a — ci

Atividades

1. Coloque a cedilha onde for necessário.

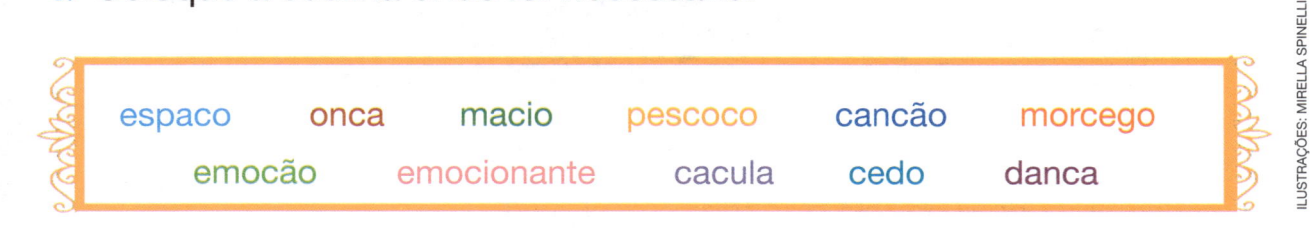

| espaco | onca | macio | pescoco | cancão | morcego |
| emocão | emocionante | cacula | cedo | danca |

a) Quais palavras com cedilha são dissílabas?

_____

b) Das palavras dissílabas que você escreveu, qual é oxítona?

_____

Reforço ortográfico

2. Vamos brincar de formar novas palavras.

RODA → troque **d** por **ç** → ___ ___ ___ ___

LOUCA → troque **c** por **ç** → ___ ___ ___ ___ ___

PRATA → troque **t** por **ç** → ___ ___ ___ ___ ___

LENTO → troque **t** por **ç** → ___ ___ ___ ___ ___

FORCA → troque **c** por **ç** → ___ ___ ___ ___ ___

LADO → troque **d** por **ç** → ___ ___ ___ ___

- Escreva na ordem alfabética as palavras que você formou.

1. _____ 2. _____

3. _____ 4. _____

5. _____ 6. _____

- Qual dessas palavras tem encontro vocálico? _____

3. Complete as frases. Veja o exemplo.

Forte é aquele que tem muita força.

a) Preguiçoso é aquele que tem _____.

b) Dançarino é aquele que sabe _____.

c) Bagunceiro é aquele que faz _____.

d) Doente é aquele que tem _____.

e) Palhaço é aquele que faz _____.

4. Complete as frases com palavras do quadro.

| disfarçar | almoçar | adoçar | começar | tropeçar |

a) Já é meio-dia, mamãe me chamou para _____.

b) Cuidado para não _____ no degrau da escada.

c) Ele não conseguiu _____ que estava emocionado.

d) Vou _____ o café, está muito amargo.

e) Os times já estão na quadra, o jogo vai _____.

5. Escreva as letras nos locais indicados e forme uma frase exclamativa.

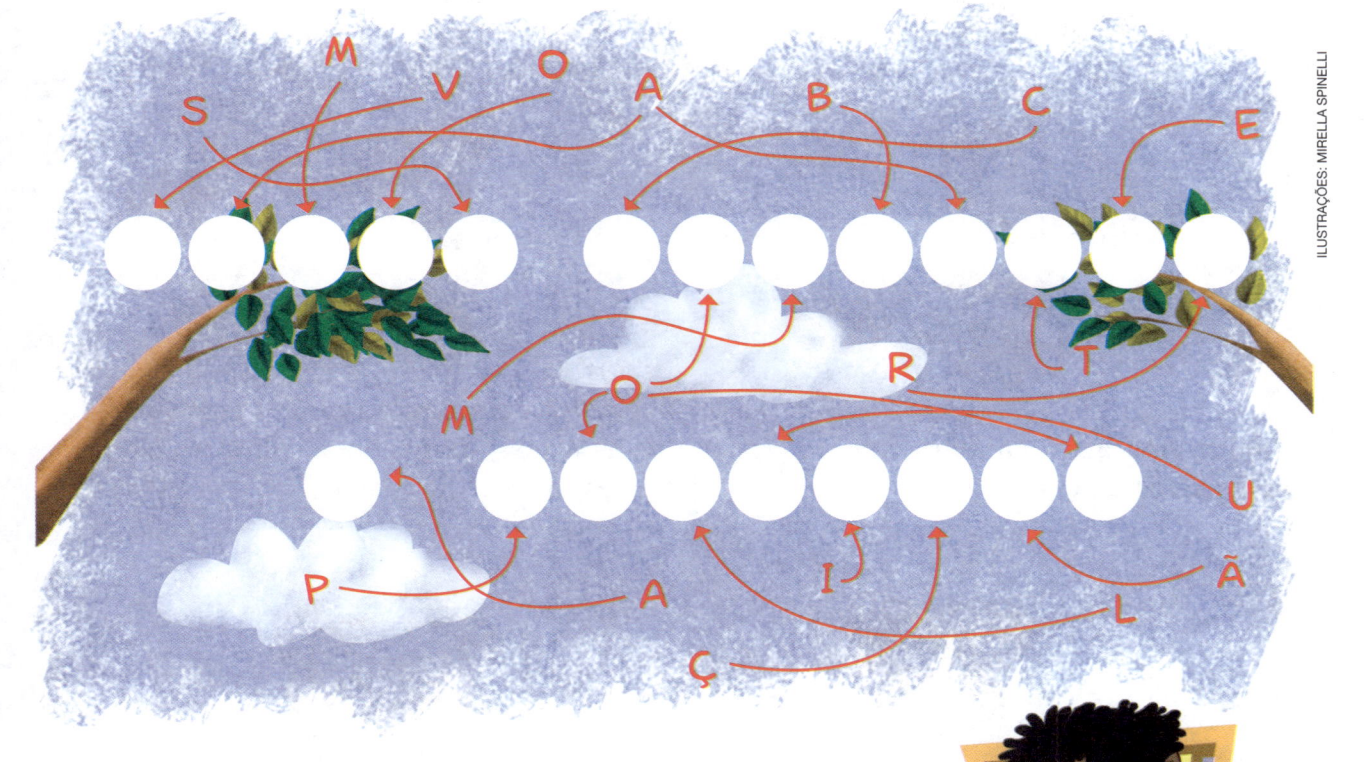

- Copie aqui a frase que você formou.

_____

_____

Não esqueça a inicial maiúscula e o sinal de pontuação.

8

▶ **Vírgula**

Um ursinho de frutas

Se quiser deixar a sua sobremesa de frutas bem engraçada, aqui vai uma sugestão: que tal montar um ursinho? Com certeza, vai ser uma surpresa e tanto! E todo mundo vai se divertir.

Veja a relação do que você vai precisar: duas maçãs, cinco acerolas, alguns palitos de dente.

E, agora, mãos à obra!

1

Prenda uma maçã na outra com dois palitos de dente.

2

Corte as acerolas ao meio. Espete-as nas maçãs, formando as patas, os olhos e as orelhas do ursinho.

3

Para fazer a boca, corte uma acerola no formato de meia-lua e prenda com um palito.

4

Está pronta a sua sobremesa de frutas com jeito de ursinho!

ILUSTRAÇÕES: CACÁ FRANÇA

Veja a relação do que você vai precisar: duas maçãs, cinco acerolas, alguns palitos de dente.

vírgula

> A **vírgula** (**,**) é um sinal de pontuação. Ela indica uma pequena pausa na leitura e é usada, por exemplo, para separar as palavras de uma lista ou enumeração.

Releia agora a frase:

Veja a relação do que você vai precisar: duas maçãs, cinco acerolas e alguns palitos de dente.

Você observou que a segunda vírgula desapareceu e no lugar dela foi usada a palavra **e**? Antes do último elemento da lista ou enumeração, podemos substituir a vírgula por **e**.

A vírgula pode ser usada também em outras situações, como você vai ver nas atividades a seguir.

Atividades

1. Coloque as vírgulas que estão faltando nas frases abaixo.

a) Na festa da escola, havia sanduíches doces sucos e frutas.

b) No vestiário dos jogadores, havia camisas calções chuteiras bolas e luvas de goleiro.

c) Pegue os livros as canetas as folhas e os cadernos de desenho.

2. Complete a frase, fazendo uma lista de algumas coisas que você leva na sua mochila.

Na mochila, costumo levar _____

_____

_____

3. Nas datas, usamos a **vírgula** para separar o nome da cidade. No fim da frase, usamos **ponto-final**.

Salvador, 20 de abril de 2020.
nome da cidade — data

- Agora, é sua vez! Coloque os sinais de pontuação corretos nas frases abaixo.

  a) Brasília 15 de agosto de 2020

  b) Santos 25 de maio de 2022

  c) São Paulo 10 de outubro de 2021

- Escreva o nome de sua cidade e a data de hoje.

_____

4. Leia.

TURMA DA MÔNICA — Mauricio de Sousa

- MAS UM CIRCO SEM OS SEUS ARTISTAS NÃO É NADA!
- SÃO ELES QUE, SOZINHOS OU EM GRUPOS, APRESENTAM DIVERSOS TIPOS DE ESPETÁCULOS!
- TEMOS O ACROBATA...
- O EQUILIBRISTA...
- O TRAPEZISTA...
- O MÁGICO, O PALHAÇO, O MALABARISTA...

Mauricio de Sousa. *Mundo das crianças*. São Paulo: Panini Brasil, 2011. p. 115.

- Com base nas informações dessa página da revista, complete o texto fazendo uma enumeração dos artistas que trabalham no circo.

Aqui estão os artistas do circo: _____

_____

_____

> Quando escrevemos um endereço, usamos a vírgula para separar o número da casa do nome da rua.

Mariana mora na Rua Girassol, 240.

nome da rua — número

5. Leia as frases e coloque a vírgula e o ponto-final.

a) Minha escola fica na Praça da Paz 300

b) Caio mora na rua Bela Vista 120

c) Essa lanchonete fica na Avenida Liberdade 55

6. Escreva:

a) o endereço de sua casa.

_____

b) o endereço de sua escola.

_____

Reforço ortográfico

▶ **Til**

Jim Davis. *O melhor de Garfield*: Festas. São Paulo: On Line, 2005. p. 15.

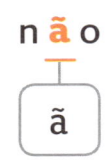

n ã o
ã

> **Til** (~) é o sinal que usamos sobre as vogais **a** e **o** para indicar que o som delas é nasal, isto é, o som sai pela boca e pelo nariz.

Leia estas palavras em voz alta e perceba o som nasal das vogais com **til**.

confusão maçã  sabão  mamãe

lições  coleção  pães  irmãos

93

Reforço ortográfico

Atividades

1. Troque o **a** do final das palavras por **ão** e forme novas palavras. Veja o exemplo.

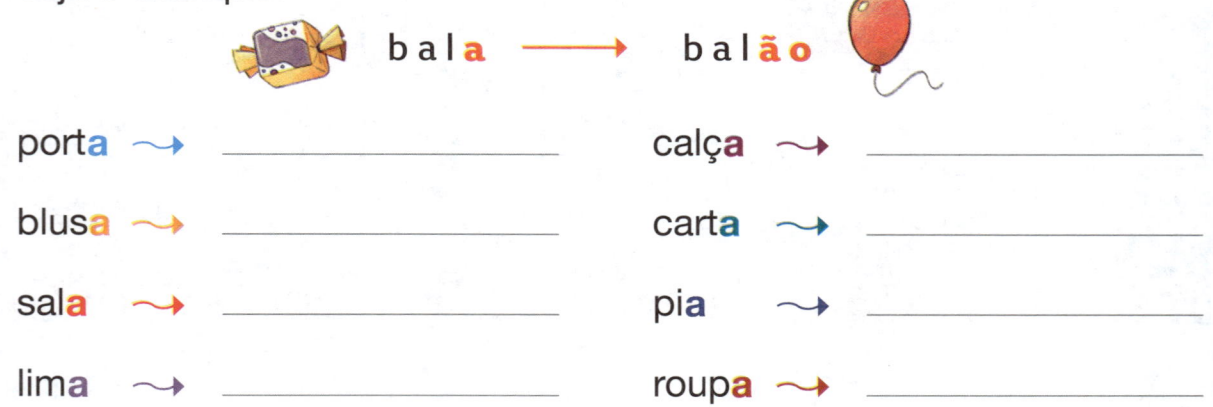

    bal**a** ⟶ bal**ão**

    port**a** ⟶ _____   calç**a** ⟶ _____

    blus**a** ⟶ _____   cart**a** ⟶ _____

    sal**a** ⟶ _____   pi**a** ⟶ _____

    lim**a** ⟶ _____   roup**a** ⟶ _____

2. Escreva as letras nos locais indicados e forme três palavras com **til**.

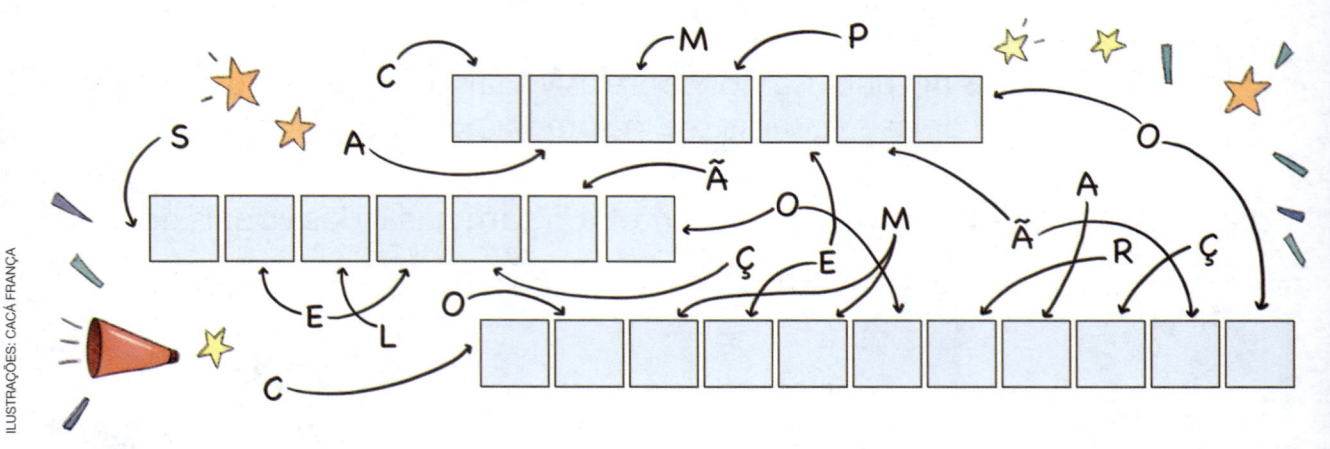

    a) Separe as sílabas das palavras que você formou.

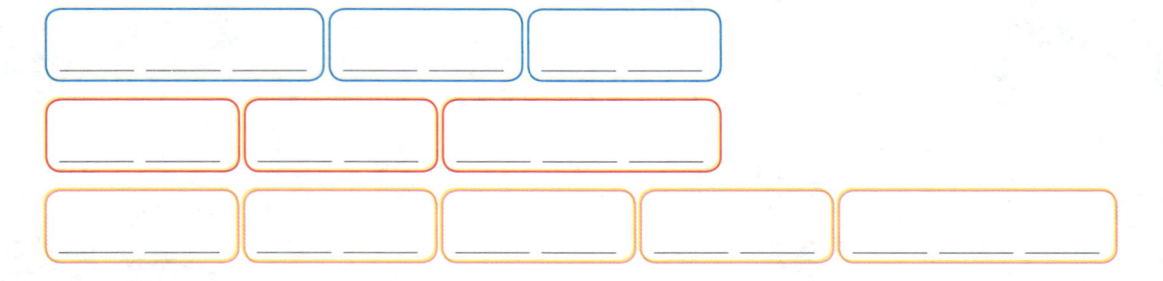

    b) Como podemos classificar essas palavras?

    ☐ oxítonas   ☐ paroxítonas   ☐ proparoxítonas

    c) Passe um **traço vermelho** embaixo da palavra polissílaba.

3. Ordene as letras e forme palavras com **til**. Já pusemos algumas letras para ajudar.

O I V G ⟶ ____ A ____ ____ Ã ____

O Ç M O ⟶ E ____ ____ ____ Ã ____

Ã B A R U ⟶ T ____ ____ ____ ____ O

L Ã E O ⟶ C ____ ____ Ç ____ O

- Colocando essas palavras na ordem alfabética, qual seria a primeira? E a última? _____

4. Troque as figuras pelas letras e forme palavras.

☀ = ão   🍦 = ã

direç☀ = _____   hortel🍦 = _____

capit☀ = _____   amanh🍦 = _____

alem☀ = _____   posiç☀ = _____

5. Vamos brincar com as sílabas e formar novas palavras.

FURACÃO — tire as duas primeiras sílabas

VISÃO — troque a primeira sílaba por **PRI**

COLCHÃO — tire a primeira sílaba

MELÃO — troque a primeira sílaba por **BA**

CORDÃO — troque a primeira sílaba por **DE**

9

▶ Verbo

Patinando e dançando no gelo

Andar bem de patins já é meio difícil. Imaginem então dançar com patins! Pois é isso que fazem alguns patinadores. Eles dançam e fazem acrobacias.

Giram o corpo, saltam, se abaixam, se levantam, parecem voar sobre a pista de gelo. Quando a apresentação chega ao fim, o público aplaude bastante. Os patinadores merecem. A patinação artística é um espetáculo maravilhoso!

Você gostaria de saber patinar como eles?

dançam — verbo **dançar**
giram — verbo **girar**
saltam — verbo **saltar**
aplaude — verbo **aplaudir**

SIMONE ZIASCH

dançam	→	é uma forma do verbo **dançar**
giram	→	é uma forma do verbo **girar**
saltam	→	é uma forma do verbo **saltar**
aplaude	→	é uma forma do verbo **aplaudir**

> **Verbo** é a palavra que indica ação.

Veja outros exemplos de verbos.

cantar ◆ aplaudir ◆ voar ◆ patinar ◆ sorrir
andar ◆ fazer ◆ entrar ◆ escrever ◆ ler

Atividades

1. Indique as ações praticadas nas cenas usando os verbos do quadro.

| chutar | dormir | cantar | correr |

a)

b)

_____

_____

c)

d)

_____

_____

97

2. Leia as frases e passe um **traço azul** embaixo dos verbos.

a) O golfinho salta e brinca com outros golfinhos.

b) Beto veste o pijama e deita na cama.

c) Denise abre a mochila, pega o sanduíche e come.

d) A professora escreve no quadro.

3. Preencha a cruzadinha com o antônimo dos verbos.

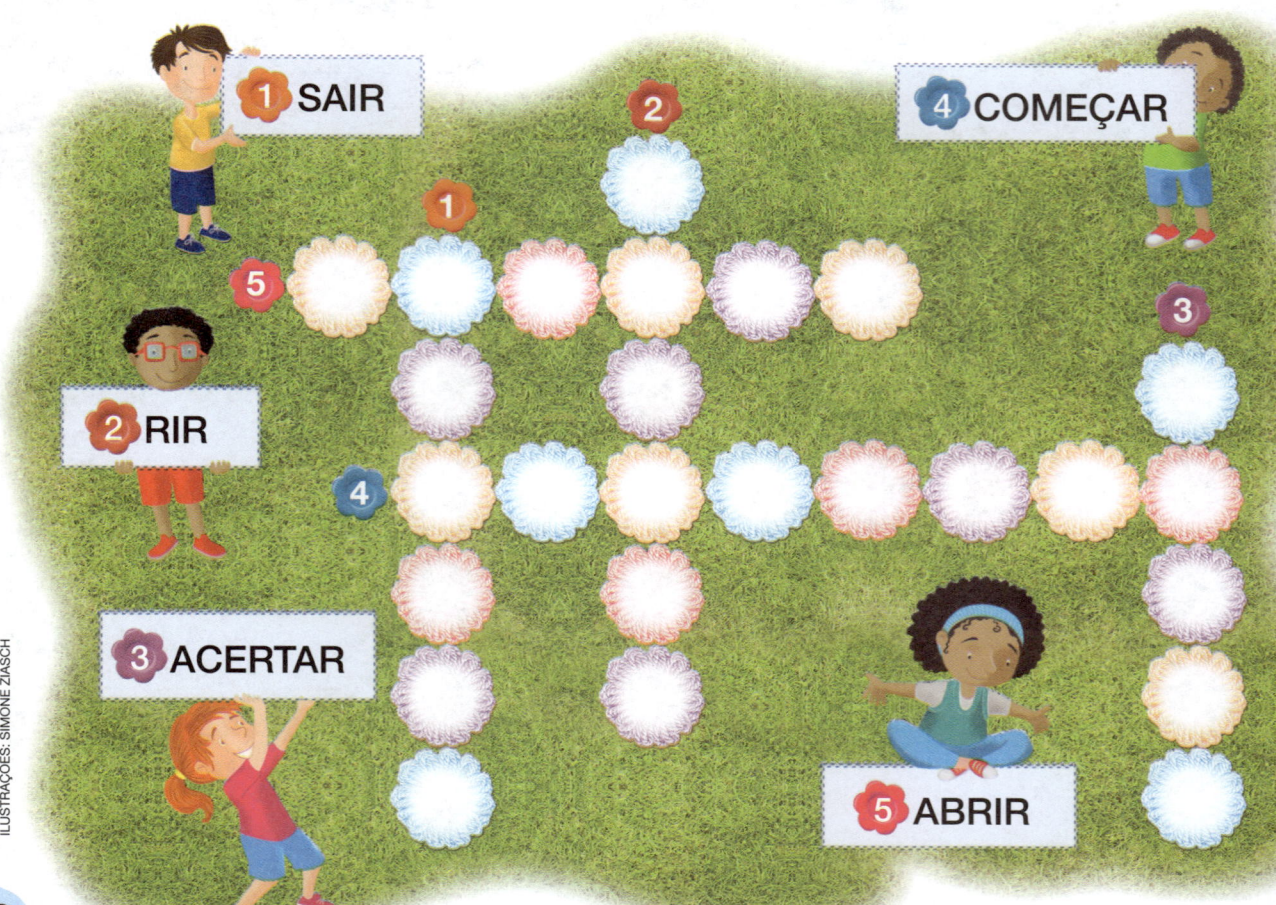

1 SAIR

4 COMEÇAR

2 RIR

3 ACERTAR

5 ABRIR

4. Leia a frase.

O menino **joga** bola.

verbo **jogar** → infinitivo

> A forma que dá nome ao verbo é chamada de **infinitivo**.

- Agora, é sua vez! Leia as frases e escreva o infinitivo dos verbos destacados. Veja o exemplo.

A professora **ensina**. → verbo **ensinar**

a) O aluno **estuda**. → verbo _____

b) A classe **aprende**. → verbo _____

c) Alice **ouve** a música. → verbo _____

d) O gatinho **corre** pelo quintal. → verbo _____

e) Beto **pinta** o desenho. → verbo _____

5. Circule os verbos presentes nos títulos destes livros.

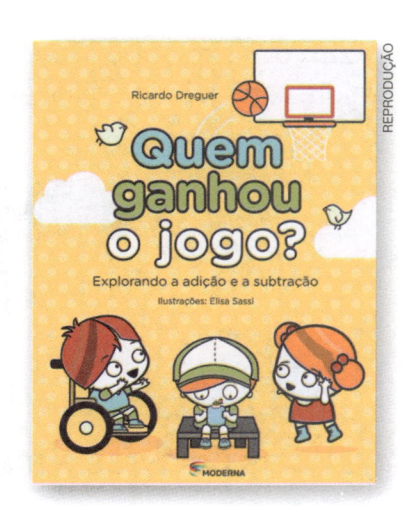

BARTOLOMEU CAMPOS DE QUEIRÓS
Até passarinho passa
ILUSTRAÇÕES ELISABETH TEIXEIRA

GISELDA LAPORTA NICOLELIS
Eu tropeço e não desisto
ILUSTRAÇÕES AVELINO GUEDES

Ricardo Dreguer
Quem ganhou o jogo?
Explorando a adição e a subtração
Ilustrações: Elisa Sassi

- Escreva o infinitivo de cada verbo que você circulou.

_____

O infinitivo dos verbos termina em **ar**, **er** ou **ir**. Os verbos com a mesma terminação formam grupos chamados de **conjugações**.

• **1ª conjugação** – verbos terminados em **ar**, como cant**ar**, balanç**ar**.

• **2ª conjugação** – verbos terminados em **er**, como vend**er**, escrev**er**.

• **3ª conjugação** – verbos terminados em **ir**, como sorr**ir**, part**ir**.

6. Junte as sílabas da mesma cor e forme o infinitivo de três verbos. Depois, copie-os no quadro, de acordo com a conjugação.

gar   jo   per
der   vi   dir   di

1ª conjugação: **ar**	2ª conjugação: **er**	3ª conjugação: **ir**
_____	_____	_____

Atenção!

Nem todas as palavras que terminam em **ar**, **er** e **ir** são verbos!
Regar é verbo porque indica uma ação. Além disso, podemos conjugar, isto é, podemos dizer: eu rego, você rega, nós regamos, eles regam, Beto rega etc.
Já **bazar**, por exemplo, não é verbo, é substantivo, pois indica o nome de alguma coisa. Além disso, não é uma palavra que podemos conjugar.

7. Leia as palavras e marque X naquelas que são verbos.

dançar ☐   mar ☐   mudar ☐   bar ☐

luar ☐   falar ☐   pomar ☐   contar ☐

Reforço ortográfico

AR, ER, IR, OR, UR

Liberdade

Passarinho na gaiola,
olhando as árvores,
as nuvens, o arco-íris,
começa a cantar de saudade
do bosque, do azul do céu
e da sua liberdade...

Menino abre a gaiola:
— Voa, passarinho, voa!
Vai cantar com alegria,
vai ser feliz de verdade,
por esse mundão sem fim,
que não tem porta nem grade!

Renata Siqueira.
Texto escrito especialmente para esta obra.

árvores

ar

A consoante **r** pode se juntar a uma vogal que vem antes dela e formar uma sílaba.

Reforço ortográfico

Veja outros exemplos.

arte   **er**vilha   **ir**mão   **or**questra   **ur**so
ar – te   **er** – vi – lha   **ir** – mão   **or** – ques – tra   **ur** – so

ILUSTRAÇÕES: SIMONE ZIASCH

Em muitas palavras, pode haver uma consoante antes de **ar**, **er**, **ir**, **or**, **ur**, formando uma só sílaba.

É o que ocorre, por exemplo, na palavra **liberdade**. Observe:

li **b** e r d a d e   ⟶   li – **ber** – da – de
    |
consoante

Isso pode acontecer no início, no meio ou no fim da palavra. Veja os exemplos.

can **tar**   mo **der** no   **cir** co
cor po   no **tur** no

Atividades

1. As sílabas destas palavras estão trocadas. Escreva-as na ordem correta. A primeira palavra já está feita como exemplo.

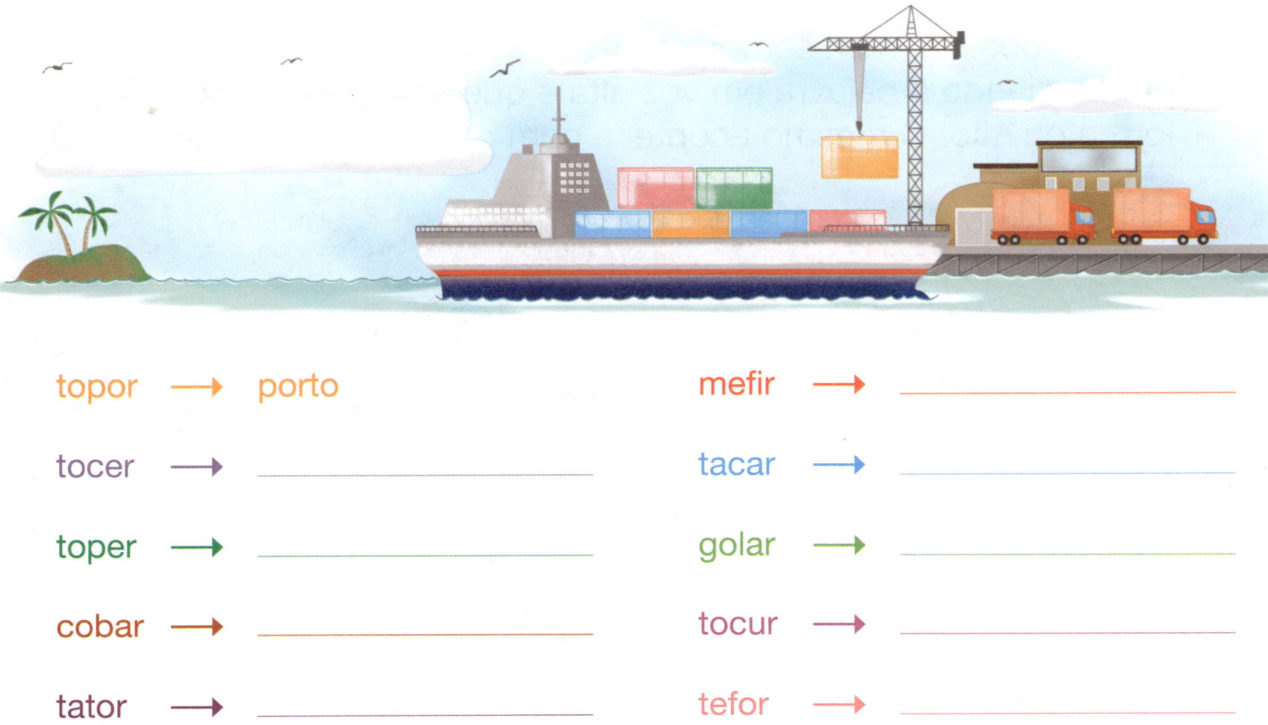

topor → porto

tocer → _____

toper → _____

cobar → _____

tator → _____

mefir → _____

tacar → _____

golar → _____

tocur → _____

tefor → _____

2. Use o código e descubra o nome de um animal que pode viver uns cem anos, se for bem cuidado. É o animal terrestre que tem a vida mais longa.

U (estrela) R (grama) A (flor) T (folha) G (gota)

- Copie aqui a palavra que você descobriu, separando-a em sílabas.

_____

- Essa palavra é: ☐ oxítona. ☐ paroxítona. ☐ proparoxítona.

Reforço ortográfico

3. Observe a separação silábica destas palavras.

careta ⟶ ca – re – ta

carteira ⟶ car – tei – ra

Como você viu, nem sempre as letras **ar** formam sílaba. Só pronunciando a palavra em voz alta é que percebemos se a sílaba se forma ou não. O mesmo acontece com os grupos **er**, **ir**, **or**, **ur**.

- Agora, é sua vez! Separe as sílabas.

  certo ⟶ _____   corda ⟶ _____

  cereja ⟶ _____   coragem ⟶ _____

4. Vamos brincar de formar palavras. Siga as instruções.

a) fonte ⟿ troque o **N** pelo **R** ⟿ ___ ___ ___ ___ ___

b) tonto ⟿ troque o **N** pelo **R** ⟿ ___ ___ ___ ___ ___

c) ponto ⟿ troque o **N** pelo **R** ⟿ ___ ___ ___ ___ ___

d) cinco ⟿ troque o **N** pelo **R** ⟿ ___ ___ ___ ___ ___

e) filme ⟿ troque o **L** pelo **R** ⟿ ___ ___ ___ ___ ___

5. A primeira sílaba de cada palavra está certa, mas as outras têm as letras fora de ordem. Escreva as palavras corretamente. Veja.

AR – OLGA ⟶ **AR**GOLA

COR – TENA → _____

VER – ADUR → _____

SER – TPENE → _____

POR – OITRE → _____

MAR – OTLE → _____

TOR – ERINA → _____

a) Duas palavras que você formou apresentam encontro vocálico. Quais?

_____

b) Colocando as palavras que você formou em ordem alfabética, quais seriam a primeira e a última?

_____

6. Luciana ganhou um vestido de presente. Qual será a cor desse vestido? Siga as dicas e descubra!

☐ azul   ☐ preto   ☐ verde   ☐ vermelho   ☐ branco

O nome dessa cor:
- Não tem a letra **T**.
- Tem a letra **E**.
- Tem duas vogais diferentes.

• Separe as sílabas da palavra que você marcou. _____

105

10

Tempos verbais

A pequena bailarina

A menina bailarina dança bem.
Ela já dançou até na televisão!
Amanhã, dançará na festa da escola.
Com certeza, todos aplaudirão!

A menina **dança**.
ação que é realizada no **presente**

A menina **dançou**.
ação que foi realizada no **passado**

A menina **dançará**.
ação que será realizada no **futuro**

O verbo sofre alterações para indicar o tempo em que a ação ocorre: **presente**, **passado** ou **futuro**.

Atividades

1. Sublinhe o verbo de cada frase.

Frase	Presente	Passado
Mariana abre a mochila.		
Pedro entrou na sala.		
A professora escreve.		
Meu pai chegou cedo.		

- Depois, marque com um X se o verbo está no presente ou no passado.

2. Ordene as palavras e forme uma frase interrogativa. Não se esqueça da letra inicial maiúscula e do sinal de pontuação correto.

desenho   o   meu   quem   de   caderno   pegou

a) Que frase você formou?

_____

_____

b) Em que tempo está o verbo na frase que você formou?

☐ presente   ☐ passado   ☐ futuro

c) Qual é o infinitivo desse verbo?

_____

3. Os verbos das frases estão no presente. Passe-os para o passado. Veja o exemplo.

Vovô **cochila**. ⟶ Vovô **cochilou**.
presente   passado

a) Caio descansa. ⟶ Caio _____.

b) Marina pega o ônibus. ⟶ Marina _____ o ônibus.

c) O gatinho bebe água. ⟶ O gatinho _____ água.

d) Bete fecha o estojo. ⟶ Bete _____ o estojo.

4. Leia.

Os golfinhos

Os golfinhos **nadam** em grupo, **brincam** e se **comunicam**, fazendo vários sons. Eles também **saltam** bem alto. Um salto deles pode chegar a uns três metros de altura. E se um golfinho **fica** ferido ou doente, os outros o **protegem**.

- Escreva o infinitivo dos verbos destacados no texto.

nadam _____   saltam _____

brincam _____   fica _____

comunicam _____ protegem _____

O verbo no dicionário

Para encontrar um verbo no dicionário, devemos procurar pelo seu infinitivo. Por exemplo: se, num texto, encontramos a forma **viveu**, para encontrar a explicação no dicionário, devemos procurar **viver**.

5. Agora, é sua vez! Escreva como devemos procurar estas formas verbais no dicionário.

enxugou ⟶ _____

começaram ⟶ _____

ajudamos ⟶ _____

vencemos ⟶ _____

Consulte o **Minidicionário** e confira suas respostas.

6. Leia as frases abaixo e pinte o quadrinho da frase que tem o verbo no **futuro**.

☐ Ana visitou sua avó.

☐ Bia jantará na minha casa.

Veja outra maneira de indicar o futuro.

Marcelo **andará** de bicicleta?
|
verbo **andar** no futuro

Marcelo **vai andar** de bicicleta?
verbo **ir** no presente ┘ └ verbo **andar** no infinitivo

7. Copie as frases usando outra forma de indicar o futuro.

a) Nosso time **jogará** amanhã.

_____

b) Eu **telefonarei** para você.

_____

c) À tarde, nós **comeremos** um lanche.

_____

8. Complete cada frase com uma das palavras do quadrinho. Veja o exemplo.

a) Amanhã, _____*jogarei*_____ futebol.
(joguei / jogarei)

b) Ontem, Marcelo _____ na minha casa.
(almoçou / almoçará)

c) Na semana que vem, Carolina _____ de viagem.
(voltou / voltará)

d) Anteontem, _____ meus tios.
(visitei / visitarei)

Reforço ortográfico

RAM, RÃO (passado e futuro)

Verbo: passado e futuro

Muita gente se atrapalha
na hora de escrever
o passado e o futuro.
Por isso, prestem atenção:
no passado é **falaram**,
no futuro, **falarão**!
Se ontem todos **brincaram**,
no futuro, **brincarão**!

Não troquem um pelo outro,
senão vai dar confusão!
Mas, com essa explicação,
eu já estou mais sossegado,
pois, se erraram no passado,
no futuro acertarão!

fala**ram**	fala**rão**	brinca**ram**	brinca**rão**
passado	futuro	passado	futuro

Reforço ortográfico

Atividades

1. Leia com atenção as frases e complete cada uma delas com uma das palavras destacadas.

   a) Na semana que vem, os alunos _____ a sala para a exposição dos desenhos. (arrumaram / arrumarão)

   b) Ontem, eles _____ da festa. (participaram / participarão)

   c) Os homens _____ o carro e foram embora. (lavaram / lavarão)

2. Copie as letras nos locais indicados e forme três verbos.

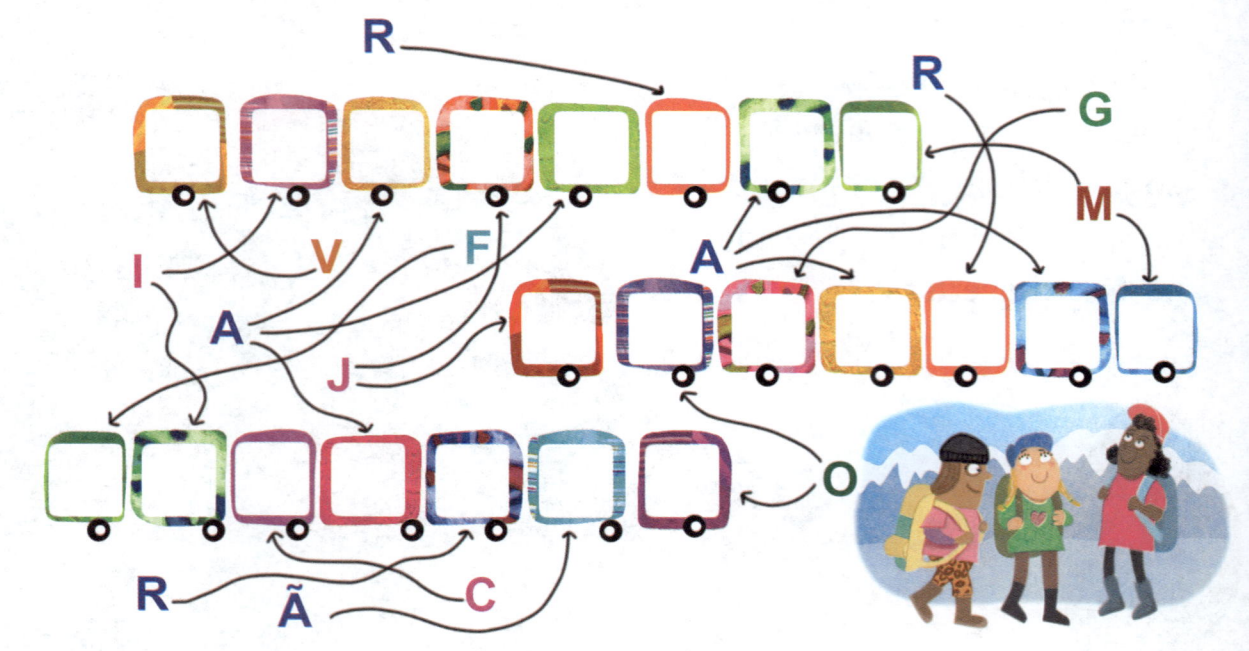

- Complete as frases com os verbos que você formou.

   a) Amanhã, os professores _____ na escola até a noite.

   b) Nas férias do ano passado, as meninas _____ para essa cidade.

   c) Os alunos _____ futebol ontem à tarde.

3. Complete as frases usando os verbos destacados no futuro ou no passado.

a) Se ontem vocês **pintaram**, amanhã também _____.

b) Se no passado todos _____, no futuro também **brincarão**.

c) Se vocês já **estudaram**, na semana que vem também _____.

4. Use o código e forme verbos.

a g t m i r p ã o e

_____   _____

a) Copie aqui os verbos que você formou, escrevendo na coluna certa.

verbo no passado	verbo no futuro

b) Forme uma frase interrogativa com o verbo que está no passado.

_____

c) Forme uma frase declarativa com o verbo que está no futuro.

_____

d) Leia as frases para os colegas.

11

Verbos irregulares

Identidade

Às vezes nem eu mesmo
sei quem sou.
Às vezes sou
"o meu queridinho",
às vezes sou
"moleque malcriado".
Para mim
tem vezes que eu sou rei,
herói voador,
caubói lutador,
jogador campeão.
Às vezes sou pulga,
sou mosca também,
que voa e se esconde
de medo e vergonha.

Às vezes eu sou Hércules,
Sansão vencedor,
peito de aço,
goleador!
Mas o que importa
o que pensam de mim?
Eu sou quem sou,
eu sou eu,
sou assim,
sou menino.

Pedro Bandeira. *Cavalgando o arco-íris.*
3. ed. São Paulo: Moderna, 2002.

Hércules e Sansão
São duas figuras representadas como homens de força sobrenatural. Hércules é um dos heróis das histórias da mitologia grega. Sansão é citado na Bíblia como um homem com uma força fora do comum.

eu **sou** ⟶ presente do verbo **ser**

Você já aprendeu que o **infinitivo** é uma espécie de nome do verbo. Por exemplo:

PENSAR **ACORDAR** **ESCONDER** **CORRER**

Um verbo pode apresentar variadas formas para indicar presente, passado, singular, plural etc.

Geralmente, essas formas são parecidas com a do infinitivo. Observe:

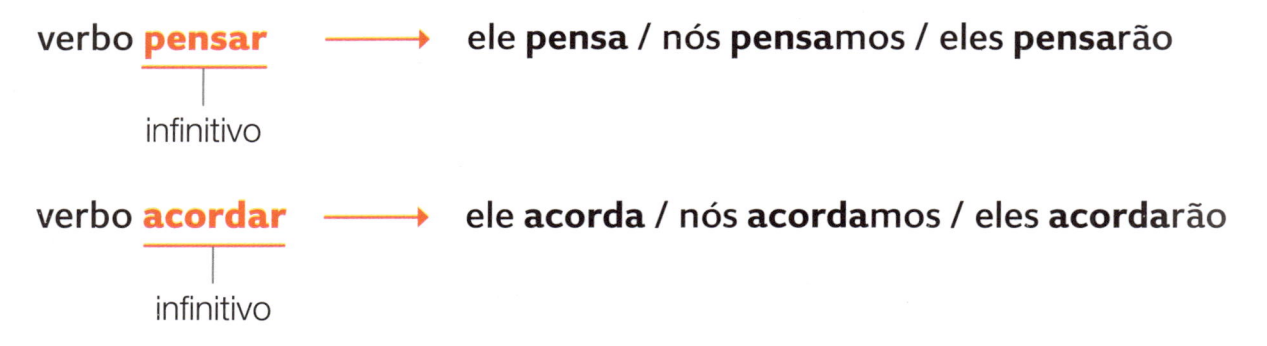

verbo **pensar** ⟶ ele **pensa** / nós **pensa**mos / eles **pensa**rão
infinitivo

verbo **acordar** ⟶ ele **acorda** / nós **acorda**mos / eles **acorda**rão
infinitivo

Mas muitos verbos apresentam formas bem diferentes do infinitivo. Por isso, são chamados de verbos **irregulares**. É o caso, por exemplo, do verbo **ser**. Observe.

verbo **ser** ⟶ eu **sou** / ele **é** / eles **são**
infinitivo

Nas atividades apresentadas a seguir, você vai conhecer vários outros verbos irregulares.

115

Atividades

1. Relacione as colunas ligando cada verbo ao seu infinitivo. Observe o exemplo.

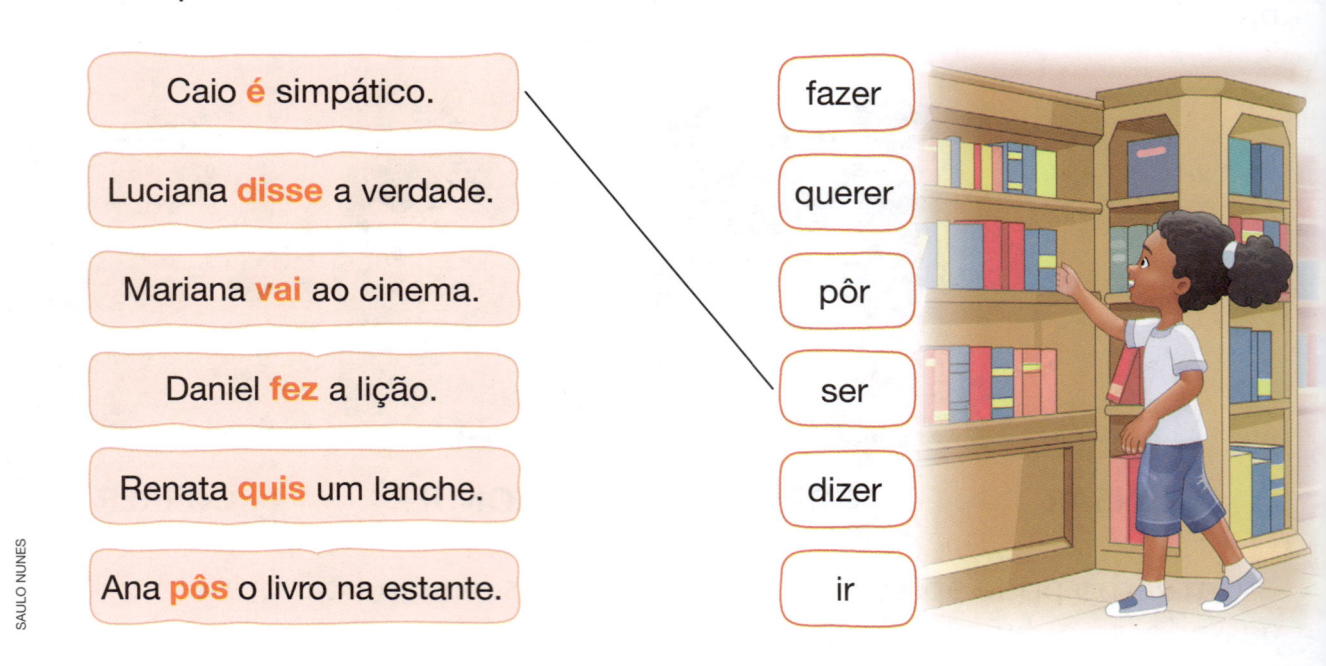

   Caio **é** simpático. — ser
   Luciana **disse** a verdade.
   Mariana **vai** ao cinema.
   Daniel **fez** a lição.
   Renata **quis** um lanche.
   Ana **pôs** o livro na estante.

   fazer
   querer
   pôr
   ser
   dizer
   ir

2. Complete as frases com os verbos no passado. Veja o exemplo.

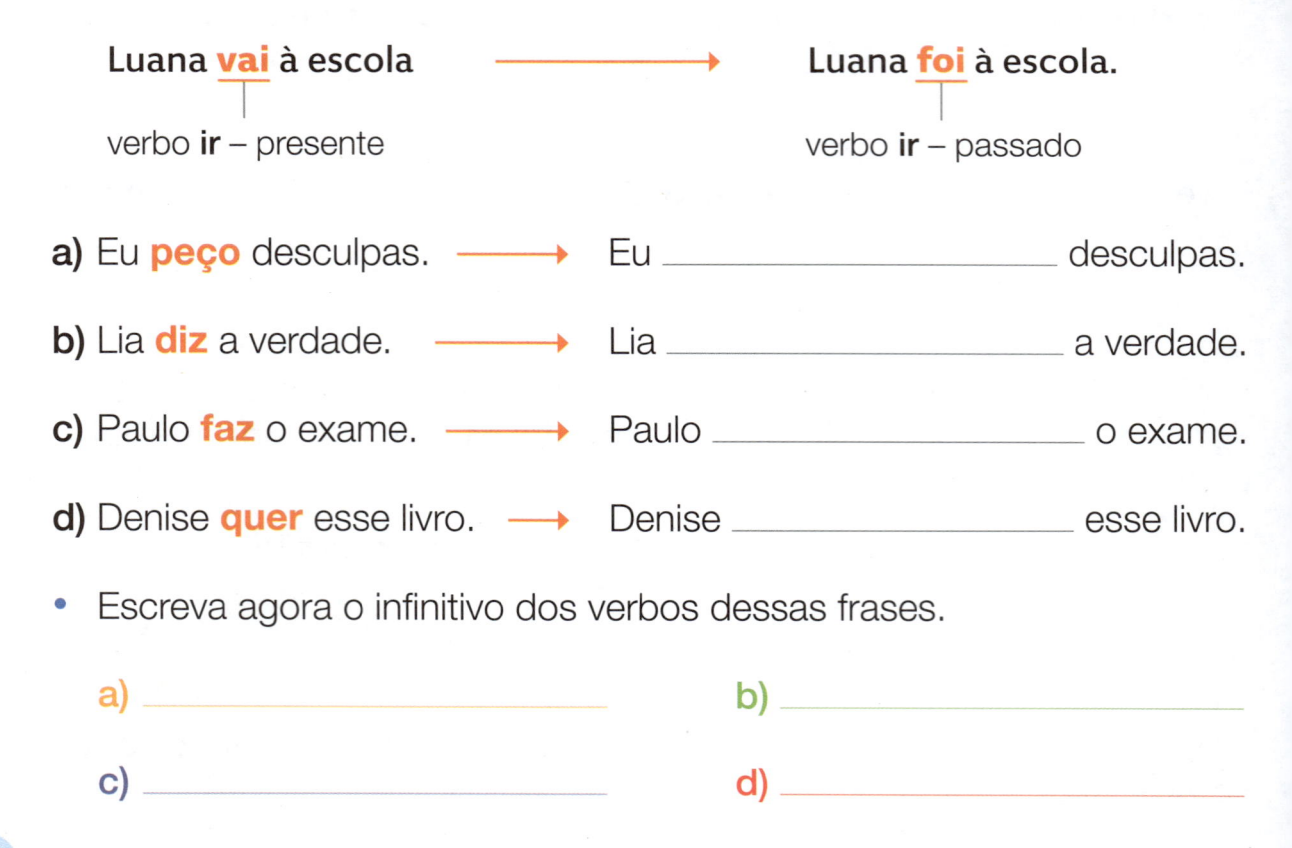

   Luana **vai** à escola ⟶ Luana **foi** à escola.
   verbo **ir** – presente   verbo **ir** – passado

   a) Eu **peço** desculpas. ⟶ Eu _____ desculpas.

   b) Lia **diz** a verdade. ⟶ Lia _____ a verdade.

   c) Paulo **faz** o exame. ⟶ Paulo _____ o exame.

   d) Denise **quer** esse livro. ⟶ Denise _____ esse livro.

   • Escreva agora o infinitivo dos verbos dessas frases.

   a) _____   b) _____

   c) _____   d) _____

3. Escreva as letras nos locais indicados e forme uma frase declarativa.

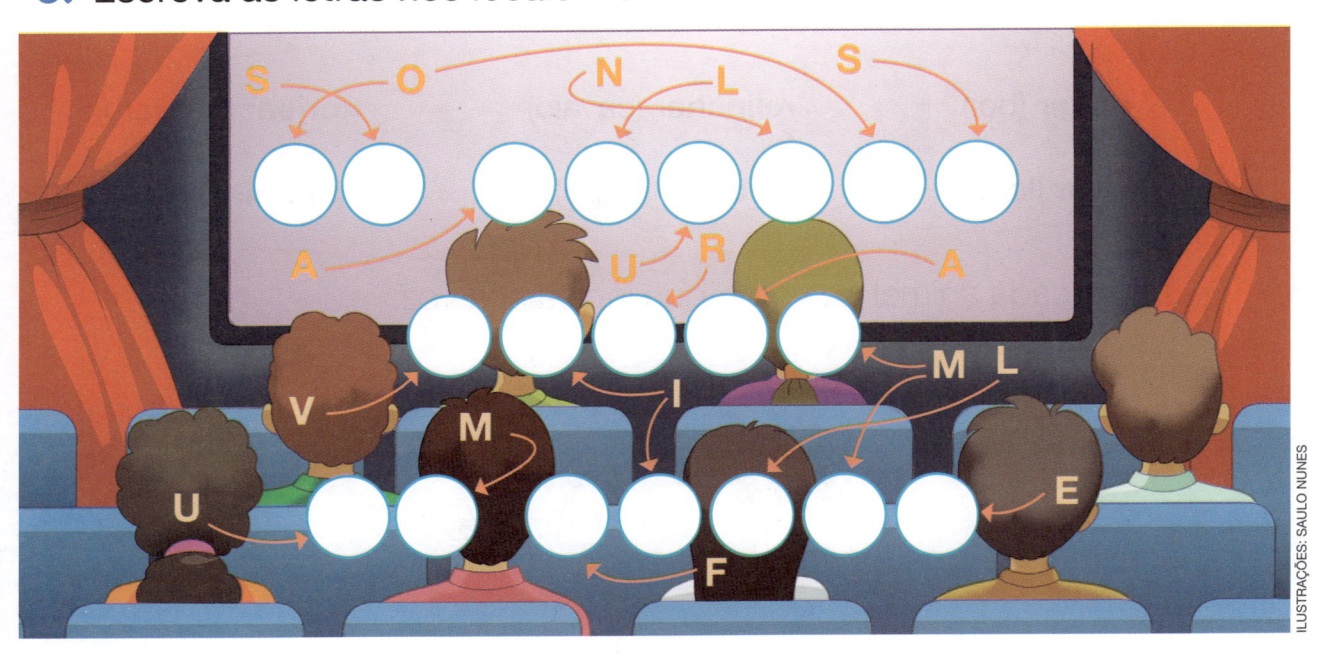

a) Copie a frase que você formou.

_____

b) O verbo usado nessa frase está no:

☐ presente.   ☐ passado.

c) Qual é o infinitivo desse verbo? _____

4. Circule os verbos usados no título deste livro.

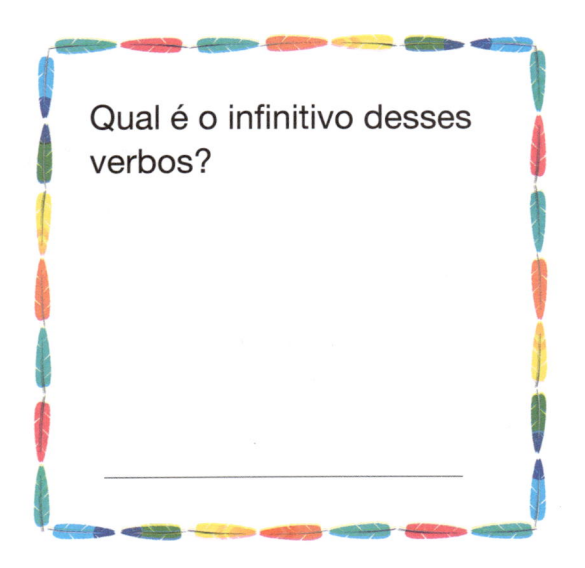

CÉSAR OBEID
Sou indígena e sou criança
Ilustrações: Taisa Borges

Qual é o infinitivo desses verbos?

_____

5. Há verbos que usamos para indicar as vozes dos animais.

mugir (boi) • **relinchar** (cavalo) • **gorjear** (pássaro)

uivar (lobo) • **coaxar** (sapo) • **zumbir** (inseto)

• Ligue cada animal ao verbo que indica sua voz.

miar

rugir

latir

cacarejar

6. Complete o texto com os verbos a seguir.

GAROAR **TROVEJAR** **CHOVER** **ANOITECER**

No fim da tarde, quando voltei da escola, ouvi _____ ao longe. Os trovões foram ficando mais fortes e logo percebi que ia

_____ .

Primeiro, começou a _____, mas logo a chuva apertou e virou uma tempestade, com muitos raios e trovões.
Choveu forte por meia hora, mas, quando começou a

_____ , a chuva foi ficando fraquinha e passou.

118

Reforço ortográfico

QUA, QUE, QUI

Macaco arteiro

Macaquinho bagunceiro
pega coco no coqueiro
todo dia, o dia inteiro,
pega e joga lá de cima,
ai de quem passar embaixo!

— Desce daí, macaquinho!
Mas ele não quer saber
e continua jogando
coco pra todo lado.
Quase acerta a minha cabeça!
Mas que macaquinho arteiro,
que macaquinho bagunceiro!

SAULO NUNES

Minidicionário

Leia os verbetes **arteiro** e **bagunceiro**.

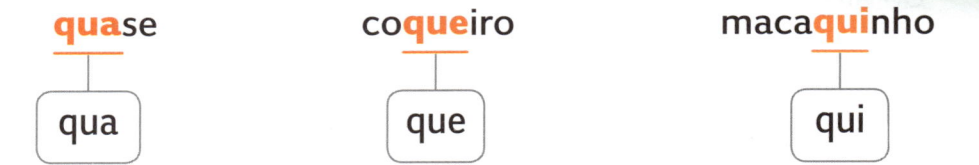

quase — qua

co**que**iro — que

maca**qui**nho — qui

Se depois de **qu** vier **a**, o **u** é pronunciado: **qua**se, **qua**dro.

Se depois de **qu** vier **e** ou **i**, em algumas palavras o **u** não é pronunciado, como em **coqueiro**, **macaquinho**, **pequeno**.

Mas em muitas palavras o **u** é pronunciado, como em **cinquenta**, **tranquilo**.

Reforço ortográfico

Atividades

1. Complete as frases interrogativas com as palavras abaixo.

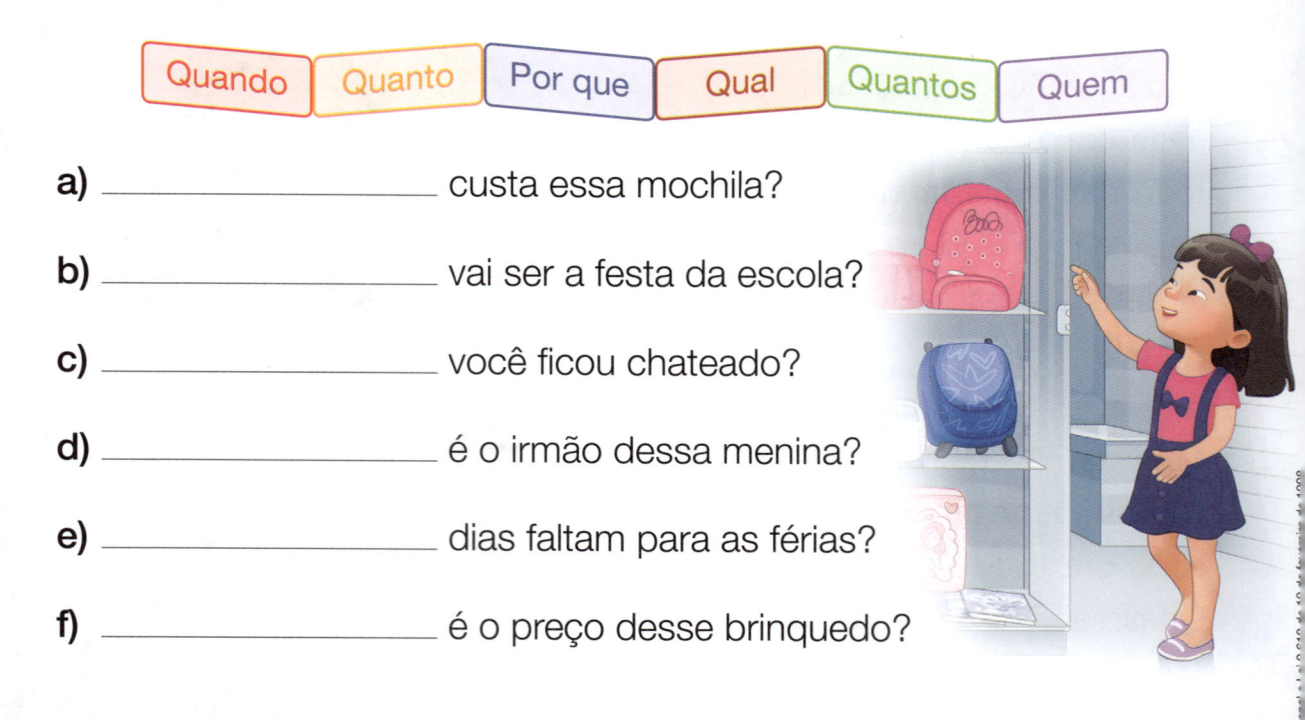

> Quando   Quanto   Por que   Qual   Quantos   Quem

a) _____ custa essa mochila?

b) _____ vai ser a festa da escola?

c) _____ você ficou chateado?

d) _____ é o irmão dessa menina?

e) _____ dias faltam para as férias?

f) _____ é o preço desse brinquedo?

2. Leia em voz alta as palavras e faça:

- um **X vermelho** nas palavras em que o **u** é pronunciado.
- um **X azul** nas palavras em que o **u** não é pronunciado.

☐ mosquito   ☐ quinze   ☐ cinquenta
☐ quintal   ☐ tranquilidade ☐ quilo
☐ moleque   ☐ queijo   ☐ quadrado

3. Use o código das sílabas e forme quatro palavras.

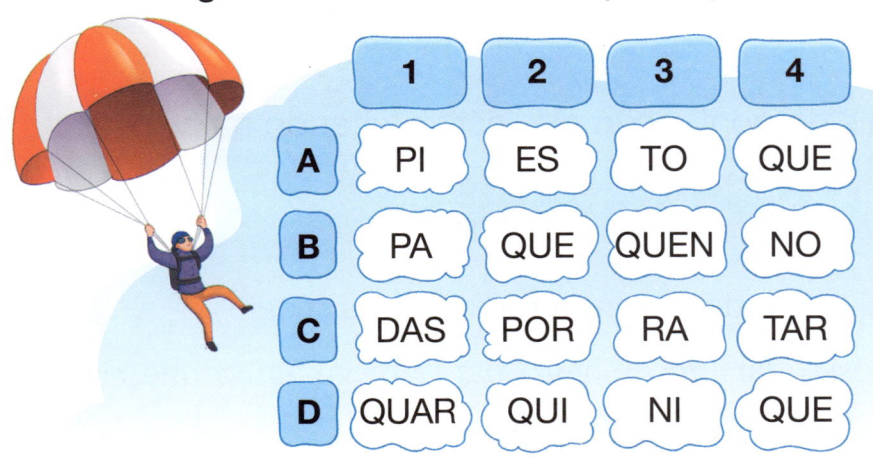

	1	2	3	4
A	PI	ES	TO	QUE
B	PA	QUE	QUEN	NO
C	DAS	POR	RA	TAR
D	QUAR	QUI	NI	QUE

1A 2B 3D 4D _____

1B 3C 2B 1C _____

1D 3A _____

2A 3B 4C _____

a) Qual dessas palavras é o infinitivo de um verbo? _____

b) Em qual dessas palavras o **u** é pronunciado? _____

c) Quais dessas palavras são polissílabas?

_____

4. Complete as frases com as palavras abaixo.

fiquei — marquei — esquentou — quartel — equipe

a) Bia _____ o café.

b) Os soldados estão no _____.

c) Nossa _____ venceu a competição.

d) _____ contente com este presente.

e) _____ um gol no jogo de ontem.

121

Revisão

1. Escreva os sinais de pontuação que estão faltando na anedota.

Não é mentira...

O menino entra correndo em casa e diz para a mãe ▢

▢ Mamãe, posso dar um dinheiro para um velhinho que está gritando na rua, todo suado e cansado ▢

A mãe fica emocionada com a atitude do filho e responde ▢

▢ Puxa, coitado do velhinho ▢ Toma, pega este dinheiro e dá pra ele ▢

▢ Obrigado, mãe ▢ — responde o menino ▢

▢ E o que o velhinho está gritando na rua ▢

▢ Sorvete ▢ Sorvete ▢

2. Leia.

MÔNICA — Mauricio de Sousa

Cena 1: — PELA VIGÉSIMA VEZ, VAI BUSCAR, MONICÃO!

Cena 2: — DESISTO! QUERIA SABER POR QUE VOCÊ NÃO APRENDE UM TRUQUE TÃO FÁCIL! — HUM?!

Cena 3: ...É SÓ PEDIR *POR FAVOR*!

a) Em cada cena, foi usado um verbo no infinitivo. Quais são eles?

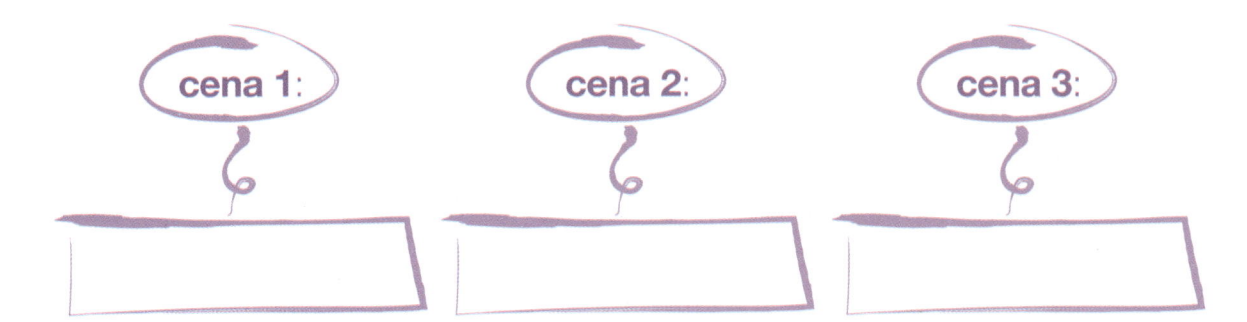

cena 1: _____

cena 2: _____

cena 3: _____

b) Agora, sublinhe:

- de **azul** o verbo que pertence à 1ª conjugação.
- de **vermelho** o que pertence à 2ª conjugação.
- de **verde** o que pertence à 3ª conjugação.

Revisão

c) Na cena 2, o verbo **aprender** está sendo usado no:

☐ presente. ☐ passado.

d) Analise as palavras e relacione as colunas.

você	palavra proparoxítona
só	palavra monossílaba com til
vigésima	palavra monossílaba com acento agudo
tão	palavra dissílaba, oxítona

3. Preencha a cruzadinha com o antônimo das palavras.

1. FRACO
2. ESTREITO
3. LONGE
4. RETO
5. COMPRIDO
6. MAGRO

4. Forme o infinitivo de um verbo, trocando as letras por aquelas que vêm **antes** na ordem alfabética.

BRVFDFS ⟶ _____ _____ _____ _____ _____ _____ _____

- Separe as sílabas do verbo que você formou.

_____

- Dê um sinônimo e um antônimo desse verbo.

sinônimo: _____   antônimo: _____

Consulte o **Minidicionário** e veja se suas respostas estão certas.

5. Desembaralhe as letras e forme o infinitivo de quatro verbos da 2ª conjugação.

Dica! Os verbos começam sempre pela letra **azul**.

R E D N **V** E ⟶ _____ _____ _____ _____ _____ _____

P R E N **A** R D E ⟶ _____ _____ _____ _____ _____ _____ _____ _____

E U Q R **E** C S E ⟶ _____ _____ _____ _____ _____ _____ _____

E R **C** H N E O C ⟶ _____ _____ _____ _____ _____ _____ _____ _____

Revisão

6. Leia o texto.

Por que as formigas andam em fila?

Elas fazem isso para não se perderem. As formigas deixam no seu caminho um cheiro que as outras formigas reconhecem. Assim, ao seguirem esse caminho cheiroso, voltam para casa sem problema.

a) Sublinhe os verbos do texto.

b) Escreva, no quadro, o infinitivo dos verbos que você sublinhou.

1ª conjugação	2ª conjugação	3ª conjugação
_____	_____	_____
_____	_____	_____
_____	_____	_____

7. Complete as frases com as palavras **ontem** ou **amanhã**.

a) _____, vou brincar na piscina.

b) _____, os alunos enfeitaram a sala.

c) _____, nossa classe visitou um parque de diversões.

d) _____, jogaremos uma partida de futebol.

e) _____, a professora corrigiu os exercícios.

8. Copie as letras nos locais indicados e forme quatro palavras.

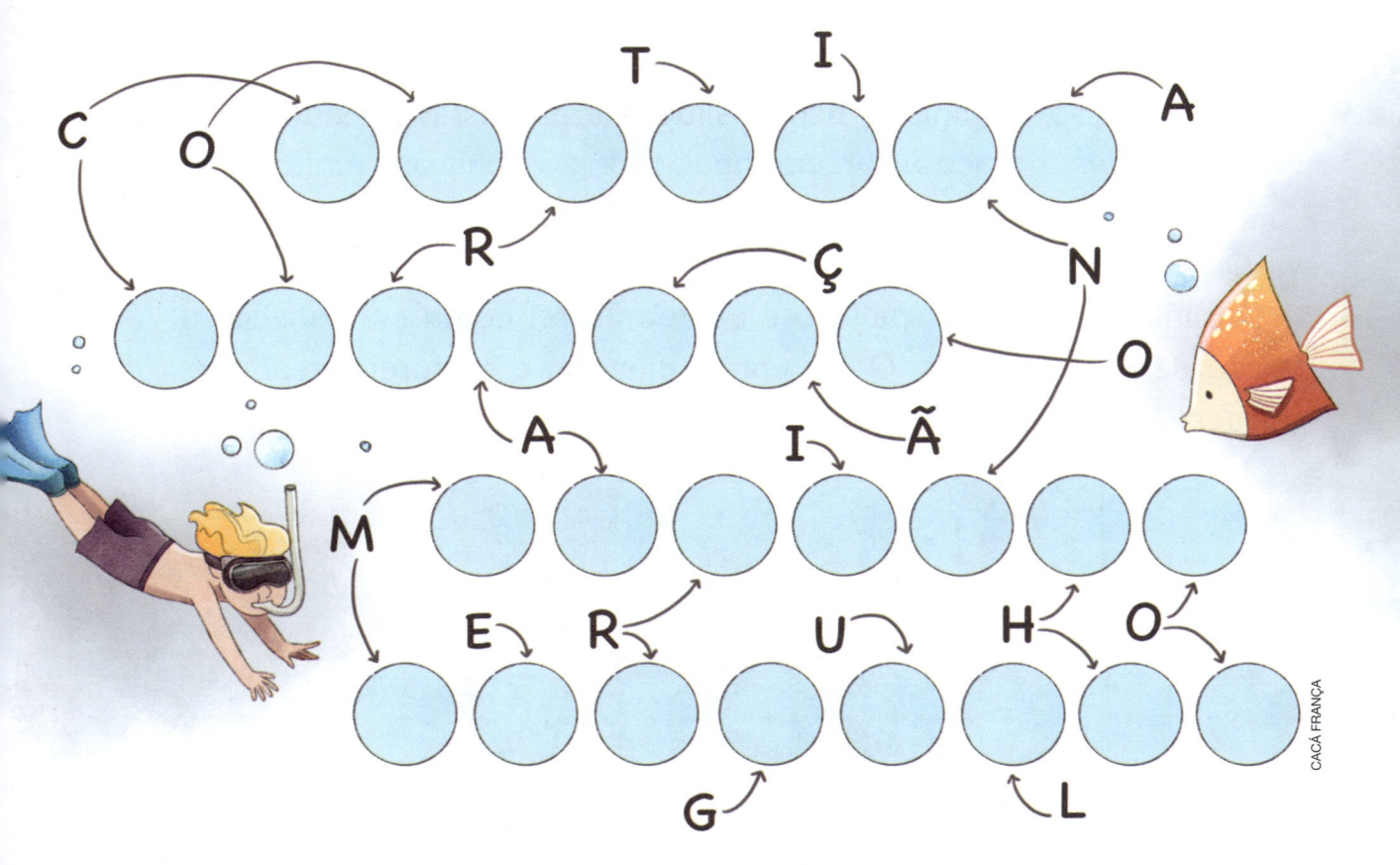

- Separe as sílabas das palavras que você formou.

_____

_____

Hora da história

A roupa nova do rei

Era uma vez um rei muito vaidoso. Ele gostava de se vestir com os mais ricos tecidos e desfilar pelo reino, todo exibido.

Sabendo da fama do rei, dois vigaristas decidiram aplicar um golpe. Foram à cidade, dizendo que eram os melhores tecelões do mundo. O rei ficou sabendo e mandou seu ministro ver do que se tratava. Quando o ministro chegou à oficina, só viu mesas e máquinas vazias. Os dois homens, porém, pareciam trabalhar normalmente.

— O que vocês estão fazendo? — perguntou ele, muito intrigado.

— Estamos costurando nosso tecido mágico — respondeu um deles. — Ele é muito especial: somente pessoas inteligentes conseguem vê-lo.

Ao ouvir isso, o ministro ficou pálido: ele não estava vendo nada! Mas não podia dar o braço a torcer, afinal, todos o achavam muito inteligente.

— Ah, sim! — exclamou ele — É o tecido mais espetacular que eu já vi! Quero que façam uma roupa para o rei!

O ministro voltou ao palácio e contou ao rei como era especial o tecido daqueles artistas. O rei, então, mandou o costureiro real ver o trabalho dos tecelões.

128

Assim que o costureiro entrou, os tecelões mostraram as máquinas trabalhando e os tecidos. Como o ministro não tinha falado nada sobre o tecido "mágico", o costureiro ficou sem saber o que estava acontecendo...

— Como o senhor pode ver, este tecido, além de muito precioso, só pode ser visto por pessoas inteligentes! — disse um dos vigaristas.

Quando o costureiro escutou isso, seu coração disparou: "Então, por que não consigo ver? Sou burro? Ninguém pode saber disso!", pensou ele.

— Sim, sim, é belíssimo! — confirmou ele. — O rei ficará muito satisfeito!

E, assim, notícias sobre a beleza do tecido se espalharam. Todos já sabiam que era um tecido mágico e, como se julgavam muito inteligentes, esperavam ansiosos para ver o rei com a roupa nova.

No grande dia, os dois vigaristas levaram a "roupa" nova até o palácio e abriram o traje real sobre uma grande cama.

O rei olhou para os homens, olhou para o embrulho aberto e sentiu um grande mal-estar... Ele não estava vendo nada! É possível ser rei e burro? As pessoas nunca poderiam saber disso!

— É maravilhoso! — exclamou o rei. — Que belo trabalho!

Os tecelões ajudaram o rei a "vestir" as calças, a jaqueta e o manto.

— Sim, é espetacular! — exclamou ele, se olhando no espelho e vendo apenas suas cuecas. — Cada um de vocês receberá um saco de ouro pelo excelente trabalho!

Os dois homens receberam o dinheiro e saíram do palácio na mesma hora em que o rei iniciava seu desfile. Todos batiam palmas e elogiavam o trabalho maravilhoso... É claro que ninguém estava vendo nada, mas quem iria confessar isso?

O rei desfilava muito pomposo, quando uma criança começou a rir muito.

— Olhem! O rei está pelado! — gritou ela, gargalhando.

Nesse momento, todos começaram a dizer: é verdade, o rei está mesmo pelado! E o povo começou a caçoar do rei, que correu de volta para o palácio, pensando: "Que burro que eu fui! Por que não disse logo o que achava de tudo?".

Renata Tufano. Versão baseada em conto de Hans Christian Andersen.

Hora da história

Atividades

1. O que levou os falsos tecelões até a cidade onde se passa a história?

    ☐ Ouviram dizer que o rei da cidade era muito gentil.

    ☐ Souberam que o rei tinha fama de ser muito vaidoso.

    ☐ Acharam que o rei era muito inteligente.

2. O que os tecelões prometeram fazer?

    ☐ Uma roupa tão especial que só os reis eram capazes de ver.

    ☐ Uma roupa tão especial que só as crianças eram capazes de ver.

    ☐ Uma roupa tão especial que só as pessoas inteligentes eram capazes de ver.

3. O rei mandou seu costureiro ver o trabalho dos tecelões. Marque a cena que mostra o que aconteceu.

4. O que levou o rei a cair no golpe dos falsos tecelões? Por que ele e as outras pessoas não confessaram que não estavam vendo nenhuma roupa?

5. Por que só uma criança teve a coragem de dizer a verdade, gritando que o rei estava pelado?

6. Numere as cenas de 1 a 4, segundo a ordem do final da história.

7. Se você pudesse mandar uma mensagem ao rei, o que você diria?

8. Que outro título você daria a essa história?

Vamos ler mais?

Com medo de não serem considerados inteligentes e espertos, todos nessa história fingiram ver a roupa que não existia... Mas você já parou para pensar que, muitas vezes, a gente só vê o que quer? Você acha que uma mesma situação pode ser vista de várias maneiras? A Marilu aprendeu que, às vezes, o problema não está nas coisas, mas no jeito como as olhamos... Leia a história de Marilu, contada por Eva Furnari.

12

▸ Substantivo comum e próprio

TURMA DA MÔNICA — Mauricio de Sousa

cachorro — substantivo comum

Bidu — substantivo próprio

As palavras que indicam o nome de tudo o que existe são chamadas de **substantivos comuns**.

Se o substantivo indica o nome específico de uma pessoa, de um animal, de um lugar ou de uma coisa, ele é chamado de **substantivo próprio**.

Cachorro ⟶ substantivo comum, pois se refere a qualquer cão.

Bidu ⟶ substantivo próprio, pois se refere a determinado cão.

Observe outros exemplos.

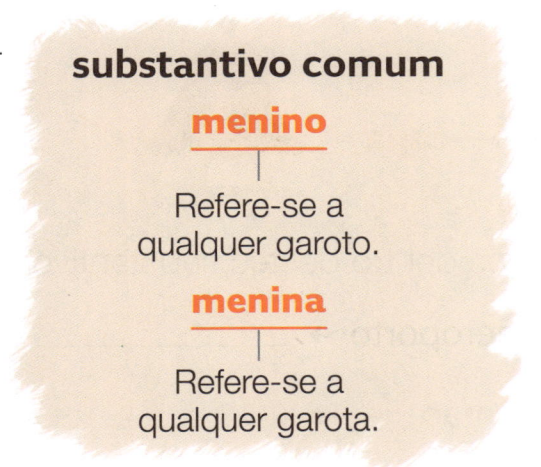

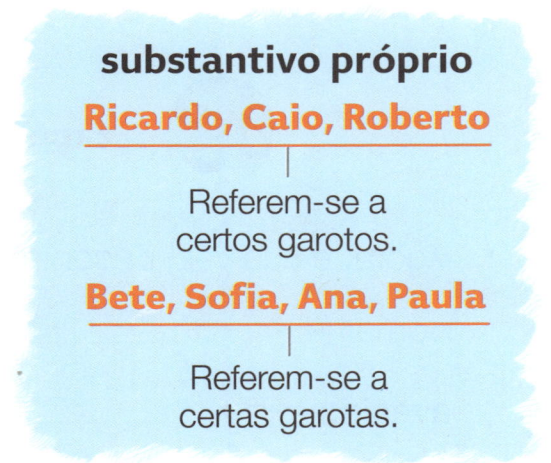

substantivo comum

menino
Refere-se a qualquer garoto.

menina
Refere-se a qualquer garota.

substantivo próprio

Ricardo, Caio, Roberto
Referem-se a certos garotos.

Bete, Sofia, Ana, Paula
Referem-se a certas garotas.

Os **substantivos comuns** são escritos com **letras minúsculas**. Só quando iniciam uma frase é que eles devem ser escritos com letra inicial maiúscula.

Os **substantivos próprios** são escritos sempre com **letra inicial maiúscula**.

Atividades

1. Complete as frases usando apenas substantivos comuns.

a) A _____ guardou os _____ nesse armário.

b) A _____ está dentro dessa _____.

c) Hum! O _____ e o _____ estão deliciosos!

d) Algumas _____ estão brincando de pega-pega no _____.

2. Você já percebeu que um substantivo comum pode conter outro substantivo comum? Veja um exemplo.

capacete ⟶ **capa**

- Agora, é sua vez! Encontre substantivos dentro destes substantivos.

pomar ⟿ _____   aeroporto ⟶ _____

avenida ⟿ _____   irmão ⟿ _____

presidente ⟿ _____   obrigado ⟶ _____

mocidade ⟶ _____   fivela ⟿ _____

assoalho ⟿ _____   chácara ⟶ _____

3. Complete as frases com substantivos próprios.

a) Visitei _____, uma cidade muito bonita.

b) _____ e _____ querem ser professoras quando crescerem.

c) _____ é um garoto simpático.

d) _____ é o nome do nosso país.

e) _____ é o nome do meu gatinho.

4. Leia o texto e sublinhe os substantivos próprios.

O Rei Leão

Mufasa, o leão que governa como rei, tem um filho, Simba, que está sendo preparado para herdar o trono. Mas então aparece Scar – tio de Simba e irmão de Mufasa –, que arma uma traição terrível para tomar o poder. De repente, o jovem Simba deve aprender a enfrentar as dificuldades da vida. O que acontecerá com ele? Será que seus amigos Timão e Pumba poderão ajudá-lo? Não perca esse filme, que fala de traições e amizades e nos ensina várias lições.

Substantivo: singular e plural

Um passeio de balão

Passear de balão é uma aventura inesquecível.

Lá de cima, a gente vê montanhas, casas, árvores. Os carros na estrada parecem brinquedinhos. O rio parece uma cobra deslizando.

O mundo é muito diferente visto do alto!

> **Minidicionário**
> Leia o verbete **inesquecível**.

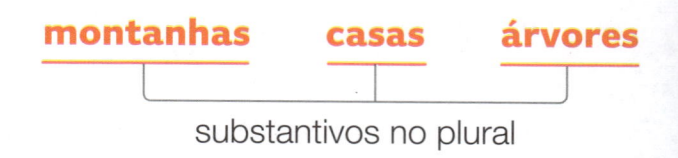

estrada   rio   mundo
substantivos no singular

montanhas   casas   árvores
substantivos no plural

O substantivo comum pode estar no **singular** ou no **plural**.
O singular indica um **só** elemento. O plural indica **mais de um** elemento.

Para formar o plural de muitos substantivos, acrescentamos **s** na forma do singular.

estrad**a** → estrad**as**
singular   plural

carr**o** → carr**os**
singular   plural

Atividades

1. Escreva o plural destes substantivos.

mamãe _____   mão _____

maçã _____   pai _____

irmã _____   irmão _____

2. Leia as frases e escreva nos quadrinhos abaixo dos substantivos destacados **S** para singular ou **P** para plural.

a) As **crianças** estão no **pátio** brincando com a **bola**.

b) **Vovó** cuida das **rosas** do **jardim**.

c) Os **gêmeos** se parecem com a **mãe**; a **menina**, com o **pai**.

3. Leia os títulos destes livros.

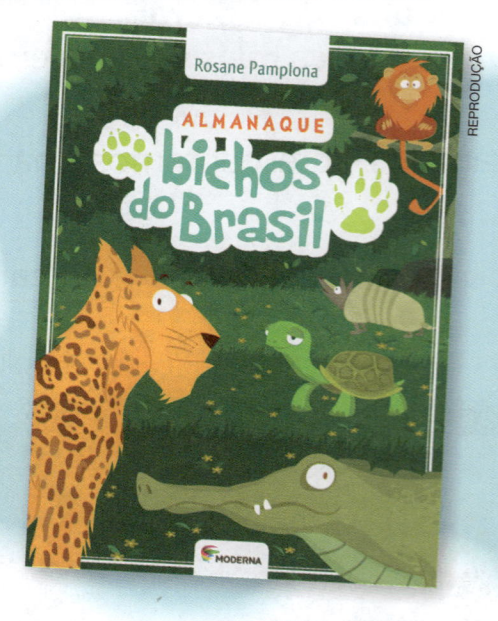

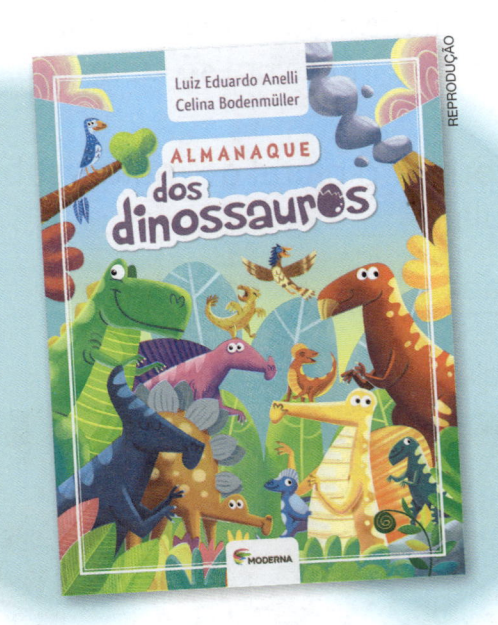

a) Copie os substantivos dos títulos que estão no plural.

_____

b) Qual substantivo próprio aparece em um dos títulos?

_____

4. Passe as palavras destacadas para o plural, conforme o exemplo.

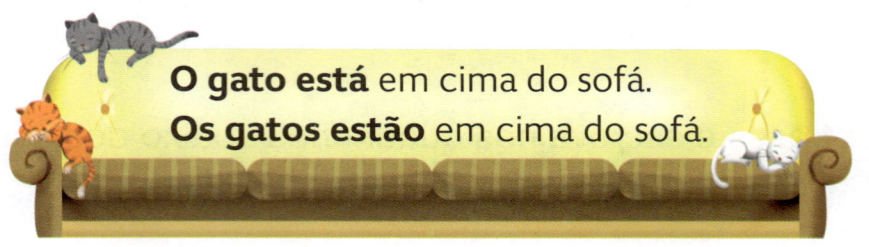

> O gato está em cima do sofá.
> Os gatos estão em cima do sofá.

a) O quadro está no museu.

_____

b) O estudante está na biblioteca.

_____

c) A mochila está no armário.

_____

5. Os substantivos terminados em **m** também fazem o plural com o acréscimo do **s**. Só que, nesse caso, o **m** vira **n**. Observe.

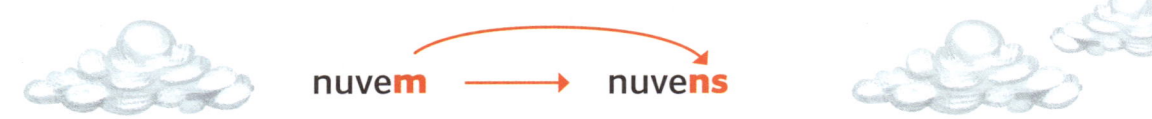

nuve**m** ⟶ nuve**ns**

- Agora, é sua vez! Faça o plural de:

trem ⟶ _____   bombom ⟶ _____

jovem ⟶ _____   homem ⟶ _____

O singular e o plural no dicionário

No dicionário, os substantivos são apresentados na forma do singular. Por isso, se você quiser achar o substantivo **nuvens**, deve procurar **nuvem**.

6. Agora, é com você! Escreva como devemos procurar as palavras abaixo no dicionário.

bosques ⟶ _____   patins ⟶ _____

ideias ⟶ _____   margens ⟶ _____

7. Escreva o nome das figuras, observando se devem estar no singular ou no plural.

Reforço ortográfico

▶ Sons do X

Um fotógrafo da natureza

Alexandre gosta de fotografar as belezas da natureza. Ele percorre atentamente os bosques e os campos em busca de reflexos da luz do Sol nas árvores, nas flores, nas águas. Vai registrando tudo o que vê, com muito cuidado, sem deixar passar nada.

Depois, em casa, escolhe com calma as melhores fotos, pois está preparando uma exposição para exibir as belezas que conseguiu registrar com sua máquina.

Com certeza, será uma linda exposição!

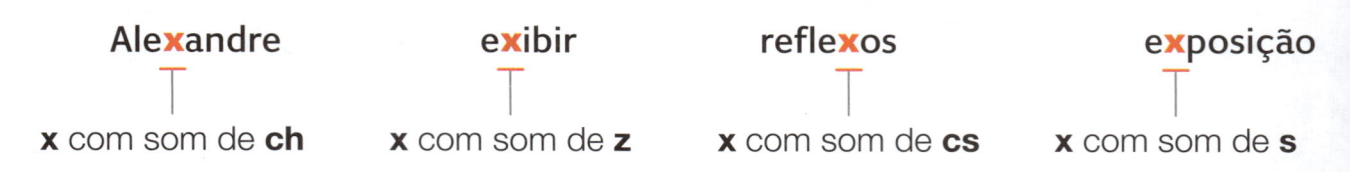

Ale**x**andre — **x** com som de **ch**

e**x**ibir — **x** com som de **z**

refle**x**os — **x** com som de **cs**

e**x**posição — **x** com som de **s**

Dependendo da palavra, a letra **x** pode representar vários sons.
- **x** com som de **ch**: peixe, deixar.
- **x** com som de **z**: exame, exagerado.
- **x** com som de **s**: exposição, explicar.
- **x** com som de **ss**: máximo, auxiliar.
- **x** com som de **cs**: táxi, durex, oxítona.

Atividades

1. Desembaralhe as letras e forme palavras com a letra **x**.

   Dica!
   A primeira letra de cada palavra é **vermelha** e a quarta letra é **azul**.

   E T O C I A X → _____

   O L E P M X E → _____

   O Ã L X U P E S → _____

   - Agora, copie essas palavras nas colunas certas.

x com som de ch	x com som de s	x com som de z

2. Junte as sílabas da mesma cor e forme palavras.

   são • en • e • bo • ex • da
   xa • xe • plo • xa • me

   _____

   _____

Reforço ortográfico

3. Leia.

GARFIELD — Jim Davis

— BIP
— MENSAGEM DE TEXTO.
— "ME COÇA".
— AQUI, NA ORELHA DIREITA.

a) Qual palavra com **x** foi usada nessa tira? _____

b) Qual o som do **x** nessa palavra?

☐ CH   ☐ S   ☐ Z

4. Faça o caminho do quadro 1 no quadro 2 e descubra uma palavra com **x**.

> É o nome de um pequeno bicho popularmente chamado de "jacarezinho de parede".

Quadro 1

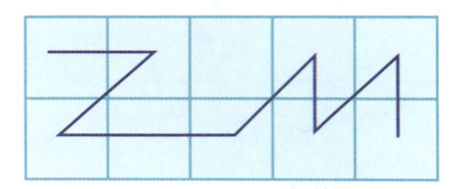

Quadro 2

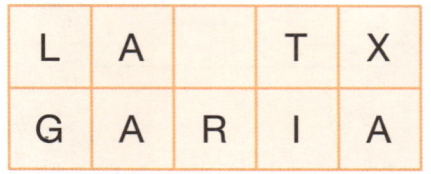

L	A	T	X
G	A	R	I	A

a) Copie aqui a palavra que você descobriu, separando-a em sílabas.

_____

b) Complete a frase.

Nessa palavra, o **x** tem som de _____.

5. O que é, o que é? Responda com as palavras do quadro.

| xampu • exausto • xereta |
| próximo • xarope • circunflexo |

a) É bom tomar quando estamos com tosse. _____

b) Produto usado para lavar os cabelos. _____

c) Pessoa intrometida, que se mete onde não deve. _____

d) Muito cansado, sem forças. _____

e) Acento das vogais fechadas de certas palavras. _____

f) Que não é distante. _____

- Agora, leia em voz alta as palavras que você escreveu e, em seguida:

  sublinhe de **preto** as palavras em que o **x** tem som de **z**.

  sublinhe de **azul** as palavras em que o **x** tem som de **ch**.

  sublinhe de **vermelho** as palavras em que o **x** tem som de **cs**.

  sublinhe de **verde** as palavras em que o **x** tem som de **ss**.

Reforço ortográfico

O som da letra X no dicionário

Muitos dicionários informam o som da letra **x** nas palavras. Veja este verbete do **Minidicionário**, por exemplo:

> **extenso** ex.**ten**.so [**x** com som de **s**]
> **adj.** Comprido, longo: *rua extensa*. ▪ **Ant.**: curto.

Você observou que o verbete informa que o **x**, na palavra **extenso**, tem som de **s**. Como você vê, o dicionário é muito útil, pois ele também nos ensina a pronúncia das palavras.

6. Agora, é com você! Consulte a letra **e** do **Minidicionário** e ache a palavra com **x** que descreve como deve estar a personagem desta cena. Em seguida, complete a frase.

A palavra é _____. Nessa palavra, o **x** tem som de _____.

7. Leia o texto em voz alta.

Os dinossauros são animais extintos, isto é, não existem mais em nossos dias. A explicação para o seu desaparecimento é que houve uma grande mudança climática em nosso planeta que provocou a morte desses animais, faz milhões de anos.

a) Sublinhe as palavras que têm a letra **x**.

b) Pinte as figuras.

Esses são alguns dos tipos de dinossauros que desapareceram.

13

▸ Substantivo coletivo

Espetáculo colorido

Marisa e Caio gostam de mergulhar para ver os peixinhos coloridos que vivem no mar. Eles geralmente estão em grupos, que recebem o nome de cardumes.

Os peixinhos se acostumam com a presença dos dois irmãos e nadam perto deles, como se estivessem desfilando sua beleza e elegância.

A poluição dos mares é um grande perigo para os peixes, pois pode matá-los. Devemos lutar para impedir que esse belo espetáculo da natureza desapareça um dia.

grupo de peixes da mesma espécie ⟶ **cardume**
substantivo coletivo

> Substantivo **coletivo** é aquele que, no singular, indica um conjunto ou grupo de pessoas, animais, objetos ou coisas.

Veja alguns exemplos de substantivos coletivos.

álbum: de selos, de fotografias, de figurinhas
alcateia: de lobos
armada: de navios de guerra
arquipélago: de ilhas
banda: de músicos
bando: de animais, de pessoas
batalhão: de soldados
biblioteca: de livros
boiada: de bois
cacho: de uvas, de bananas, de cabelos
cardume: de peixes da mesma espécie
constelação: de estrelas
elenco: de artistas de um espetáculo, de jogadores de um time
enxame: de abelhas, de insetos
fauna: de animais de certa região
flora: de plantas de certa região
frota: de navios, de veículos da mesma empresa
manada: de bois, de elefantes, de cavalos, de búfalos
matilha: de cães de caça, de lobos
molho (lê-se "mólho"): de chaves
multidão: de muitas pessoas
ninhada: de filhotes
nuvem: de mosquitos, de gafanhotos
penca: de bananas
pomar: de árvores frutíferas
quadrilha: de bandidos
ramalhete: de flores
rebanho: de gado em geral (ovelhas, bois, cabras etc.)
revoada: de aves em voo
tropa: de burros de carga, de soldados
turma: de algumas pessoas
vara: de porcos

Atividades

1. Leia os coletivos do quadro.

| manada | elenco | ninhada | enxame | tropa |

a) Esses coletivos estão escondidos no quadro de letras. Você consegue achá-los?

E	I	N	H	A	M	A	N	T
L	N	I	N	H	A	D	A	R
E	E	X	M	E	N	T	D	O
N	I	N	H	E	A	R	E	P
C	N	L	E	N	D	C	L	A
O	H	E	N	X	A	M	E	X

b) Relacione os coletivos com seus significados.

indica um grupo de insetos ----------------→ _____

indica um grupo de elefantes --------------→ _____

indica o conjunto de artistas de um espetáculo --→ _____

indica um grupo de soldados --------------→ _____

indica o conjunto de filhotes de um animal -----→ _____

2. Siga as indicações e descubra dois substantivos coletivos.

	1	2	3	4	5	6	7
A	Z	S	B	E	V	P	Q
B	F	A	U	T	G	O	R
C	M	N	D	L	O	N	O

4B 3B 7B 1C 2B

6A 5C 1C 2B 7B

- Agora, complete a frase com os coletivos que você descobriu.

Uma _____ de crianças entrou correndo no _____ da fazenda.

3. Copie as letras nos locais indicados e forme um substantivo coletivo.

QLAEGPUOIRA

a) O que indica esse substantivo? _____

b) Classifique esse substantivo.

☐ oxítono   ☐ paroxítono   ☐ proparoxítono

4. Leia.

Um paraíso chamado Pantanal

A região do Pantanal tem uma fauna muito rica em aves, mamíferos, peixes e insetos. Alguns animais são muito conhecidos, como a onça-pintada, o jacaré, a arara, mas há centenas de outros.

A flora também é rica, com diversos tipos de árvores de diferentes tamanhos, além de muitas espécies de plantas terrestres e aquáticas, como a famosa vitória-régia.

Um dos mais belos espetáculos é ver, no fim do dia, os inúmeros bandos de aves voltando aos ninhos e se preparando para a chegada da noite. Essas revoadas são um lindo espetáculo que o Pantanal nos oferece todos os dias. Que tal fazer uma pesquisa para saber mais sobre o Pantanal?

a) Podemos encontrar substantivos coletivos em todos os parágrafos do texto. Quais são eles?

1º parágrafo: _____

2º parágrafo: _____

3º parágrafo: _____

b) Relacione esses coletivos aos seus significados.

grupo de aves que voam juntas _____

conjunto de animais de certa região _____

conjunto de plantas de certa região _____

conjunto de animais _____

Arara-azul-e-amarela.

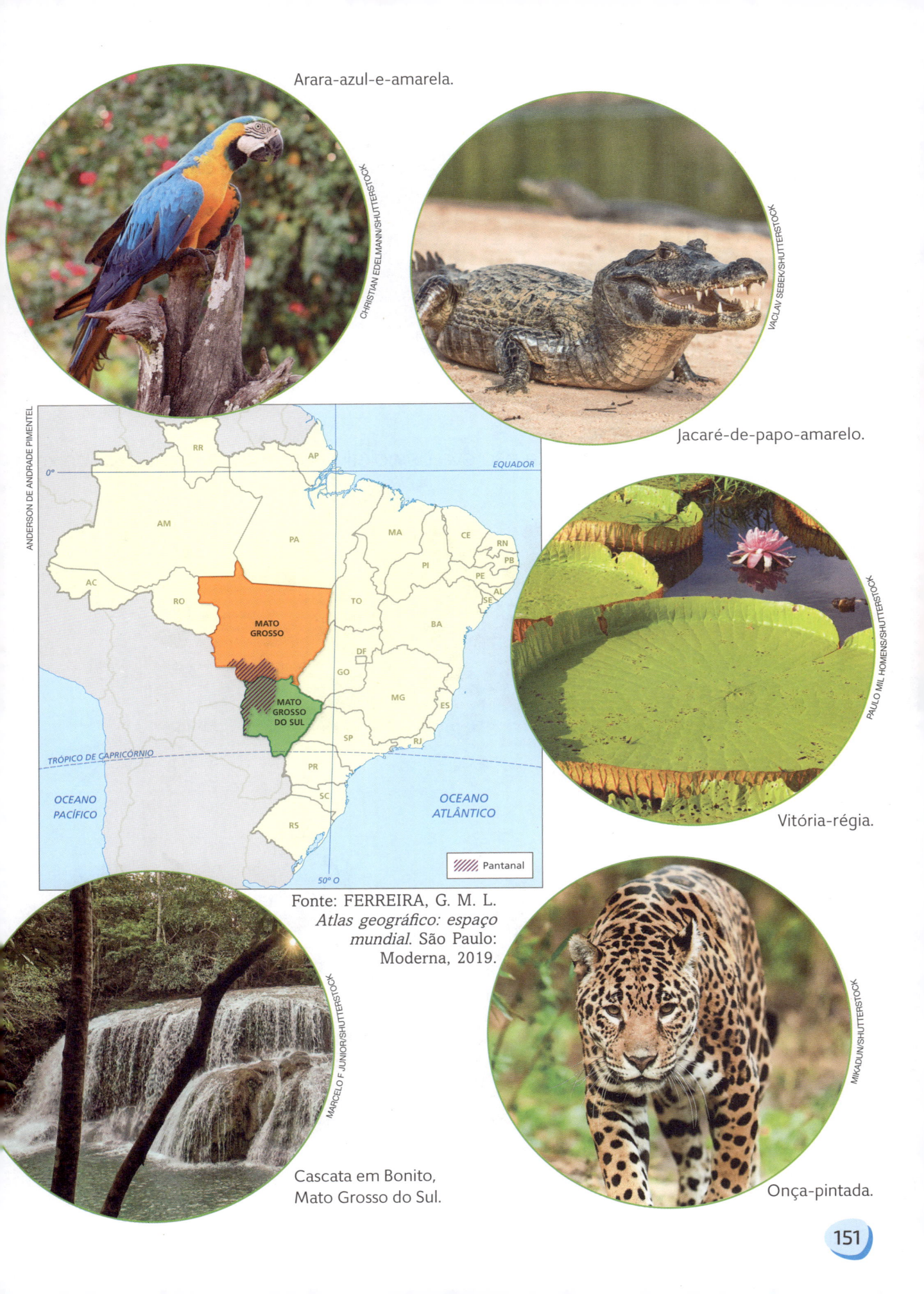

Jacaré-de-papo-amarelo.

Fonte: FERREIRA, G. M. L. *Atlas geográfico: espaço mundial*. São Paulo: Moderna, 2019.

Vitória-régia.

Cascata em Bonito, Mato Grosso do Sul.

Onça-pintada.

5. Ordene as letras e forme quatro substantivos coletivos.

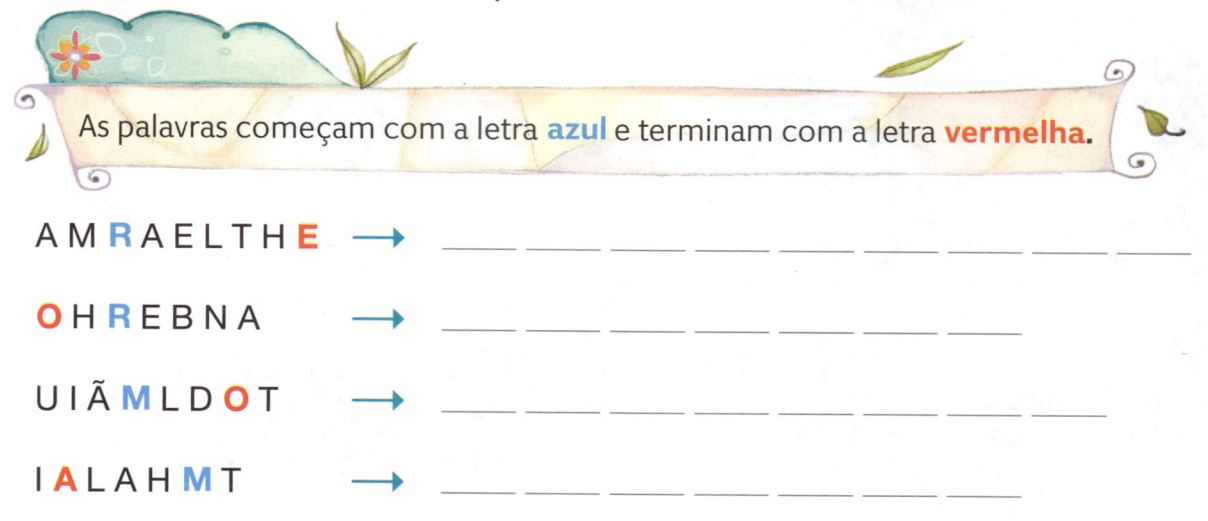

As palavras começam com a letra **azul** e terminam com a letra **vermelha**.

A M **R** A E L T H **E** → __ __ __ __ __ __ __ __

O H R E B N **A** → __ __ __ __ __ __ __

U I Ã **M** L D **O** → __ __ __ __ __ __ __

I **A** L A H **M** T → __ __ __ __ __ __ __

- Observe os desenhos e escreva os coletivos que você formou embaixo das figuras.

ILUSTRAÇÕES: VICTOR TAVARES

Reforço ortográfico

S, SS, S com som de Z

O Sol e a Lua

A Lua é uma grande bola no céu, iluminada pelo Sol. De noite, às vezes, a Lua se mostra inteirinha, redonda como uma bola de bilhar. Quando ela não aparece bem redonda, é porque não está sendo iluminada inteiramente pelo Sol. A gente só vê o lado iluminado da bola. O resto está no escuro. Mas o Sol, esse sim é luminoso como uma lâmpada elétrica sempre acesa. Ele mesmo fabrica a própria luz. É por isso que o vemos sempre inteiro, redondinho.

Averous & Collin. *De olho no céu e na Terra*. São Paulo: Scipione, 1992. p. 52. (Texto adaptado).

O Sol: uma enorme bola de fogo.

Lua iluminada só em parte pelo Sol.

Lua totalmente iluminada pelo Sol.

Sol — s inicial

i**ss**o — ss

lumino**s**o — s com som de z (vogal / vogal)

Reforço ortográfico

> O grupo **ss** tem o mesmo som do **s** no início de uma palavra. Mas atenção! **Nunca** começamos uma palavra com **ss**.
>
> O **s** entre vogais tem som de **z**.

Atividades

1. Complete com **s** ou **ss** e forme palavras.

   pai____gem   pa____agem   so____egado   de____enhista

   cami____eta   te____oura   fra____e   to____e

   - Sublinhe as palavras que apresentam encontro vocálico.
   - Copie as palavras em que o **s** tem som de **z**.

   _____

   _____

2. Troque as letras **vermelhas** pelo **s** e forme novas palavras.

   ro**d**a → ____   ra**t**o → ____

   ca**d**a → ____   fa**c**e → ____

   pe**l**ado → ____   ri**c**o → ____

   a) Qual é a única palavra formada que não é dissílaba?

   _____

   b) Todas as palavras que você formou são:

   ☐ oxítonas.   ☐ paroxítonas.   ☐ proparoxítonas.

3. Seguindo a ordem alfabética, copie no diagrama as palavras do quadro à direita. Escreva uma sílaba em cada quadrinho.

preguiçoso

passageiro

presente

precioso

perigoso

4. Circule, na tirinha, uma palavra em que o **s** tem som de **z**.

MAGALI   Mauricio de Sousa

Quadrinho 1: MAGALI em PARABÉNS! — MAGALI!! — MAGALI! MAGALI!
ROTEIRO: FELIPE C. RIBEIRO
DESENHO: JEANE MESTRE
ARTE-FINAL: FELIPE GOMES

Quadrinho 2: NÃO SE ESQUEÇA DE FAZER UM DESEJO, ANTES DE APAGAR A VELINHA!

Quadrinho 3: HUMM!! DESEJO REALIZADO!
FIM

- O ponto de exclamação aparece várias vezes na história. Que sentimento ele expressa em cada cena?

155

14

▸ Substantivo: masculino e feminino

Alegria

Lá vai o trem! Lá vou eu!
Vamos todos para a praia!
Meu irmão e minha irmã,
O papai e a mamãe,
O vovô e a vovó,
O meu tio e minha tia,
Meus primos e minhas primas,
Os amigos e as amigas.
Vai ter muita brincadeira,
Vai ter muita diversão,
Com essa gente que mora
Dentro do meu coração!

Célia Siqueira.
Texto escrito especialmente para esta obra.

primo　　**amigo**
substantivos masculinos

prima　　**amiga**
substantivos femininos

> Um substantivo é **masculino** quando podemos usar **o** ou **um** antes dele.
> Um substantivo é **feminino** quando podemos usar **a** ou **uma** antes dele.

o primo　　**um** primo　　**a** prima　　**uma** prima
o amigo　　**um** amigo　　**a** amiga　　**uma** amiga

substantivos masculinos　　　　substantivos femininos

Atividades

1. Complete as frases com o feminino ou o masculino das palavras destacadas.

a) O bailarino se apresenta com a _____.

b) Os _____ trabalham com as enfermeiras.

c) Os meninos estudam com as _____.

d) O _____ e a médica estão no hospital.

e) Meu sobrinho e minha _____ foram à festa.

Muitos substantivos formam o feminino com o acréscimo da letra **a** no final da forma masculina. Observe.

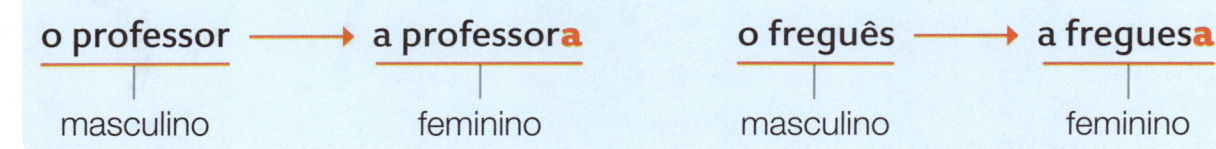

| o professor | → | a professor**a** | | o freguês | → | a fregues**a** |
| masculino | | feminino | | masculino | | feminino |

Repare que, quando o substantivo masculino termina em **ês**, no feminino ele perde o acento.

---

2. Com base na regra acima, passe as palavras destacadas nas frases abaixo para o feminino.

a) O **doutor** examinou o **jogador**.

_____

b) O **diretor** chamou o **inspetor**.

_____

c) O **japonês** falou com o **vendedor**.

_____

Alguns substantivos têm a forma do feminino bem diferente da forma do masculino. Veja.

o rei ⟶ a rainha   o carneiro ⟶ a ovelha

3. Ligue o masculino ao feminino correspondente.

o pai	a madrinha
o príncipe	a mãe
o padrinho	a princesa
o cão	a vaca
o bode	a cadela
o boi	a cabra

4. Preencha a cruzadinha com o feminino das palavras do quadro.

goleiro

prefeito

pintor

cantor

vizinho

Para fazermos o feminino de substantivos terminados em **ão**, podemos:
- trocar **ão** por **ona**.

o amig**ão** → a amig**ona**

- trocar **ão** por **ã**.

o irm**ão** → a irm**ã**

- trocar **ão** por **oa**.

o le**ão** → a le**oa**

5. Passe as palavras para o feminino usando **ona**.

o comilão _____   o gatão _____

o grandão _____   o valentão _____

o chorão _____   o peão _____

6. Complete as frases com o feminino das palavras destacadas.

a) Ontem, o **campeão** e a _____ de tênis visitaram a escola.

b) No sítio, vimos um **leitão** e uma _____.

c) Onde estão o **patrão** e a _____?

d) O **anão** e a _____ trabalham nessa loja.

O masculino e o feminino no dicionário

No dicionário, as palavras são apresentadas no masculino singular. Por isso, se você quiser achar a palavra **professoras**, deve procurar **professor**.

7. Escreva como devemos procurar no dicionário as palavras abaixo.

esposas _____   pastoras _____

idosas _____   dançarinas _____

- Consulte o **Minidicionário** e veja se suas respostas estão certas.

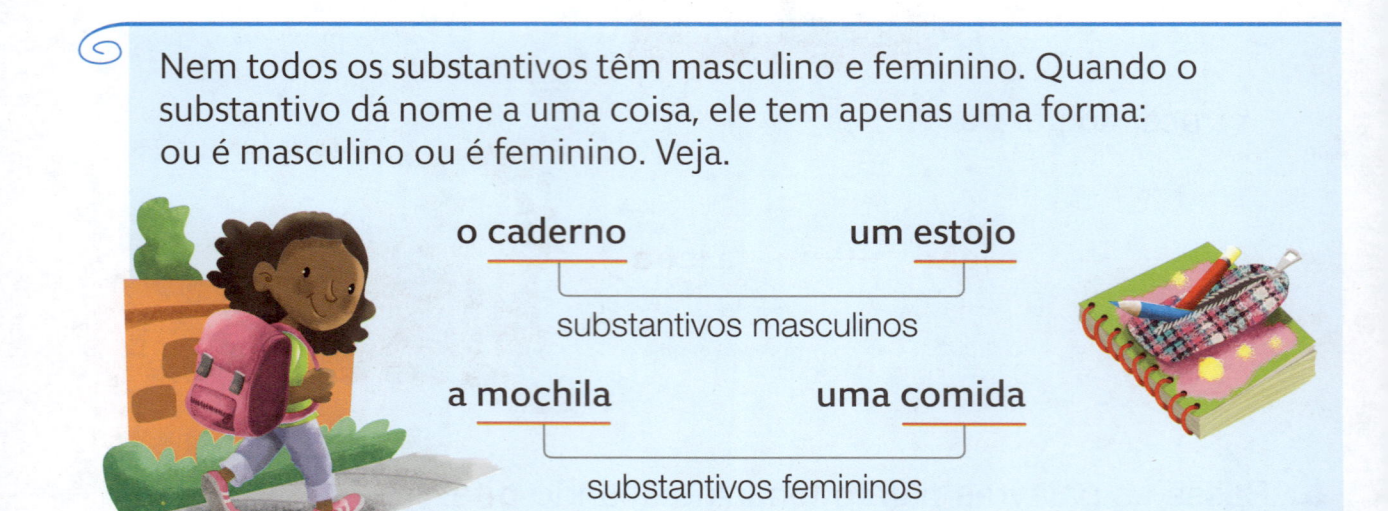

> Nem todos os substantivos têm masculino e feminino. Quando o substantivo dá nome a uma coisa, ele tem apenas uma forma: ou é masculino ou é feminino. Veja.
>
> o caderno   um estojo
> substantivos masculinos
>
> a mochila   uma comida
> substantivos femininos

8. Junte as sílabas da mesma cor e forme cinco palavras.

| dão | tão | vão | ni | bri | da | pa | ci | bo | tão | gão | cris |

_____

_____

- Agora escreva o feminino das palavras que você formou.

_____

_____

9. Leia.

Pombo-correio

Quando o **correio** não existia e não havia **transportes** rápidos para enviar as **notícias**, os pombos-correios se transformaram em **carteiros**. Eram eles que levavam **mensagens** importantes através dos países. Voavam muito rápido e, graças ao seu sentido de orientação, à boa **visão** e grande **memória**, podiam reconhecer facilmente os locais por onde já haviam passado. E encontravam o **caminho** de casa depois de percorrer centenas de quilômetros!

1000 perguntas e respostas sobre os animais. São Paulo: Girassol, 2011. p. 138.

- Copie os substantivos destacados no texto nos lugares certos.

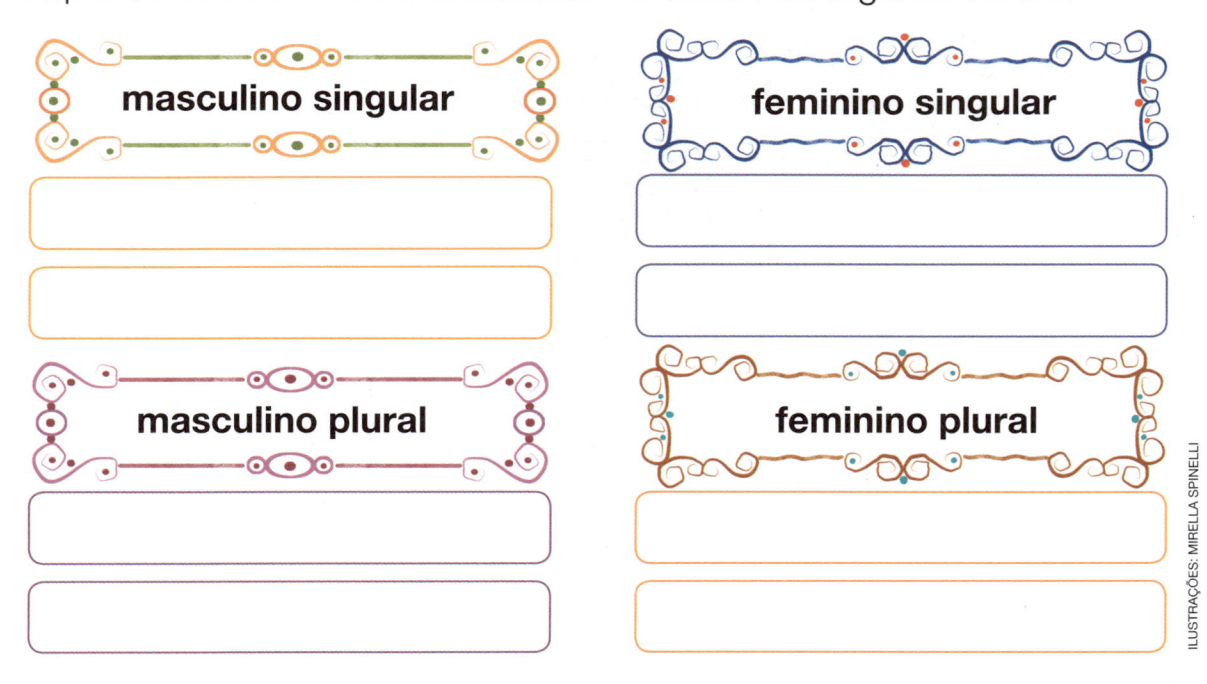

masculino singular	feminino singular

masculino plural	feminino plural

Reforço ortográfico

S, Z

Trovas populares

O R está na rosa,
Na roseira e no riozinho.
Também está na Rosinha,
Que é o meu amorzinho.

A vovó lá na cozinha,
Cozinha do seu jeitinho.
É cozinheira perfeita,
Pois cozinha com carinho.

> **Trova** é o nome que se dá a uma poesia composta apenas de quatro versos.

ro**s**a ⟶ ro**s**eira ⟶ Ro**s**inha

co**z**inha ⟶ co**z**inheira

Você já aprendeu que a letra **s** entre vogais tem som de **z**.

Uma dica para saber se uma palavra se escreve com **s** ou com **z** é ver como essa palavra se formou.

As palavras **roseira** e **Rosinha**, por exemplo, vêm de **rosa**. Se **rosa** se escreve com **s**, então **roseira** e **Rosinha** também se escrevem com **s**.

O mesmo acontece com a letra **z**. A palavra **cozinheira** se escreve com **z**, porque vem de **cozinha**, que também se escreve com **z**.

Atividades

1. Observe a escrita das palavras azuis e complete as palavras correspondentes com **s** ou **z**.

riso	ri____ada
buzina	bu____inar
atraso	atra____ar
visitar	vi____itante
desenho	de____enhista
pisar	pi____ada
azul	a____ulado
vazio	esva____iar
azar	a____arado
vizinho	vi____inhança
presente	pre____entear
desastre	de____astroso
trapézio	trape____ista
fazenda	fa____endeiro
camisa	cami____eta
casa	ca____ebre

Reforço ortográfico

2. Da palavra **gosto** podemos formar a palavra **gostoso**.

> **Atenção!**
> Observe que o final da palavra – **oso** – se escreve com **s**.

- Agora é sua vez! Que palavras podemos formar usando a terminação **oso** partindo das palavras abaixo?

delícia: _____

poder: _____

sabor: _____

fama: _____

perigo: _____

carinho: _____

3. Use o código e forme uma palavra.

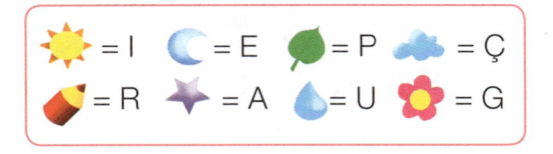

☀ = I   ☾ = E   🍃 = P   ☁ = Ç
🖍 = R   ✦ = A   💧 = U   🌼 = G

_____ _____ _____ _____ _____ _____ _____

a) Com base nessa palavra, forme outra que termine em **oso**.

_____

b) Separe as sílabas da palavra que você formou com **oso**.

☐ ☐ ☐ ☐

c) Essa palavra é:

☐ oxítona.   ☐ paroxítona.   ☐ proparoxítona.

4. Da palavra **belo** podemos formar a palavra **beleza**.

Atenção!
Observe que o final da palavra – **eza** – se escreve com **z**.

- Agora é com você! Que palavras podemos formar usando a terminação **eza** partindo das palavras abaixo?

mole: _____

gentil: _____

pobre: _____

duro: _____

magro: _____

certo: _____

5. Complete as palavras com **s** ou **z**.

medro____o

delicade____a

vaido____o

corajo____o

rique____a

pure____a

firme____a

orgulho____o

maldo____o

15

▶ Artigo

O urso-polar

O urso-polar, também chamado de urso-branco, é o maior mamífero terrestre.

Ele vive no Círculo Polar Ártico, onde faz muito frio, mas não procura lugar protegido para passar o inverno, como outros animais. Só as ursas, quando vão ter filhotes, fazem uma toca dentro da neve.

O urso-polar se locomove andando e nadando. Ele sabe nadar muito bem, mas, de vez em quando, pega carona em um pedaço de gelo que esteja boiando para se deslocar de um lugar para outro. Os pelos na planta dos pés o protegem contra o frio e o ajudam a andar ou a ficar em pé no gelo ou na neve.

Urso-polar sobre um pedaço de gelo.

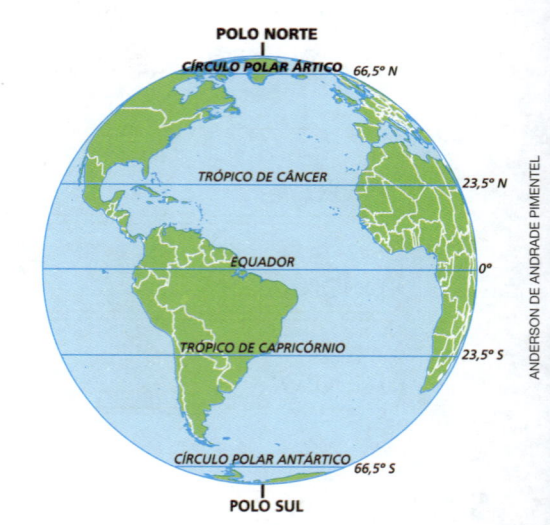

Fonte: elaborado com base em *Atlante Geografico Metodico De Agostini*. Novara: Istituto Geografico De Agostini, 2011.

o urso	**os** ursos	**um** urso	**uns** ursos
a ursa	**as** ursas	**uma** ursa	**umas** ursas
o / a	os / as	um / uma	uns / umas

Os substantivos, muitas vezes, são acompanhados pelas palavras **o**, **a**, **os**, **as**, **um**, **uma**, **uns**, **umas**. Essas palavras são chamadas **artigos**.

Os artigos indicam se os substantivos são **masculinos** ou **femininos** e se estão no **singular** ou no **plural**.

o menino
um menino
— masculino singular

a menina
uma menina
— feminino singular

os meninos
uns meninos
— masculino plural

as meninas
umas meninas
— feminino plural

Atividades

1. Complete o texto com os artigos **o**, **os**, **a**, **as**.

   _____ dia está bonito. _____ parque está cheio de gente.

   _____ pais passeiam com _____ crianças, que correm e brincam

   entre _____ árvores.

   Algumas pessoas correm até _____ pracinha: chegou _____ sorveteiro!

2. Troque as figuras pelas letras e descubra uma frase exclamativa.

- Escreva aqui a frase que você descobriu.

Atenção! Observe o uso da letra inicial maiúscula e o sinal de pontuação correto.

3. Complete o texto com os artigos **um**, **uns**, **uma**, **umas**.

Vimos _____ filme que mostrava vários animais: _____ macaquinhos espertos pulando de galho em galho e _____ araras no alto de _____ árvore. Mostrava também _____ zebras bebendo água, _____ elefante, _____ girafa e até _____ onça com dois filhotes.

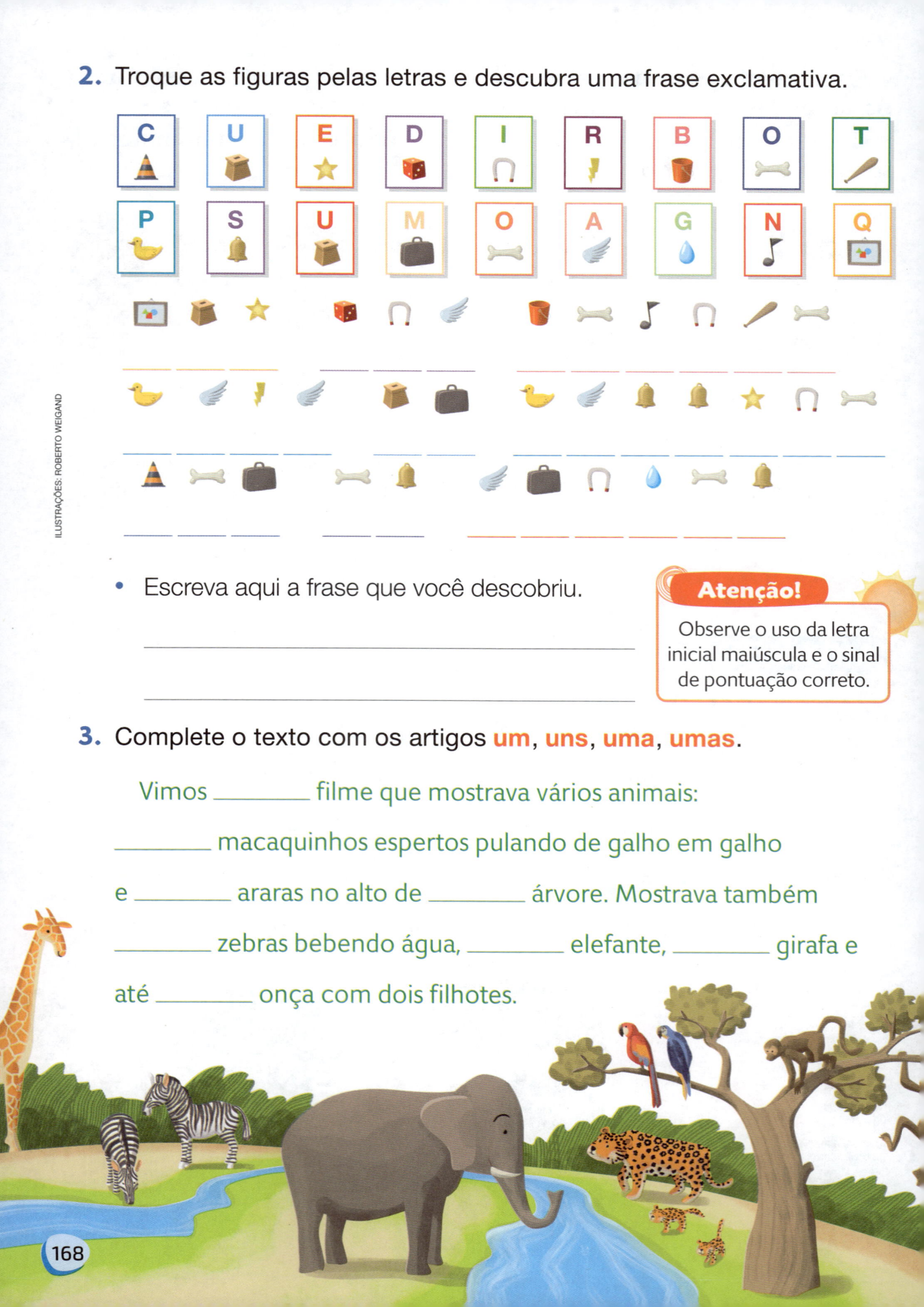

Os artigos e os verbos

Veja o que acontece com o **verbo** e com o **artigo** quando passamos o substantivo para o plural.

singular

O menino **brinca**.
artigo — substantivo — verbo

plural

Os meninos **brincam**.
artigo — substantivo — verbo

Observe que o **artigo** e o **verbo** também vão para o plural, para concordar com o substantivo.

4. Agora, é com você! Copie as frases, mas usando o substantivo no plural.

a) O gatinho pula.

_____ gatinhos _____.

b) A menina corre.

_____ meninas _____.

c) Um passarinho cantou.

_____ passarinhos _____.

d) Uma criança anda de patins.

_____ crianças _____ de patins.

5. Leia o título da história que está na capa desta revista.

a) No título, há dois substantivos: um no singular e outro no plural. Quais são eles?

singular: _____   plural: _____

b) Que artigo foi usado nesse título? O artigo _____.

c) Esse artigo está no:

☐ singular.   ☐ plural.

d) Passe o título para o plural.

_____

_____

Reforço ortográfico

R, RR

O corvo e o jarro

Era uma vez um corvo que estava com muita sede. Saiu, então, à procura de água, até que avistou um vaso com água no fundo. Mas o vaso era alto e seu bico muito curto e ele não conseguia alcançar a água, que estava lá no fundo.

Sem saber ao certo o que fazer, tentou virar o jarro e derramar a água, mas não teve forças para isso.

O corvo então pensou, pensou... e teve uma ideia.

Pegou uma pedrinha com o bico e jogou dentro do jarro. A água subiu um pouquinho. Jogou outra pedrinha e reparou que a água havia subido mais um pouco. Cada pedrinha que o corvo jogava fazia a água subir. Até que chegou à boca do jarro. O corvo pôde, então, bebê-la e matar a sede.

Moral:
A necessidade é a mãe de todas as invenções.

Esopo. Fábulas completas. 2. ed. Tradução e notas: Neide Smolka. São Paulo: Moderna, 2004. (Texto adaptado).

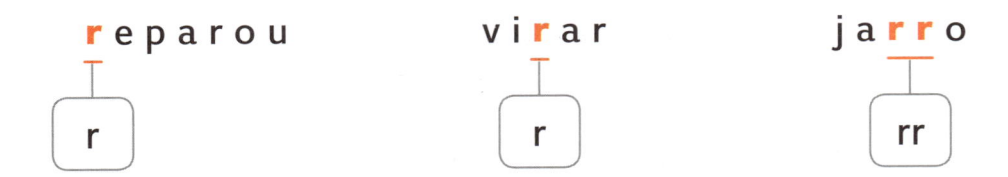

r e p a r o u → r

v i r a r → r

j a rr o → rr

No início da palavra, o **r** tem som forte: **r**eparou.
No meio da palavra, entre vogais, o **r** tem som fraco: vi**r**ar.
Para indicar que o **r** tem som forte entre vogais, usamos **rr**: ja**rr**o.
Atenção! Nunca começamos uma palavra com **rr**.

Reforço ortográfico

Atividades

1. Leia em voz alta as palavras de cada grupo e circule aquela que não combina com as demais.

   churrasco   barriga   amarelo   barraca

   perigo   bailarina   careca   gangorra

   corrente   aranha   borracha   terremoto

   pirulito   torrada   parede   feriado

2. Vamos brincar de formar palavras!

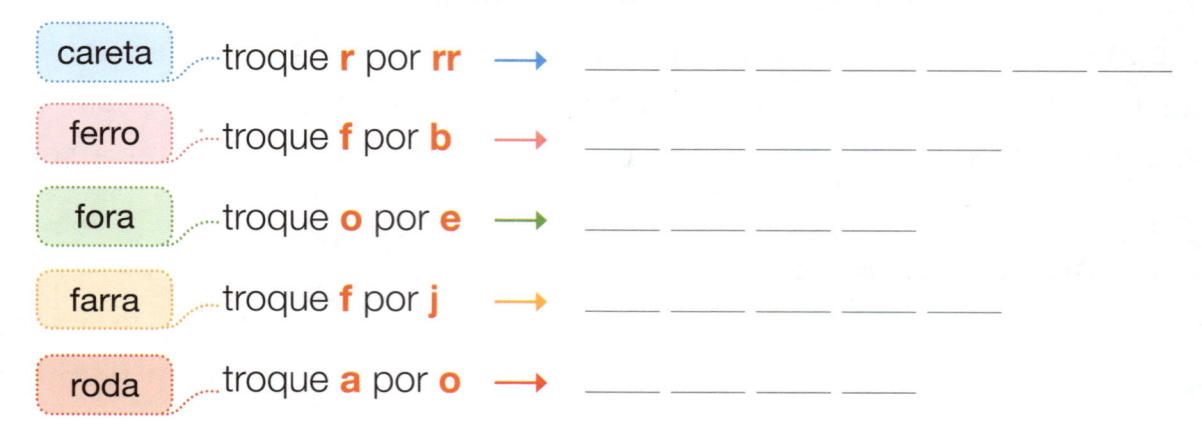

   careta ···· troque **r** por **rr** → ___ ___ ___ ___ ___ ___

   ferro ···· troque **f** por **b** → ___ ___ ___ ___ ___

   fora ···· troque **o** por **e** → ___ ___ ___ ___

   farra ···· troque **f** por **j** → ___ ___ ___ ___ ___

   roda ···· troque **a** por **o** → ___ ___ ___ ___

   • Leia em voz alta as palavras que você formou.

3. Troque as letras por aquelas que vêm **antes** no alfabeto e forme palavras.

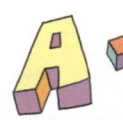

   TPSSJTP → ___ ___ ___ ___ ___ ___ ___

   NBDBSSPOBEB → ___ ___ ___ ___ ___ ___ ___ ___ ___ ___ ___

   JSSJUBEP → ___ ___ ___ ___ ___ ___ ___ ___

4. Amplie as frases usando as palavras apresentadas nos quadrinhos. Veja o exemplo.

O carro atolou. na rua / amarelo → O carro **amarelo** atolou **na rua**.

a) Renato tocou sua guitarra. na reunião / nova

_____

_____

b) Rosana entrou. no restaurante / sorridente

_____

_____

c) A torre caiu. durante o terremoto / do castelo

_____

_____

d) Montamos uma barraca. na areia da praia / grande

_____

_____

5. Desafio! Quem consegue ler em voz alta, depressa e sem errar?

O caro carro do rei rodopiou na rua de barro. Que horror!

16

▶ Aumentativo e diminutivo

Bidu em ENTERRANDO OSSO

VOU EN-TERRAR ESTE MEU OSSO TÃO FUNDO...

CAVA CAVA

ROTEIRO: MARCELO VERDE – DESENHO: FERNANDO L. CAMPOS – ARTE-FINAL: ANTÔNIO M. S. NETO

...QUE NENHUM OUTRO CACHORRO VAI ENCONTRAR!

CAVA CAVA CAVA CAVA

TUM

© MAURICIO DE SOUSA PRODUÇÕES - BRASIL / 2020

OBA! QUE OSSÃO!!

É MEU!

EU VI PRIMEIRO!

FIM

osso
substantivo
forma normal

ossão
substantivo
aumentativo

ossinho
substantivo
diminutivo

O substantivo pode mudar de forma para indicar o aumento ou a diminuição do tamanho.

osso grande ⟶ **ossão**   osso pequeno ⟶ **ossinho**

Atividades

1. Dê o aumentativo e o diminutivo.

a) tijolo grande _____

tijolo pequeno _____

b) peixe grande _____

peixe pequeno _____

c) cachorro grande _____

cachorro pequeno _____

d) gato grande _____

gato pequeno _____

Veja como fazemos o diminutivo destes substantivos.

bo**ca** ⟶ bo**qui**nha   man**ga** ⟶ man**gui**nha
por**co** ⟶ por**qui**nho   la**go** ⟶ la**gui**nho

Palavras terminadas em **ca/co** ⟶ no diminutivo ⟶ **qui**nha/**qui**nho

Palavras terminadas em **ga/go** ⟶ no diminutivo ⟶ **gui**nha/**gui**nho

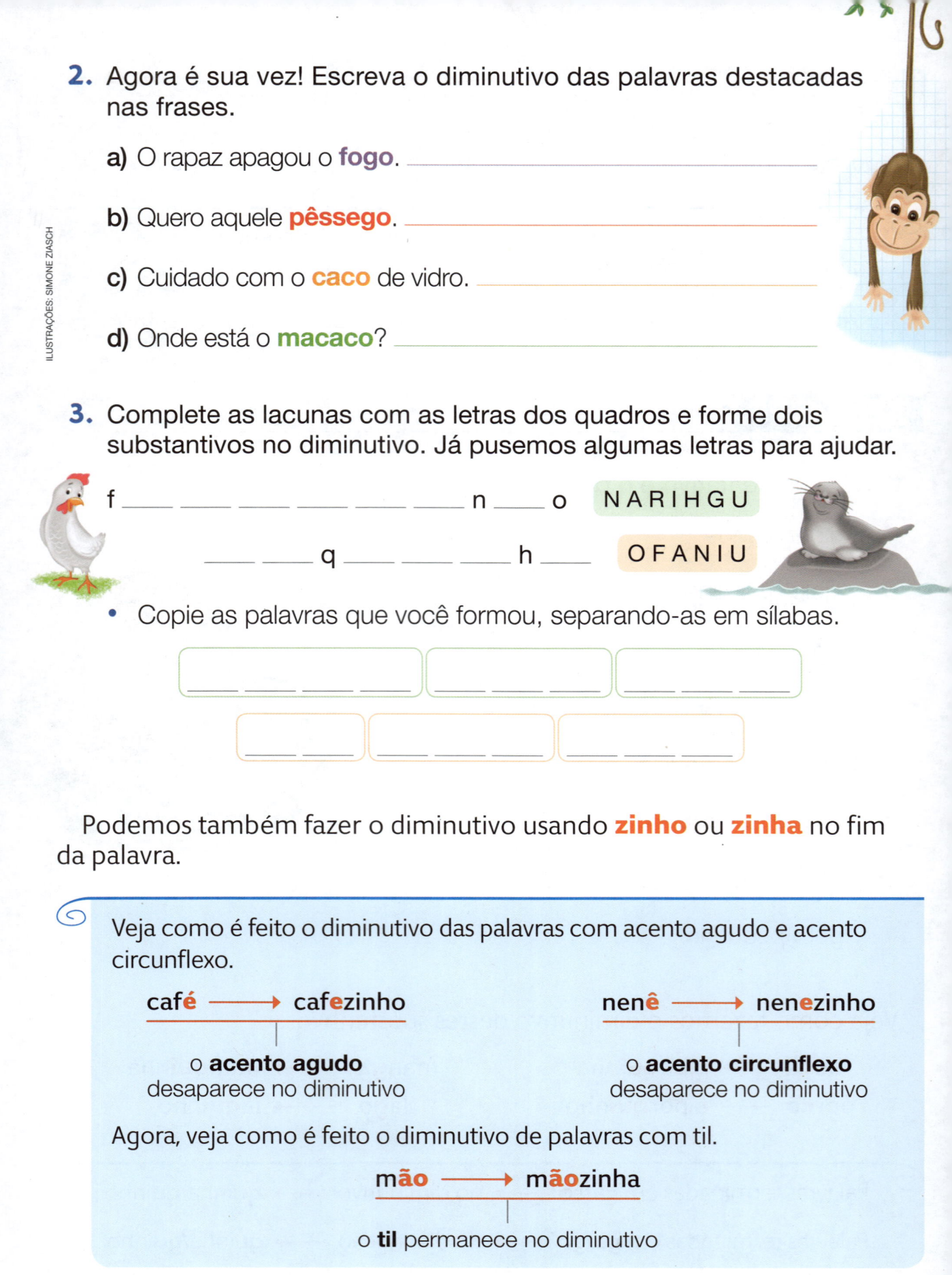

2. Agora é sua vez! Escreva o diminutivo das palavras destacadas nas frases.

a) O rapaz apagou o **fogo**. _____

b) Quero aquele **pêssego**. _____

c) Cuidado com o **caco** de vidro. _____

d) Onde está o **macaco**? _____

3. Complete as lacunas com as letras dos quadros e forme dois substantivos no diminutivo. Já pusemos algumas letras para ajudar.

f ___ ___ ___ ___ ___ ___ n ___ o   N A R I H G U

___ ___ q ___ ___ ___ h ___   O F A N I U

- Copie as palavras que você formou, separando-as em sílabas.

Podemos também fazer o diminutivo usando **zinho** ou **zinha** no fim da palavra.

Veja como é feito o diminutivo das palavras com acento agudo e acento circunflexo.

caf**é** ⟶ caf**e**zinho   nen**ê** ⟶ nen**e**zinho

o **acento agudo** desaparece no diminutivo

o **acento circunflexo** desaparece no diminutivo

Agora, veja como é feito o diminutivo de palavras com til.

m**ão** ⟶ m**ão**zinha

o **til** permanece no diminutivo

4. Complete as frases com o diminutivo das palavras dos quadrinhos. Veja o exemplo.

Este é meu **irmãozinho**. | irmão

a) Essa menina é a _____ da Ana. | irmã

b) Onde você comprou esse _____ ? | chapéu

c) Pegue o _____ que caiu no chão. | botão

d) Aqui está minha querida _____ . | mãe

e) Vou comer esse _____ delicioso. | pão

Compare a formação do diminutivo destas palavras.

casa
cas + inha

palavra com **s** na sílaba final:
s − vogal + inha ou **inho**

jornal
jornal + zinho

palavra sem **s** na sílaba final:
z + inha ou **inho**

---

5. Escreva agora o diminutivo desta palavras.

vaso _____

calor _____

frio _____

animal _____

anel _____

farol _____

6. Leia.

NÍQUEL NÁUSEA — Fernando Gonsales

[Tira em quadrinhos: — PIPOCAS! — VIVA O DEGRAUZINHO! — QUE DEGRAUZINHO? / — O DEGRAUZINHO!!]

a) Que palavra no diminutivo foi usada na tira? _____

b) Qual é a forma normal dessa palavra? _____

7. Leia o texto e sublinhe todos os substantivos diminutivos que aparecem nele.

O beija-flor

Você sabia que o beija-flor é a menor ave que existe? Mede geralmente apenas 5 centímetros da ponta do seu biquinho até a ponta da sua caudinha. E tem mais uma coisinha interessante: é a única ave que pode voar para trás e que mais rapidamente bate suas asinhas: cerca de 80 vezes por segundo! É, de fato, um animalzinho incrível, não é mesmo?

• Escreva a forma normal dos substantivos que você sublinhou

_____

_____

Na maioria das vezes, fazemos o aumentativo usando **ão** no fim da palavra. Veja o exemplo.

pacote ⟶ pacot**ão**

> Mas há palavras que fazem o aumentativo de outras formas. Observe.
>
> homem ⟶ homen**zarrão**   casa ⟶ casa**rão**

8. Ligue os aumentativos à forma normal dos substantivos.

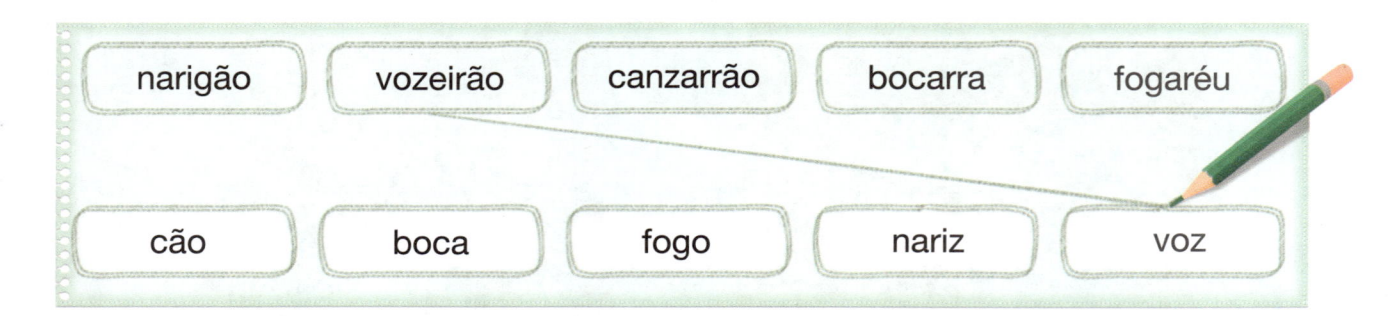

| narigão | vozeirão | canzarrão | bocarra | fogaréu |

| cão | boca | fogo | nariz | voz |

> O aumentativo e o diminutivo não indicam só tamanho! Usamos o aumentativo e o diminutivo também para expressar sentimentos de carinho ou de desprezo.
>
> Renato é meu **amigão**!   Mas que **sujeitinho** covarde!
>   ideia de carinho   ideia de desprezo

9. Classifique os aumentativos e os diminutivos conforme os sentimentos que expressam.

1. desprezo   **2.** carinho

☐ Meu vovozinho chegou!   ☐ Vou viajar com meu paizão!

☐ Que mulherzinha antipática!   ☐ Ele é um homenzinho egoísta.

Os substantivos próprios que são nomes de pessoas também podem ser usados no aumentativo ou no diminutivo para indicar carinho. Veja.

Tenho dois bons colegas na escola: o **Marcelinho** e a **Aninha**.
O **Pedrão** é da nossa turma, um grande companheiro de todos.

10. Leia os títulos destes livros e circule os substantivos próprios que estão no diminutivo.

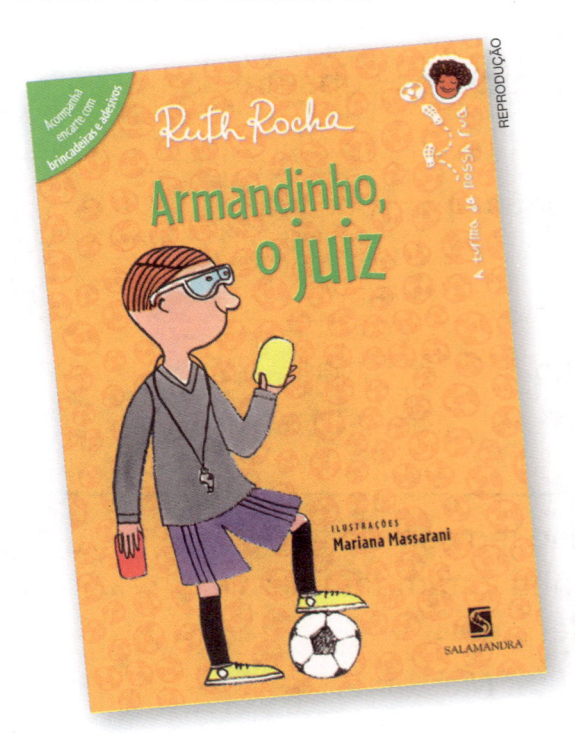

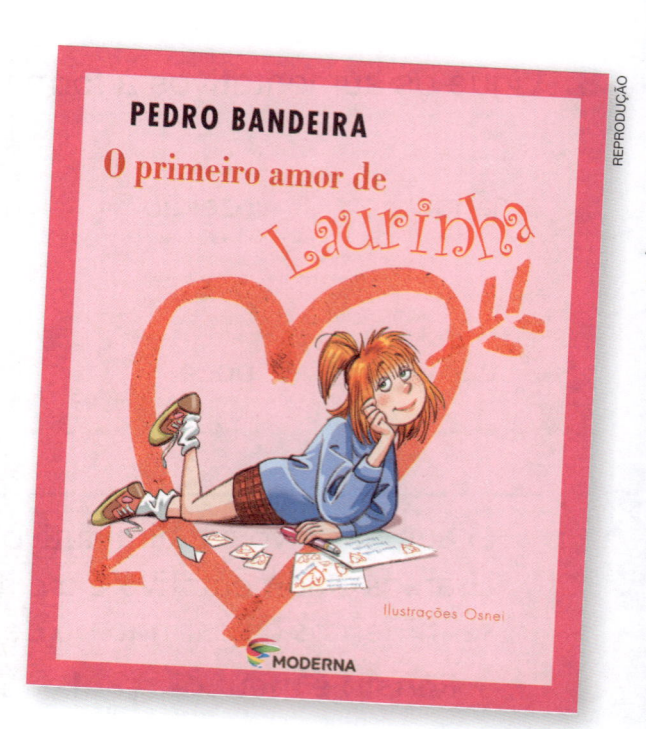

- Qual é a forma normal dos substantivos que você circulou?

O aumentativo e o diminutivo no dicionário

No dicionário, as palavras não são apresentadas no diminutivo ou aumentativo. Elas aparecem apenas na forma normal. Por isso, se quiser achar a palavra **fazendinha**, você deve procurar **fazenda**.

11. Escreva agora como devemos procurar no dicionário os seguintes diminutivos e aumentativos.

meninão ⟶ _____   pastelzinho ⟶ _____

lugarzinho ⟶ _____ dorzinha ⟶ _____

carrão ⟶ _____   banquinho ⟶ _____

Atenção com estes casos!

Nem todas as palavras terminadas em **inho** ou **inha** são diminutivos. Só aquelas que indicam tamanho. Veja.

coz**inha**   viz**inho**   car**inho**

O mesmo ocorre com as palavras terminadas em **ão**. Nem todas estão no aumentativo.

macarr**ão**   pav**ão**   coraç**ão**

12. Circule de **vermelho** as palavras que estão no diminutivo e de **azul** as que estão no aumentativo.

a) Pegue o livrinho que está sobre a mesinha.

b) O ladrão estava usando um chapelão.

c) O garotinho brinca sozinho na salinha da frente.

d) Meu cãozinho machucou o focinho.

e) Vimos um gatão lá no fundo do porão.

Reforço ortográfico

▶ SC, SÇ

A natureza renasce na primavera

As folhas precisam de luz para viver. No inverno, os dias vão ficando cada vez mais curtos e as noites cada vez mais longas. Por isso, com menos tempo de luz solar, muitas árvores perdem suas folhas. É como se a natureza começasse a adormecer, esperando passar o inverno.

Quando os dias voltam a ficar mais longos e mais iluminados pelo Sol, a natureza começa a renascer. Aos poucos, tudo vai ficando florido novamente, as árvores voltam a encher-se de folhas. É a chegada da primavera!

rena**sc**er

SC

Minidicionário

Leia o verbete **renascer**.

O grupo **sc** antes de **e** e **i** tem som de **s**. Veja.

cre**sc**imento • pi**sc**ina

Para manter o som de **s** antes de **a** e **o**, devemos usar a cedilha: **sç**. Veja.

Eu de**sço** as escadas
Quero que você de**sça** as escadas.

Atividades

1. As palavras abaixo foram escritas ao contrário. Escreva-as corretamente.

   A D I C S E D ....→ _____

   A N I L P I C S I D ....→ _____

   • Leia em voz alta as palavras que você formou.

2. Ordene as letras e forme palavras. As palavras começam com a letra **vermelha** e terminam com a letra **azul**.

   Em todas elas, há o grupo **sc**.

   S I N A P I C ⟶ _____

   S E T N E A C N ⟶ _____

   R L R S E O C E F ⟶ _____

Reforço ortográfico

> Na divisão silábica dos grupos **sc** e **sç**, as letras **s** e **c** (ou **ç**) se separam.
>
> nascimento ⟶ nas-ci-men-to
>
> desço ⟶ des-ço

3. Agora é com você! Separe as sílabas de:

crescimento

☐ ☐ ☐ ☐

descer

☐ ☐

4. Decifre o código e forme uma palavra com **sc**.

❤	🎁	🍎	📱	❀	⬜	✦	🚲	💭
A	C	D	E	L	N	O	S	T

a) Escreva a palavra que você formou, separando-a em sílabas.

☐ ☐ ☐ ☐ ☐

b) Essa palavra é:

☐ oxítona.   ☐ paroxítona.   ☐ proparoxítona.

5. Quanto é?

$$200 + 400$$

a) Siga as instruções e descubra a palavra que indica o resultado dessa soma.

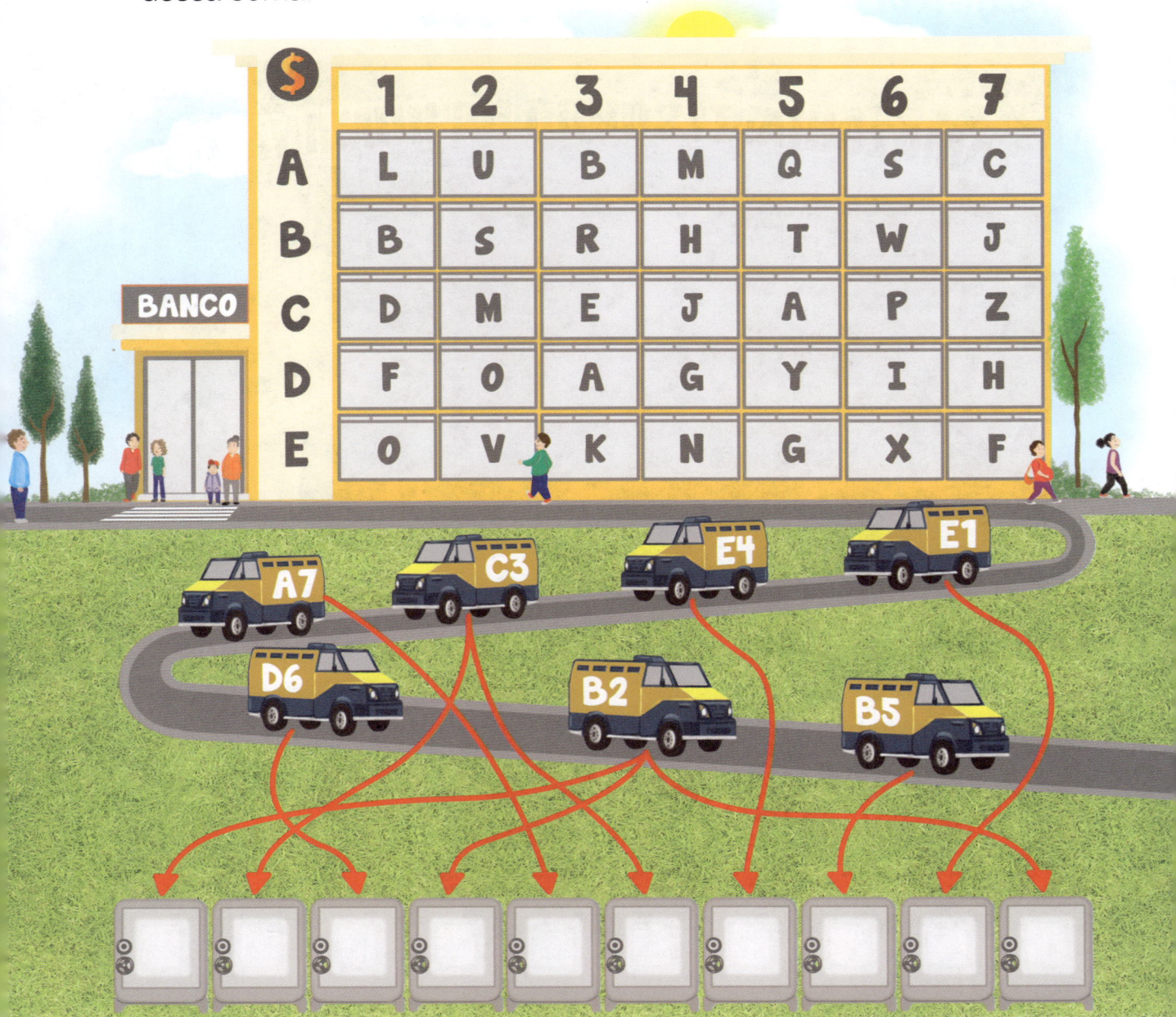

b) Copie aqui a palavra que você descobriu.

SEISCENTOS

17

> **Adjetivo**

AMAZÔNIA: TESOURO DA HUMANIDADE

VAMOS PRESERVAR!

Rios imensos.
Pássaros coloridos.
Árvores gigantescas.
Grande variedade de animais.
Muita riqueza vegetal.

Fonte do mapa: IBGE. Disponível em: <http://mod.lk/amazibge>. Acesso em: 30 set. 2020.

rios **imensos**
substantivo adjetivo

pássaros **coloridos**
substantivo adjetivo

O **adjetivo** é uma palavra que indica qualidade do substantivo. Ele diz como é ou como está uma pessoa, um animal, um lugar ou uma coisa.

O adjetivo pode vir **antes** ou **depois** do substantivo.

árvores gigantescas
substantivo   adjetivo

gigantescas árvores
adjetivo   substantivo

Um substantivo pode vir acompanhado de mais de um adjetivo.

O tucano é uma **bela** ave **colorida**.
adjetivo — substantivo — adjetivo

Este cão é **grande** e **forte**.
substantivo — adjetivo — adjetivo

Atividades

1. Complete as frases usando os adjetivos abaixo.

alta   forte   triste   largo   alto   fundo

a) O rio Amazonas é _____ e _____.

b) Esse homem é _____ e _____.

c) Essa árvore é muito _____.

d) Hoje, Mariana parece um pouco _____.

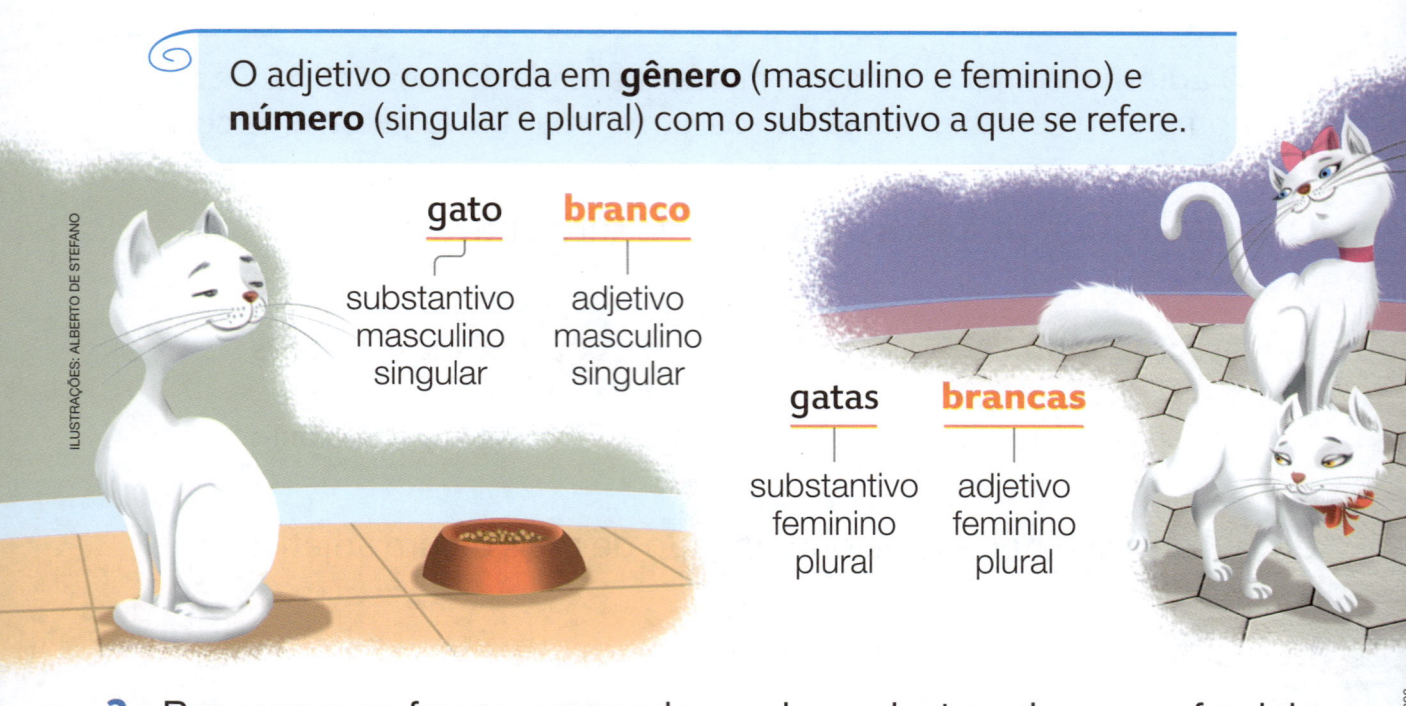

O adjetivo concorda em **gênero** (masculino e feminino) e **número** (singular e plural) com o substantivo a que se refere.

gato branco
substantivo adjetivo
masculino masculino
singular singular

gatas brancas
substantivo adjetivo
feminino feminino
plural plural

2. Reescreva as frases passando a palavra destacada para o feminino. Veja o exemplo.

Esse homem está **cansado**. ⟶ **Essa** mulher está **cansada**.

Faça as mudanças necessárias nas outras palavras das frases.

a) O **príncipe** está gordo.

_____

b) Meu **pai** é simpático.

_____

c) Esses **escritores** são famosos.

_____

d) Meus **amigos** são estudiosos.

_____

e) Esses **moços** são educados.

_____

3. Nas frases abaixo, há várias palavras destacadas. Sublinhe com um traço aquelas que são substantivos e com dois as que são adjetivos.

a) O **lobo** tem uma **cauda longa** e **peluda**.

b) O **macaco** é um **bicho esperto**.

c) No **jardim**, há **lindas flores coloridas**.

> No dicionário, os adjetivos são apresentados no masculino singular. Por isso, se quiser encontrar o adjetivo **belas**, procure **belo**.

4. Escreva como devemos procurar no dicionário os seguintes adjetivos.

altos _____   rápida _____

bonitas _____   imensos _____

5. Leia.

A arara

A arara é uma **linda** ave de cores **vivas**. Ela tem um bico **perfeito** para quebrar e descascar as frutas. Mas, cuidado, seu bico pode fazer também um **profundo** corte no seu dedo!

- Todos os adjetivos do texto foram destacados. Escreva agora os substantivos a que eles se referem.

linda _____   perfeito _____

vivas _____   profundo _____

189

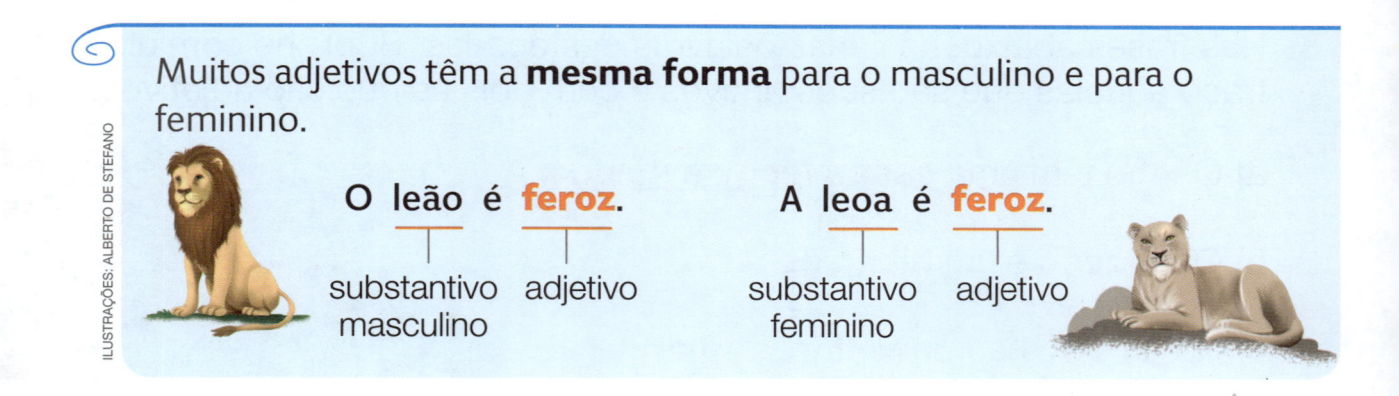

Muitos adjetivos têm a **mesma forma** para o masculino e para o feminino.

O leão é **feroz**.
substantivo masculino / adjetivo

A leoa é **feroz**.
substantivo feminino / adjetivo

No **Minidicionário**, esses adjetivos estão assim indicados: **adj. masc. e fem.** Leia, por exemplo, o verbete **veloz** e veja como aparece essa indicação.

veloz ve.**loz**
adj. masc. e fem. Rápido: *Ela é uma atleta veloz.* ■ Pl.: velozes. ■ Ant.: lento.

6. Sublinhe os adjetivos das frases abaixo e marque com um **X** aqueles que têm a mesma forma no masculino e no feminino.

a) O professor ficou feliz.

b) Marisa está elegante.

c) Ela tem cabelos longos.

d) Esse cãozinho é manso.

e) O dia está quente.

f) Beto tem olhos verdes.

g) O céu está azul.

h) Esse rapaz é gentil.

i) Meu tio é um homem bondoso.

j) Bruno e Marcelo são morenos.

k) O motorista do ônibus é prudente.

Adjetivo pátrio

Há um tipo especial de adjetivo que é usado para indicar o lugar de origem de pessoas ou coisas. Ele é chamado de **adjetivo pátrio**. Veja.

estudante **brasileiro** → indica o local de origem do estudante (Brasil)

substantivo   adjetivo

menina **japonesa** → indica o local de origem da menina (Japão)

substantivo   adjetivo

Atividades

1. Em que estado você nasceu?

   _____

   a) Observe o mapa do Brasil. Depois, pinte o estado em que você nasceu.

   Fonte: IBGE. *Meu 1º atlas*. Rio de Janeiro: IBGE, 2012.

   b) Como se chama quem nasce nesse estado?

   _____

2. Dê o adjetivo pátrio. Veja o exemplo.

   | cozinheiro **da Espanha** ⟶ cozinheiro **espanhol** |

   ◆ pintor da Itália ⟶ pintor _____

   ◆ cantor do México ⟶ cantor _____

   ◆ jogador da França ⟶ jogador _____

   ◆ artista da Rússia ⟶ artista _____

192

Reforço ortográfico

AS, ES, IS, OS, US

Os benefícios do esporte

Além de ser divertido, praticar esportes é muito importante para o desenvolvimento das crianças. A atividade esportiva ajuda a fortalecer o corpo e a melhorar a capacidade de correr, saltar e movimentar-se.

Quem pratica esportes aprende a trabalhar em grupo, a obedecer às regras e a ter controle emocional para enfrentar dificuldades e não ficar desanimado nas derrotas.

Reforço ortográfico

Mas não se deve exagerar e querer praticar esporte o tempo todo. É preciso ter equilíbrio e não forçar demais o corpo para não ficar doente. O esporte deve provocar prazer e alegria, e não sofrimento.

Portanto, pense: será que não faz mal ficar horas e horas sentado jogando *videogame*, com o corpo largado no sofá e os olhos grudados na tela? Será que você está ficando mais forte e saudável fazendo isso? Não é preciso abandonar de uma vez o *videogame*, mas, sim, controlar o tempo para não ficar viciado e não deixar de fazer atividades físicas.

es p o r t e ⟶ **es**-por-te
es | es

Minidicionário
Leia o verbete **benefício**.

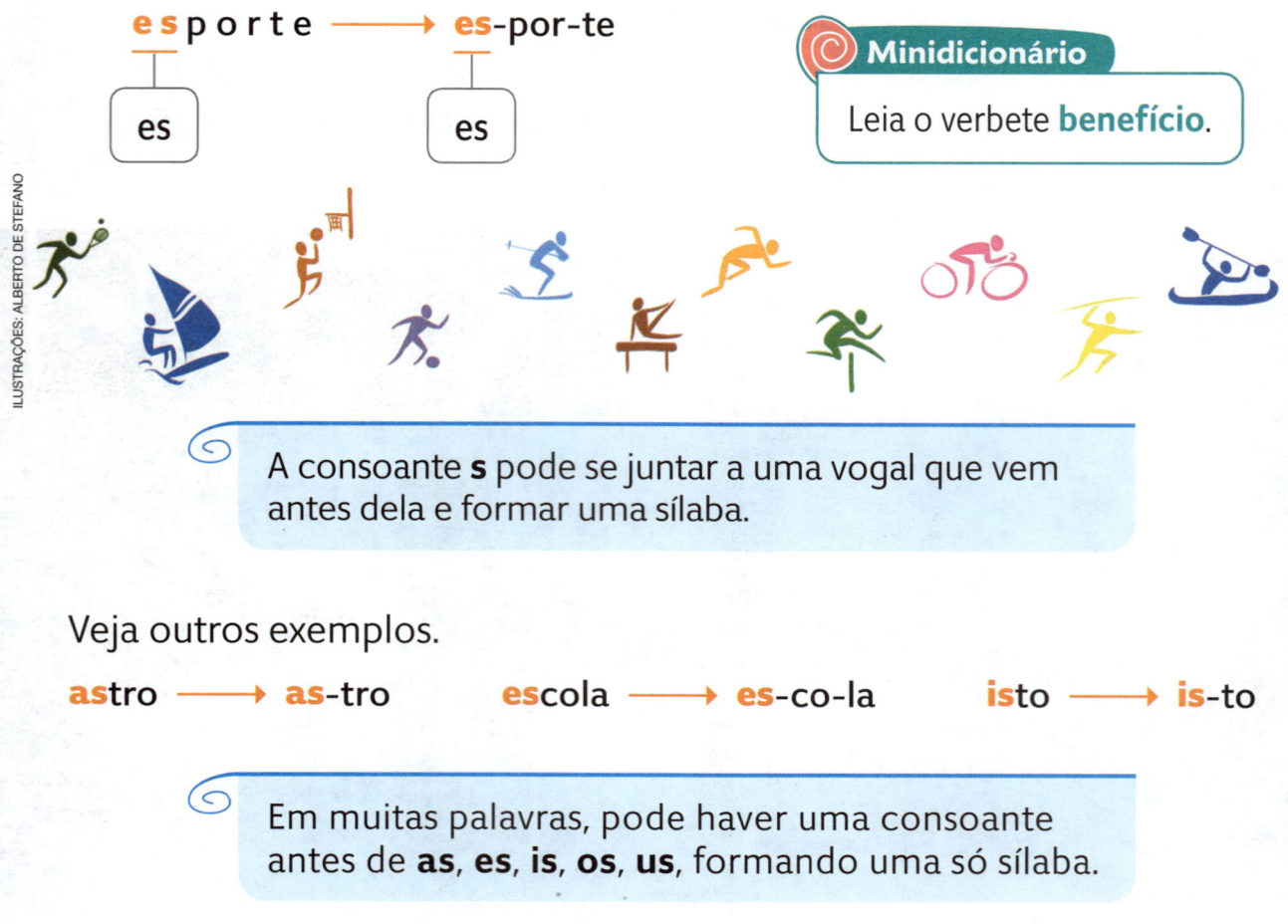

> A consoante **s** pode se juntar a uma vogal que vem antes dela e formar uma sílaba.

Veja outros exemplos.

astro ⟶ **as**-tro   **es**cola ⟶ **es**-co-la   **is**to ⟶ **is**-to

> Em muitas palavras, pode haver uma consoante antes de **as**, **es**, **is**, **os**, **us**, formando uma só sílaba.

Observe.

consoante
re**vis**ta ⟶ re-**vis**-ta

Isso pode acontecer no início, no meio ou no fim da palavra.

c**as**-te-lo   **b**is-coi-to   lá-**p**is   in-**j**us-to

Atividades

1. As sílabas destas palavras estão fora de ordem. Escreva-as corretamente.

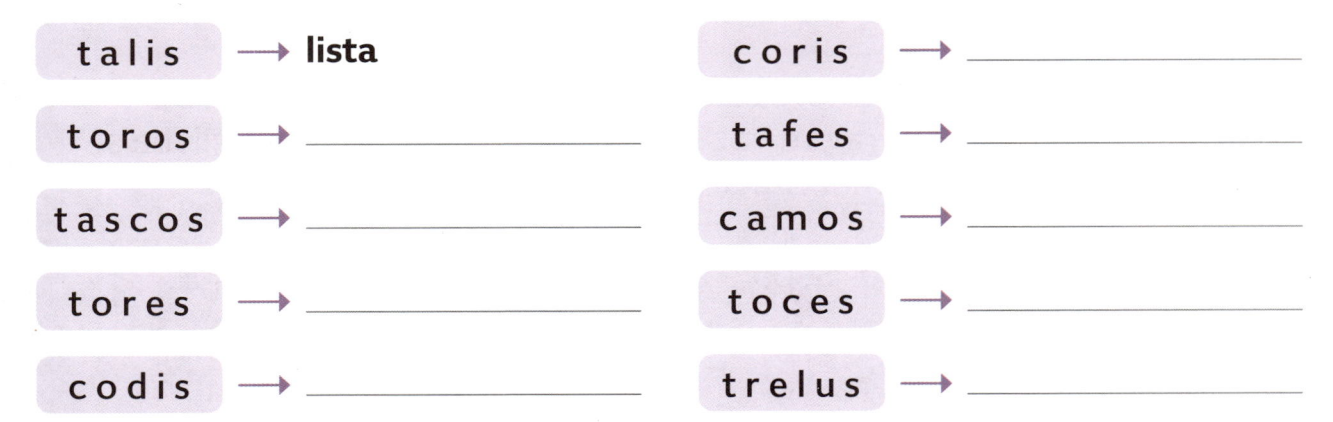

   t a l i s → **lista**

   t o r o s → _____

   t a s c o s → _____

   t o r e s → _____

   c o d i s → _____

   c o r i s → _____

   t a f e s → _____

   c a m o s → _____

   t o c e s → _____

   t r e l u s → _____

2. Siga as setas e descubra o nome de um animal não muito grande, mas perigoso. Algumas espécies desse bicho podem até provocar a morte com sua picada. Não mexa com ele!

   S P E I Ã O C O R

   a) Escreva aqui a palavra que você descobriu, separando-a em sílabas.

   ☐☐☐☐ ☐☐☐☐ ☐☐☐☐ ☐☐☐☐

   b) Essa palavra é:

   ☐ oxítona.   ☐ paroxítona.   ☐ proparoxítona.

195

Reforço ortográfico

3. Observe a separação silábica destas palavras.

casca ⟶ cas-ca

casa ⟶ ca-sa

Como você viu, nem sempre as letras do grupo **as** formam sílaba. Só pronunciando a palavra em voz alta é que percebemos se a sílaba se forma ou não. O mesmo acontece com os grupos **es**, **is**, **os**, **us**.

- Agora, é com você! Separe as sílabas das palavras a seguir.

  mestre ⟶ _____   susto ⟶ _____

  poste ⟶ _____   desfile ⟶ _____

  bosque ⟶ _____   biscoito ⟶ _____

4. Vamos brincar de formar palavras! Coloque um **s** entre as sílabas e crie novas palavras. Veja.

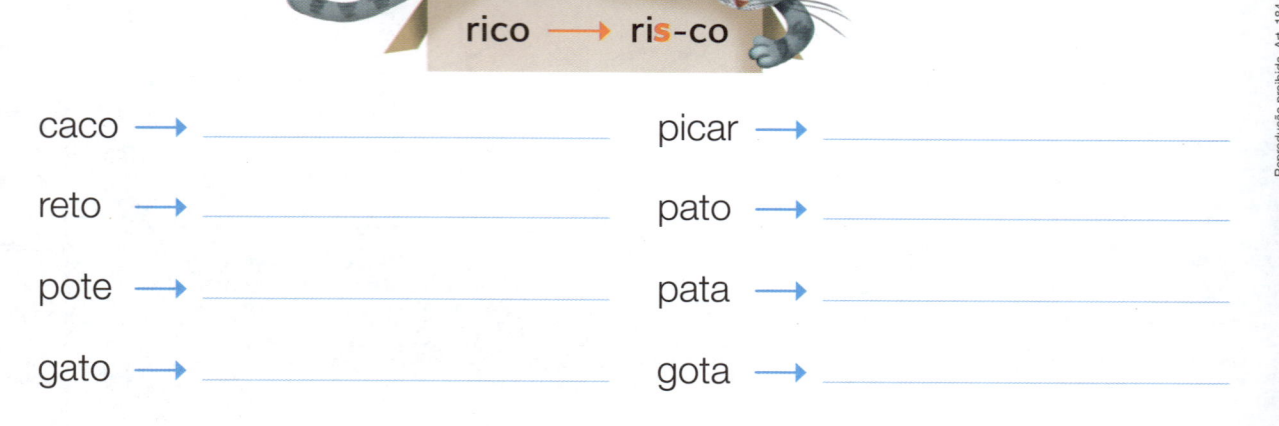

rico ⟶ ri**s**-co

caco ⟶ _____   picar ⟶ _____

reto ⟶ _____   pato ⟶ _____

pote ⟶ _____   pata ⟶ _____

gato ⟶ _____   gota ⟶ _____

- Só uma das palavras que você formou é oxítona. Qual? _____

5. Duas destas palavras não pertencem aos grupos **as**, **es**, **is**, **os**, **us**. Pinte as bandeirinhas em que elas aparecem.

agasalho   biscoito   rosca   susto

bastão   besteira   curioso

6. A primeira sílaba de cada palavra está certa, mas as outras estão com as letras fora de ordem. Escreva as palavras corretamente.

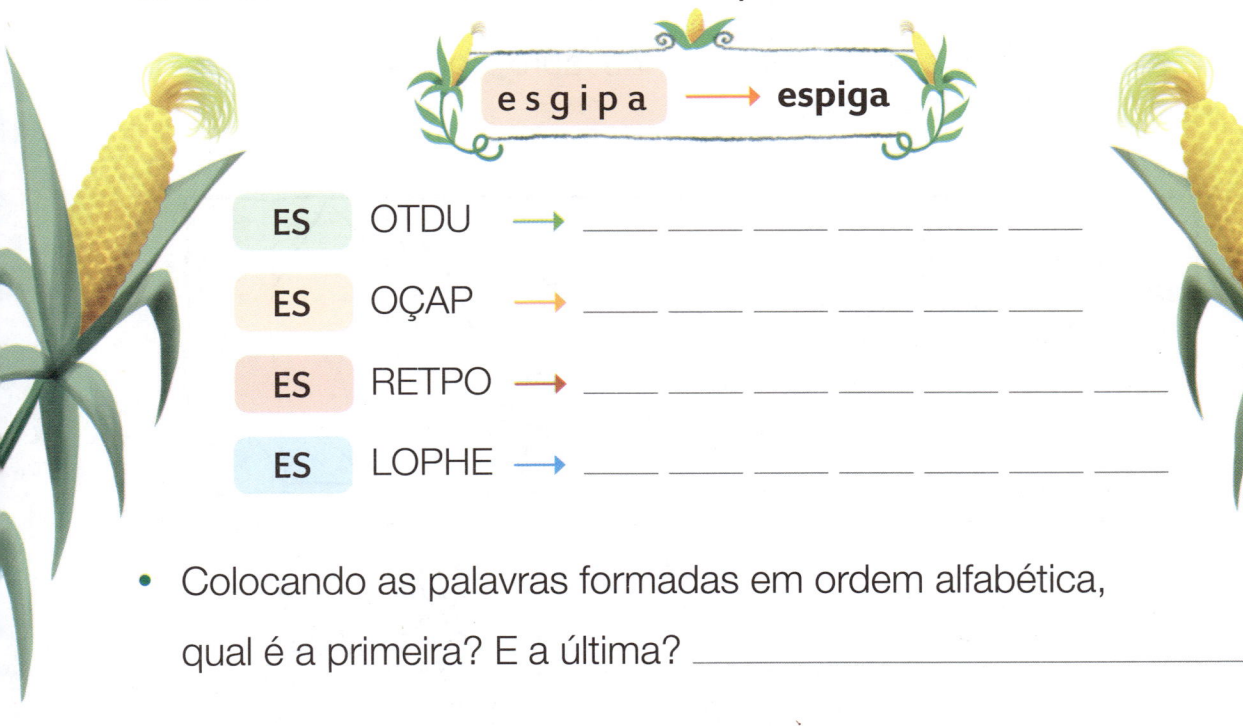

e s g i p a → **espiga**

ES OTDU → _____
ES OÇAP → _____
ES RETPO → _____
ES LOPHE → _____

- Colocando as palavras formadas em ordem alfabética, qual é a primeira? E a última? _____

7. Desafio! Qual destes animais é um grande roedor?

castor   raposa   rato   lobo

a) Leia as dicas sobre o nome dele e descubra!

1. Não tem a letra **L.**
2. Tem duas sílabas.
3. Tem a letra **R.**
4. Tem mais de duas consoantes.

b) Escreva o plural do nome que você descobriu, separando-o em sílabas.

☐ ☐ ☐

c) Agora, pinte as figuras.

197

Revisão

1. Leia esta historinha do pequeno dinossauro Horácio, personagem criada por Mauricio de Sousa.

HORÁCIO — Mauricio de Sousa

— PERNINHAS CURTINHAS!
— BRACINHOS MINÚSCULOS!
— UM CABEÇÃO ENORME!
— OLHOS ESBUGALHADOS!
— AH, TUDO BEM!
— DEVE SER UM DAQUELES ESPELHOS QUE DEFORMAM A GENTE!

FIM

Minidicionário

Leia o verbete **esbugalhado**.

- Explique como foram escritos o nome do **Horácio** e do próprio autor, **Maurício**, no primeiro quadrinho. Por que você acha que o autor fez isso?

2. Observe estas três cenas.

a) Que sinal de pontuação foi usado em todas as cenas?

☐ ponto-final ☐ ponto de interrogação ☐ ponto de exclamação

b) Por que foi usado esse sinal? O que você acha que o autor quis destacar com ele?

c) Em cada uma dessas cenas foi usado um substantivo e um adjetivo. Copie-os no quadro.

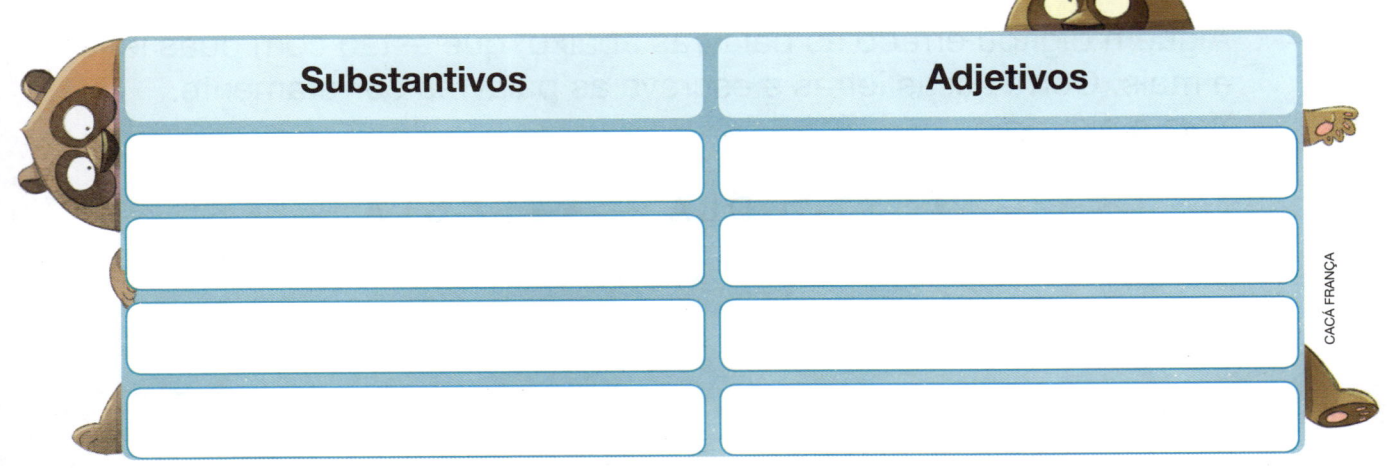

Substantivos	Adjetivos

- Qual desses substantivos foi usado no aumentativo?

Revisão

3. Ordene as letras e forme quatro substantivos.

> Todos começam com a letra **vermelha** e terminam com a letra **azul**.
> E em todos há o grupo **ss** ou **rr**.

S A N T A U I R S A → _____

E O T M T R E O R → _____

A S O R I P S A G E → _____

R E C T O Z R N A E → _____

a) Copie as palavras que você formou em ordem alfabética, separando-as em sílabas.

1. _____
2. _____
3. _____
4. _____

b) Uma dessas sílabas tem um encontro vocálico. Circule-a.

4. Alguém digitou errado as palavras abaixo, que estão com duas letras a mais. Corte essas letras e escreva as palavras corretamente. Veja o exemplo.

E S T C O D L A ⟶ E S C O L A

C E L M U L E A R → _____

A R O T I M S T A → _____

E S M P O R T C E → _____

C O R N D U L Ç Ã O → _____

200

5. Relacione cada animal com o substantivo coletivo correspondente.

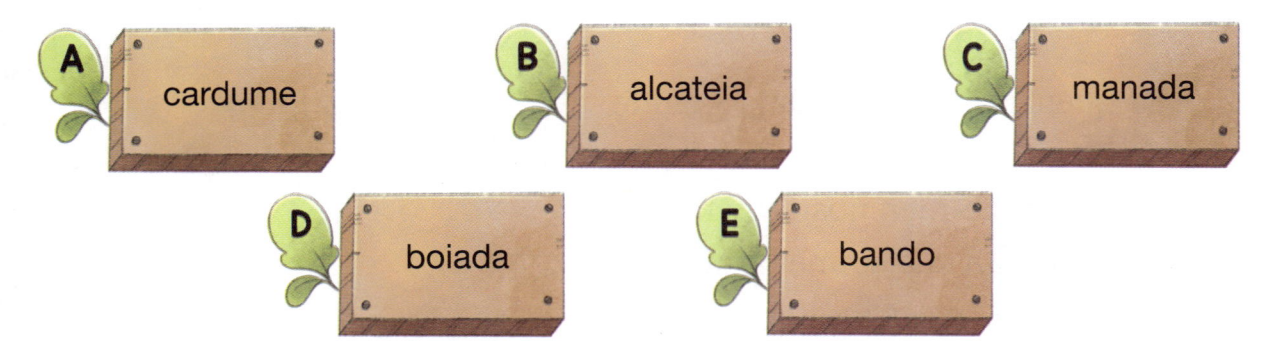

- **A** cardume
- **B** alcateia
- **C** manada
- **D** boiada
- **E** bando

Revisão

6. Leia.

Aula de surfe

Dia quente. Mar azul. Uma grande multidão na praia.

Um grupo de meninos e meninas se prepara para sua primeira aula de surfe. Estão na beira do mar, segurando suas pranchas. Pais e mães olham os futuros surfistas de longe.

Chega o instrutor e todo mundo fica animado.

— Vamos para a água! — diz ele.

E lá vai a criançada, feliz e alegre, para o mar.

A água fria provoca arrepios no corpo, mas é uma delícia!

a) Classifique estas palavras do texto usando o código a seguir.

S = substantivo   A = adjetivo   V = verbo

feliz ☐	olham ☐	chega ☐
mar ☐	corpo ☐	praia ☐
azul ☐	alegre ☐	quente ☐
dia ☐	grande ☐	instrutor ☐

b) Escreva o infinitivo dos verbos. _____

• De que conjugação são esses verbos?

☐ 1ª conjugação   ☐ 2ª conjugação   ☐ 3ª conjugação

202

c) Copie três substantivos coletivos do texto.

_____

_____

d) No último parágrafo, há dois artigos. Quais são eles? _____

e) Por que o adjetivo **frio**, no último parágrafo, está no feminino singular?

f) Separe as sílabas das palavras abaixo.

surfe _____   arrepios _____

surfistas _____   pranchas _____

7. Copie as letras nos locais indicados e forme três verbos.

- Copie, no quadro, os verbos que você formou.

Verbo da 1ª conjugação _____

Verbo da 2ª conjugação _____

Verbo da 3ª conjugação _____

Hora da história

O menino que tinha quase tudo

Era uma vez um menino muito mimado pelos seus pais. Ele vivia em uma casa luxuosa e tinha um quarto cheio de brinquedos. Mesmo assim, estava sempre mal-humorado. Um dia, ele estava andando pela casa quase chorando quando encontrou os pais.

— Por que você está tão triste?

— Porque não tenho uma piscina de bolinhas... — respondeu ele, deixando escapar uma lágrima.

Na mesma hora, os pais providenciaram uma piscina enorme, com bolinhas de todas as cores. O menino mergulhou nas bolinhas, jogou algumas para o alto e chutou outras para longe. Mas logo desistiu de brincar e sentou-se num canto.

— Por que você não está mais feliz? — perguntaram novamente seus pais, vendo que o menino já havia se cansado das bolinhas.

— Tenho essa piscina enorme, cheia de bolinhas... — respondeu ele. — Mas o que eu queria mesmo era ter um zoológico de bichos de pelúcia...

Imediatamente, seus pais compraram todos os bichos de pelúcia da maior loja de brinquedos e os espalharam pelo maravilhoso jardim que cercava a casa. O menino ficou muito animado na hora de procurar os animais pelo jardim; vestiu-se com suas roupas de explorador e, com sua máquina fotográfica, passou a tarde toda fotografando. Mas, quando a noite chegou, o sorriso de admiração já havia desaparecido de seu rosto.

— Você não gostou do seu zoológico de bichos de pelúcia? — perguntou o pai.

— Gostei muito! Também gosto muito das minhas bolinhas! — respondeu o menino. — Mas preciso ter um esconderijo secreto para guardar meus tesouros!

Durante toda a noite, operários construíram um túnel que levava a um quarto sob o jardim, todo iluminado e cheio de armários para que o menino pudesse guardar seus tesouros. No dia seguinte, o menino passou o dia ocupado escolhendo e levando seus brinquedos para o esconderijo.

Depois de um dia inteiro indo para lá e para cá, o menino sentou-se e contemplou seus brinquedos organizados em seu esconderijo secreto e ficou ali, cabisbaixo.

Seus pais não sabiam mais o que fazer: o menino já possuía quase tudo o que o dinheiro conseguia comprar, mesmo assim andava tristonho.

Um dia, caminhando pelos jardins, o menino viu o filho do jardineiro embaixo de uma árvore, rindo e cantando. Chegando mais perto, ele reparou que o menino brincava com um cachorrinho muito fofo.

— Eu quero esse cachorrinho! Me dê esse cachorrinho agora! — ordenou o menino mimado, dando um susto no filho do jardineiro.

— Não! — respondeu o garoto, abraçando o bichinho.

O menino não entendeu nada. Ele nunca tinha escutado um "não" na vida e nem soube como reagir.

— Se você me der o cachorrinho, pode ficar com minha piscina de bolinhas! — ofereceu ele.

— Não! — respondeu o menino.

— Se você me der o cachorrinho, pode ficar com as bolinhas e os meus bichos de pelúcia! — gritou.

— Não quero bolinhas nem bichos de pelúcia! Meu cachorrinho é tudo de que preciso! — respondeu o menino, acariciando o bichinho.

— Eu dou minha piscina de bolinhas, meus bichos de pelúcia e meu esconderijo secreto! — gritou novamente, já começando a se desesperar.

O garoto levantou-se calmamente, com o cachorrinho nos braços, e serenamente respondeu:

— Não.

E saiu andando.

CACÁ FRANÇA

Hora da história

O menino ficou atordoado. O que tinha acabado de acontecer? Saiu correndo em busca dos pais, mas eles não estavam em casa. O menino olhou para tudo o que tinha e, não sentindo a menor felicidade em tudo aquilo, começou a chorar.

O choro do menino mimado chamou a atenção do filho do jardineiro. Ele ficou com pena do menino que tinha tudo e chegou perto dele.

— Não chore — disse ele, colocando o cachorrinho nas mãos dele. — Eu não posso lhe dar o meu cachorrinho, porque gosto muito dele. Mas podemos brincar juntos, o que você acha? Por que não tenta fazer amizade com ele?

Ouvindo isso, o menino parou de chorar e concordou. Aproximou-se do cachorrinho, fez festas, começou a brincar com ele e foram ficando amigos.

Durante toda a tarde, os dois meninos se divertiram brincando com o cachorrinho no jardim. Estavam tão felizes que até se esqueceram da hora de jantar.

Os pais do menino foram procurar por ele e, encontrando-o no jardim, se surpreenderam com sua felicidade. Ele ria e brincava como nunca tinham visto antes.

Vendo os pais, o menino correu e já foi logo dizendo:

— Eu já sei o que me falta: um amigo!

— Mas isso não podemos dar — responderam. — Um amigo é alguém que temos a sorte de encontrar entre todas as pessoas do mundo. Amigo é alguém que conquistamos. O dinheiro não consegue comprar um amigo.

O menino olhou ao redor e, do outro lado do jardim, o filho do jardineiro acenava, sorrindo. Ele acenou de volta e sorriu.

— Pois agora, acho que encontrei um amigo!

Renata Tufano. Texto escrito especialmente para esta obra.

Atividades

1. Identifique as personagens da história.

_____   _____   _____

_____   _____   _____

2. Marque a frase que descreve a vida do menino rico.

☐ Vivia muito feliz com todos os seus brinquedos.

☐ Vivia triste porque os pais não faziam suas vontades.

☐ Tinha muitos brinquedos, mas não se sentia feliz.

3. O que o menino rico fez quando viu o filho do jardineiro brincando com um cachorrinho?

☐ Pediu emprestado o cachorrinho.

☐ Perguntou se também podia brincar com o cachorrinho.

☐ Ordenou que ele lhe desse o cachorrinho.

207

Hora da história

4. Que reação teve o menino rico quando o filho do jardineiro não quis lhe dar o cachorrinho?

☐ Quis tirar o cachorrinho das mãos do garoto.

☐ Prometeu dar seus brinquedos em troca do cachorrinho.

☐ Quis comprar o cachorrinho.

5. Ao ver o menino rico chorando, o filho do jardineiro:

☐ ficou com pena e resolver dar-lhe o cachorrinho de presente.

☐ ficou com raiva e foi embora do jardim.

☐ ficou com pena e disse que os dois poderiam brincar juntos.

6. Marque a cena que os pais do menino rico viram quando foram ao jardim procurar o filho.

- O que você acha que o menino rico aprendeu naquele dia?

7. Converse com os colegas para responder às questões a seguir.

a) Por que o título da história é "O menino que tinha quase tudo"?

b) Você acha que os pais do menino estavam educando bem o filho dando a ele tudo o que ele pedia?

c) Ter amigos é importante? Por quê?

8. Que outro título você daria a essa história?

Vamos ler mais?

O menino da história podia ter qualquer coisa que o dinheiro comprasse, mas não o mais importante: um amigo para brincar. É muito mais gostoso dividir o que a gente tem com nossos amigos do que ficar sozinho e triste, não é?

Foi assim que o Tampinha se sentiu vendo seu armário cheio de brinquedos e as crianças do orfanato ao lado sem nada para brincar... E ainda era véspera de Natal. Quer saber o que ele fez? Leia *Papai Noel esteve aqui*, de Laís Carr Ribeiro.

18

Plural das palavras terminadas em R, S, Z

Uma exposição divertida

Os alunos visitaram uma exposição de pôsteres muito divertida.
Cada pôster mostrava um bicho de forma engraçada.
Os artistas fizeram montagens com fotos e o resultado foi surpreendente.
Todos se divertiram com essa exposição!

211

Observe como foi feito o plural da palavra **pôster**:

pôster ⟶ **pôster**es

singular — plural

Quando a palavra termina em **r**, acrescentamos **es** à forma do singular. O mesmo ocorre com as palavras terminadas em **s** e **z**. Veja.

mês ⟶ mes**es**   feliz ⟶ feliz**es**

> As palavras terminadas em **r**, **s** e **z** fazem o plural com o acréscimo de **es**.

Atividades

1. Passe as frases para o plural. Veja o exemplo.

   Esse pôster é bonito. ⟶ **Esses pôsteres são bonitos.**

   a) Esse trem moderno é veloz.

   _____

   b) Aquele celular é novo.

   _____

   c) Esse cartaz é colorido.

   _____

2. Observe os códigos e forme o nome de uma ave muito veloz que pode correr 60 km por hora!

🌼 = E   🕐(km) = U   🐁 = Z   🍒 = T

🌱 = S   🪶 = V   🥚 = A   🪶 = R

_____ _____ _____ _____ _____ _____ _____ _____

a) Complete o texto com o substantivo que você formou e saiba mais sobre essa ave.

O _____ é a maior ave do planeta. Não voa, mas é muito veloz, apesar de seu tamanho, pois pode chegar a 2 metros de altura e pesar cerca de 120 quilogramas.

b) Dê o plural desse substantivo. _____

3. Observe como se escreve o plural desta palavra:

portugu**ês** ⟶ portugues**es**

> No plural, a palavra terminada em **ês** perde o acento.

- Agora é sua vez! Passe para o plural.

homem inglês ⟶ _____

rapaz francês ⟶ _____

4. Preencha a cruzadinha.

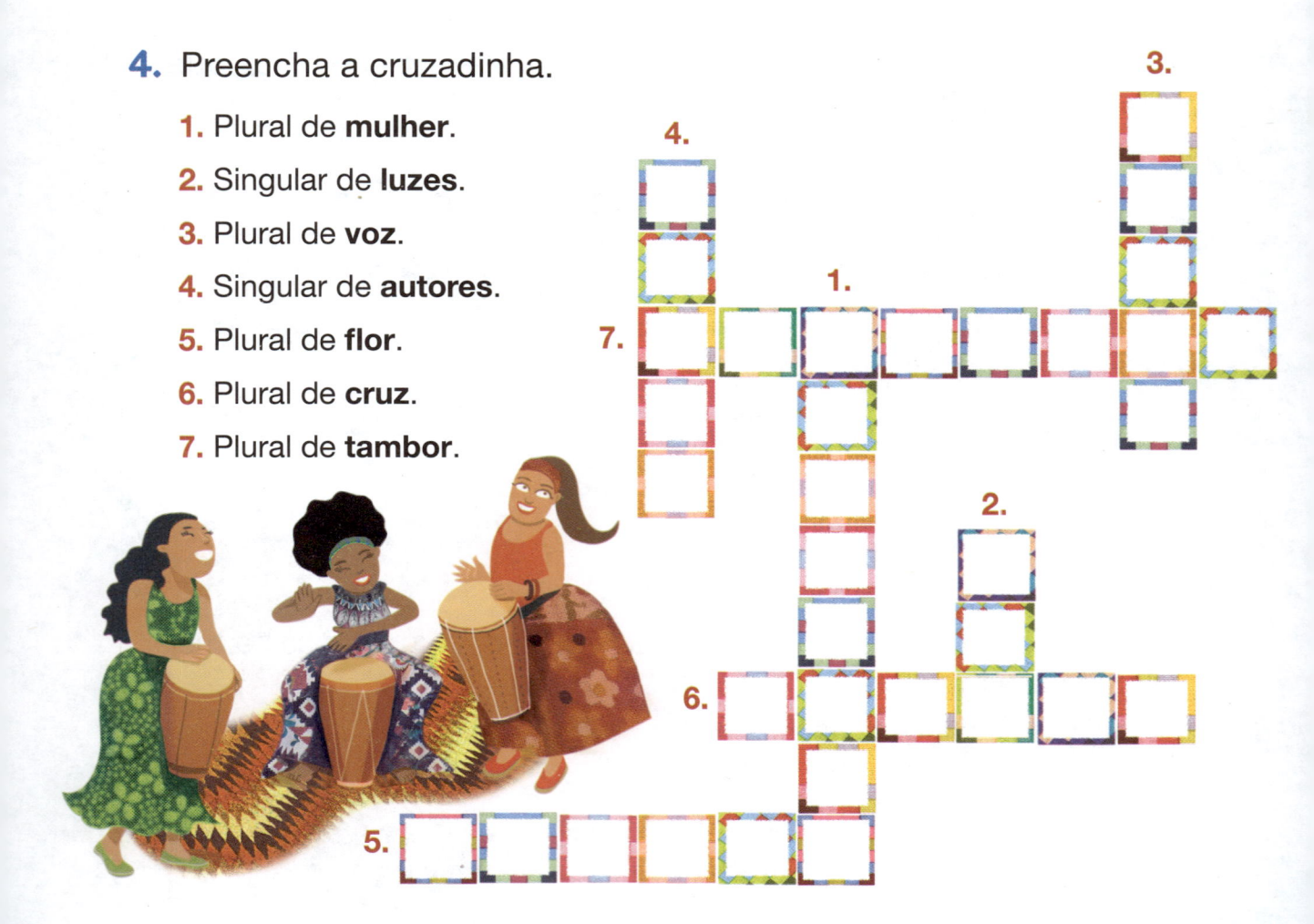

1. Plural de **mulher**.
2. Singular de **luzes**.
3. Plural de **voz**.
4. Singular de **autores**.
5. Plural de **flor**.
6. Plural de **cruz**.
7. Plural de **tambor**.

5. Passe as frases para o singular.

a) As atrizes estão felizes.

_____

b) Esses países são pequenos.

_____

c) Aqueles fregueses são educados.

_____

Reforço ortográfico

X, CH

A coruja

A coruja é um bicho de vida noturna. Ela enxerga muito bem no escuro. Tem olhos grandes, que não se movimentam muito, mas consegue girar a cabeça quase totalmente para trás. Desse modo, pode enxergar tudo o que está em volta dela.

Por viver isolada e só sair à noite, para muitos povos, a coruja passou a simbolizar a figura de um ser sábio, que vive meditando. Por isso, nas fábulas, ela é sempre representada como uma conselheira ou sabichona.

bi**ch**o
ch

en**x**ergar
x com som de ch

Reforço ortográfico

Você já aprendeu que, em muitas palavras, o **x** tem som de **ch**.

Isso pode causar dúvidas na hora de escrever. Mas, em vários casos, saber a origem da palavra ajuda. Veja.

chave ⟶ **ch**aveiro

pei**x**e ⟶ pei**x**aria

A palavra **chaveiro** vem de **chave**. Como **chave** se escreve com **ch**, **chaveiro** também se escreve com **ch**.

A palavra **peixaria** vem de **peixe**. Como **peixe** se escreve com **x**, **peixaria** também se escreve com **x**.

As atividades apresentadas a seguir vão ajudá-lo a escrever corretamente muitas palavras com **x** e **ch**.

Atividades

1. Observe como se escreve a primeira palavra de cada grupo e complete as outras com **x** ou **ch**.

   a) lan**ch**e ⟶ lan____eira ⟶ lan____onete

   b) cai**x**a ⟶ cai____ote ⟶ encai____otar

   c) **ch**utar ⟶ ____ute ⟶ ____uteira

   d) fai**x**a ⟶ enfai____ar ⟶ enfai____ado

   e) gra**x**a ⟶ engra____ar ⟶ engra____ate

   f) fe**ch**ar ⟶ fe____adura ⟶ fe____ado

216

2. Ordene as sílabas e forme palavras.

VEI CHU RO ----→ _____

PRI CA CHO ----→ _____

XA LA TI GAR --→ _____

GAR XU EN ----→ _____

LEI CHA RA ----→ _____

GAR XER EN ----→ _____

a) Duas dessas palavras têm encontro vocálico. Quais são?

_____

b) Duas palavras que você formou são verbos. Escreva esses verbos e identifique a qual conjugação pertence cada um deles.

_____ conjugação	_____ conjugação

c) Colocando as palavras que você formou em ordem alfabética, qual é a primeira? E a última?

_____

3. Escreva o diminutivo dos substantivos abaixo.

Observe bem a escrita da forma normal de cada substantivo.

ficha _____   mancha _____

bolacha _____   chuva _____

caixa _____   lixo _____

217

Reforço ortográfico

4. Ordene as palavras e forme frases declarativas.

> **Atenção** com o uso da letra inicial maiúscula e do sinal de pontuação correto.

a) chinelo   cachorrinho   papai   meu   o   do   mordeu

_____

_____

b) camisa   uma   tia   Alexandre   sua   xadrez   da   ganhou

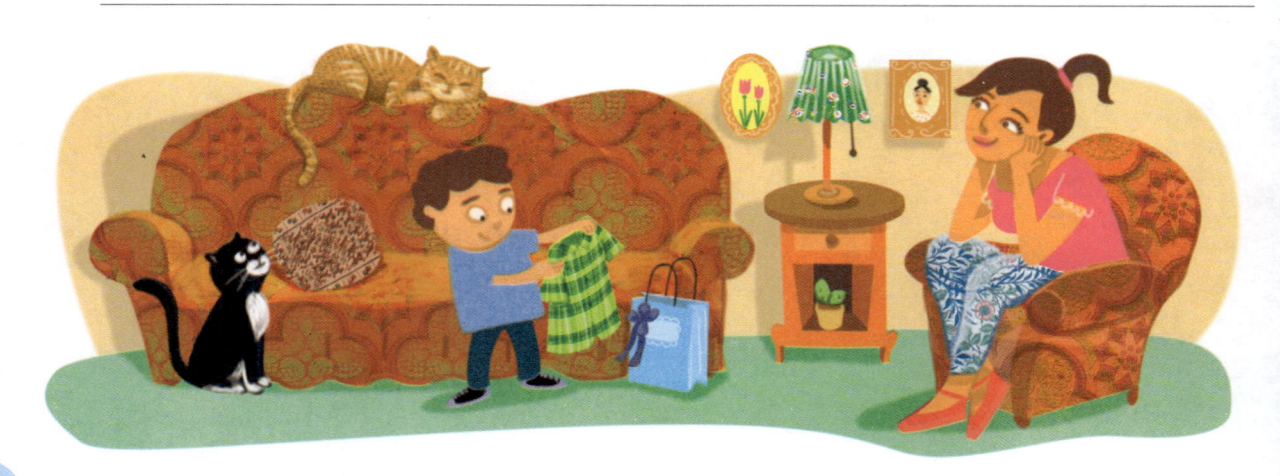

_____

_____

5. Amplie as frases encaixando nelas as palavras entre parênteses.

a) Chiquinha guardou a chave. (pequena/na caixa)

_____

_____

b) Comi um sanduíche. (na lanchonete/delicioso/ontem)

_____

_____

c) O xale da vovó tem uma mancha. (roxa/xadrez)

_____

_____

19

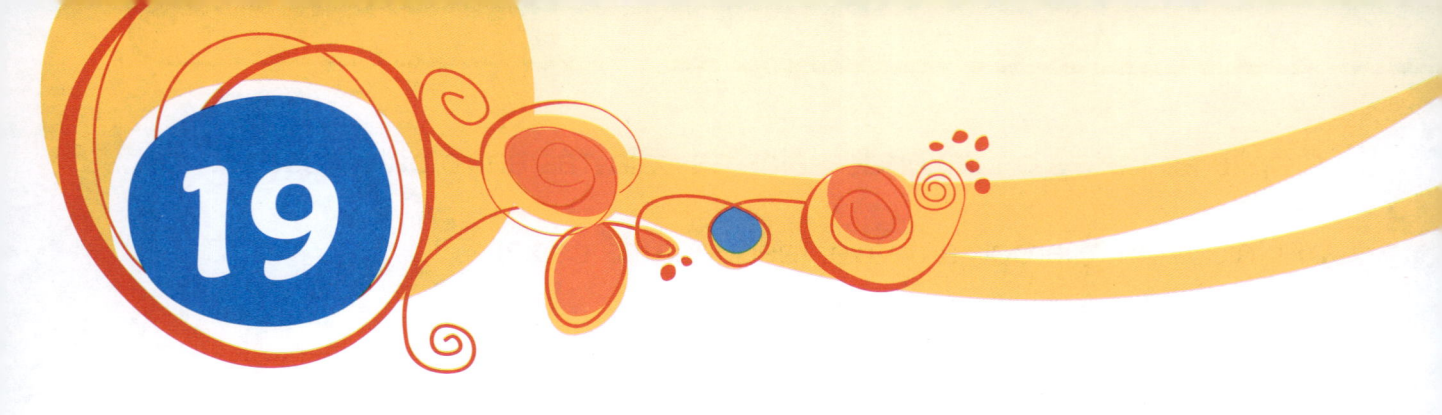

▶ Plural das palavras terminadas em L

GARFIELD — Jim Davis

Veja como fazemos o plural da palavra **legal**.

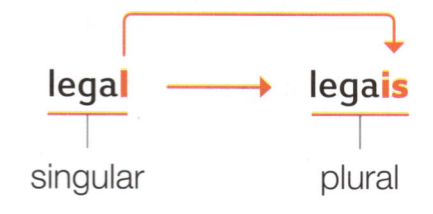

$$legal \longrightarrow legais$$

singular — plural

> Para formar o plural das palavras terminadas em **al**, **el**, **ol**, **ul**, cortamos o **l** e acrescentamos **is**.

Veja outros exemplos.

canal ⟶ canais   azul ⟶ azuis

Atividades

1. Passe para o plural. Veja o exemplo.

Um trem especial ⟶ Uns trens especiais

a) um jornal atual
▸ _____

b) um animal feroz
▸ _____

c) um jogador sensacional
▸ _____

d) um cartaz azul
▸ _____

e) uma atriz genial
▸ _____

Observe a formação do plural das palavras terminadas em **ol**.

fa-**rol** ⟶ fa-**róis**

palavra oxítona

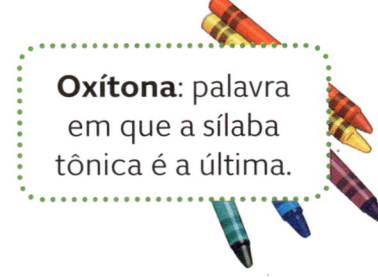

Oxítona: palavra em que a sílaba tônica é a última.

No plural das palavras **oxítonas** terminadas em **ol**, a vogal **o** leva acento agudo.

2. Passe para o plural.

a) O girassol é bonito. _____

b) Meu lençol é branco. _____

c) O rouxinol canta. _____

3. Troque as letras por aquelas que vêm **antes** no alfabeto e descubra o nome de um bichinho que anda bem devagar e carrega a casa nas costas.

DBSBDPM ⟶ ___ ___ ___ ___ ___ ___ ___

a) Escreva o plural desse substantivo. _____

b) Quantas sílabas tem esse substantivo no plural?

☐ 2   ☐ 3   ☐ 4

Observe a formação do plural das palavras terminadas em **el**.

pin-**cel** ⟶ pin-**céis**
palavra oxítona

mó-**vel** ⟶ mó-**veis**
palavra paroxítona

Paroxítona: palavra em que a sílaba tônica é a penúltima.

No plural das palavras **oxítonas** terminadas em **el**, a vogal **e** leva acento agudo.

ILUSTRAÇÕES: SAULO NUNES

4. Sublinhe com um **traço vermelho** as palavras oxítonas e com um **traço azul** as palavras paroxítonas.

túnel _____   pastel _____

quartel _____   papel _____

automóvel _____   anel _____

- Agora, escreva o plural dessas palavras. **Atenção** com o acento!

5. Siga as indicações e forme um adjetivo.

	1	2	3	4	5	6
A	Z	S	B	E	P	V
B	F	J	E	T	G	O
C	N	H	D	L	I	N

5C 1C 6A 5C 2A 5C 6A 3B 4C

a) Copie o adjetivo que você formou, separando-o em sílabas.

_____

b) Esse adjetivo é uma palavra:

☐ oxítona.   ☐ paroxítona.   ☐ proparoxítona.

c) Faça o plural desse adjetivo. _____

d) Qual é o antônimo desse adjetivo, no singular e no plural?

_____

Observe a formação do plural das palavras terminadas em **il**.

bar-r**il** → bar-r**is**
palavra oxítona

fá-c**il** → fá-c**eis**
palavra paroxítona

> Se a palavra terminar em **il** e for **oxítona**, no plural troca o **l** por **s**.
> Se a palavra terminar em **il** e for **paroxítona**, no plural troca o **il** por **eis**.

6. Circule de **vermelho** as palavras oxítonas e de **azul** as palavras paroxítonas.

difícil _____ canil _____

útil _____ juvenil _____

infantil _____ gentil _____

- Agora, passe as palavras para o plural. **Atenção** com o acento!

- Complete usando as palavras no plural que você formou.

a) roupas para jovens ················▶ roupas _____

b) filmes para crianças ················▶ filmes _____

c) livros que têm muita utilidade ·········▶ livros _____

d) pessoas bem-educadas, atenciosas··▶ pessoas _____

e) problemas complicados ··············▶ problemas _____

f) locais onde os cães ficam abrigados··▶ _____

Reforço ortográfico

AL, EL, IL, OL, UL

APRENDENDO A JOGAR

© ZIRALDO

— ME DÁ A PARTE DE ESPORTES, VÔ?
— PRA QUÊ?
— PRA APRENDER FUTEBOL!
BOLAS
— ORA... RÁ! RÁ! RÁ! NINGUÉM APRENDE FUTEBOL LENDO!
CHEC! CHEC!
CHOC! CHOC!
— É CLARO, NÉ, VÔ?

Ziraldo. Curta o Menino Maluquinho... em histórias rapidinhas. São Paulo: Globo, 2006. p. 58.

futebol ⟶ fu-te-**bol**

Reforço ortográfico

A consoante **l** pode se juntar a uma vogal que vem antes dela e formar as sílabas **al**, **el**, **il**, **ol**, **ul**. Essas sílabas podem também se juntar a uma consoante que vem antes delas e formar novas sílabas, que podem aparecer no início, no meio ou no fim das palavras.

Veja exemplos com **al** e **ul**.

alpinista
al-pi-nis-ta

algodão
al-go-dão

último
úl-ti-mo

Veja exemplos com **al**, **el**, **il**, **ol**, **ul** acompanhados de uma consoante.

calma
cal-ma

anel
a-**nel**

gentil
gen-**til**

futebol
fu-te-**bol**

azul
a-**zul**

Atividades

1. Complete as palavras usando as letras das bandeirinhas. Para ajudar, já escrevemos algumas.

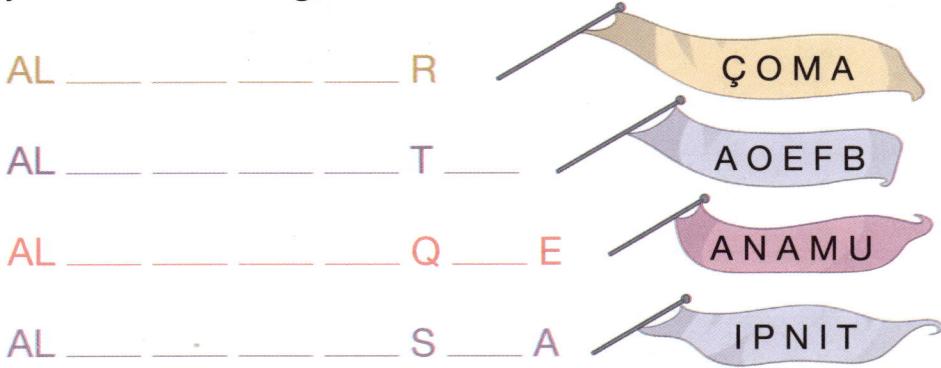

AL _ _ _ _ R — ÇOMA

AL _ _ _ _ T _ — A O E F B

AL _ _ _ _ Q _ E — A N A M U

AL _ _ . _ _ S _ A — I P N I T

a) Colocando essas palavras em ordem alfabética, qual é a primeira? E a terceira?

_____

b) Uma das palavras que você formou é o infinitivo de um verbo. Qual?

_____

c) Esse verbo pertence a qual conjugação?

☐ 1ª   ☐ 2ª   ☐ 3ª

2. Junte as sílabas da mesma cor e forme palavras.

fa   jor   mul   va   vo   al

ta   al   ce   nal   sel

_____

_____

Reforço ortográfico

3. Três palavras do exercício anterior estão escondidas no quadro de letras. Você consegue achá-las?

E	S	N	H	A	M	U	N	M
L	E	I	N	H	U	D	A	O
P	L	X	M	A	L	V	O	N
N	V	N	H	E	T	F	E	A
C	A	R	X	N	A	C	L	D

4. Trocaram a posição das sílabas destas palavras. Escreva-as corretamente. Veja o exemplo.

NALCA ----> **CANAL**

SABOL --> _____

TELPAS ----> _____

TOSAL --> _____

MEFIL --------> _____

TELHO --> _____

MALNOR --> _____

DEBAL --> _____

VOPOL -----> _____

COTAL ---> _____

5. Observe a separação silábica destas palavras.

alegre ⟶ **a**-le-gre   **al**tura ⟶ **al**-tu-ra

Como você viu, nem sempre as letras **al** formam sílaba. Só pronunciando a palavra em voz alta é que percebemos se a sílaba se forma ou não. O mesmo acontece com os grupos **el**, **il**, **ol**, **ul**.

- Agora é sua vez! Separe as sílabas.

malvado _____   salgado _____

maleta _____   salada _____

Em muitas palavras, o **l** é pronunciado com som de **u**. Por isso, fique atento na hora de escrever.

6. Leia as palavras do quadro.

> pastel   mel   final   papel
> anel   troféu   jornal   mingau

- Sublinhe duas palavras que não combinam com as demais.
- Agora, complete a frase:

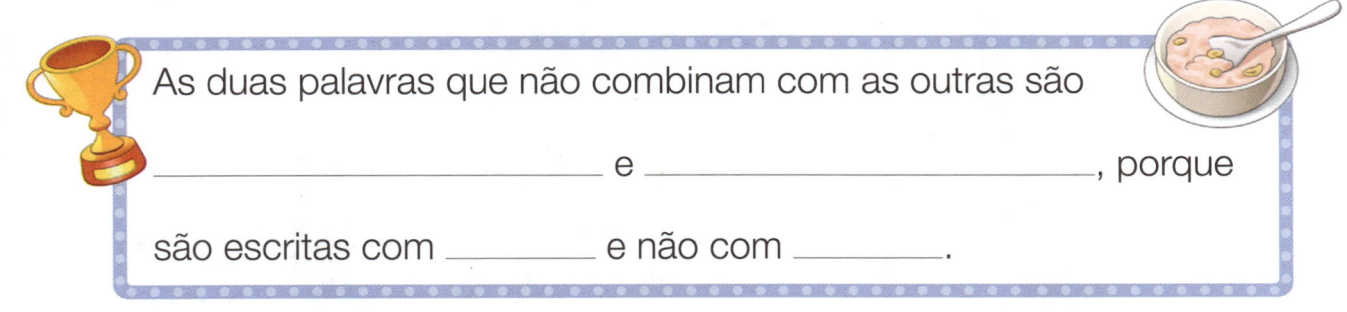

As duas palavras que não combinam com as outras são _____ e _____, porque são escritas com _____ e não com _____.

7. Vamos ver se você entende de esportes! Relacione cada bola ao esporte em que ela é utilizada.

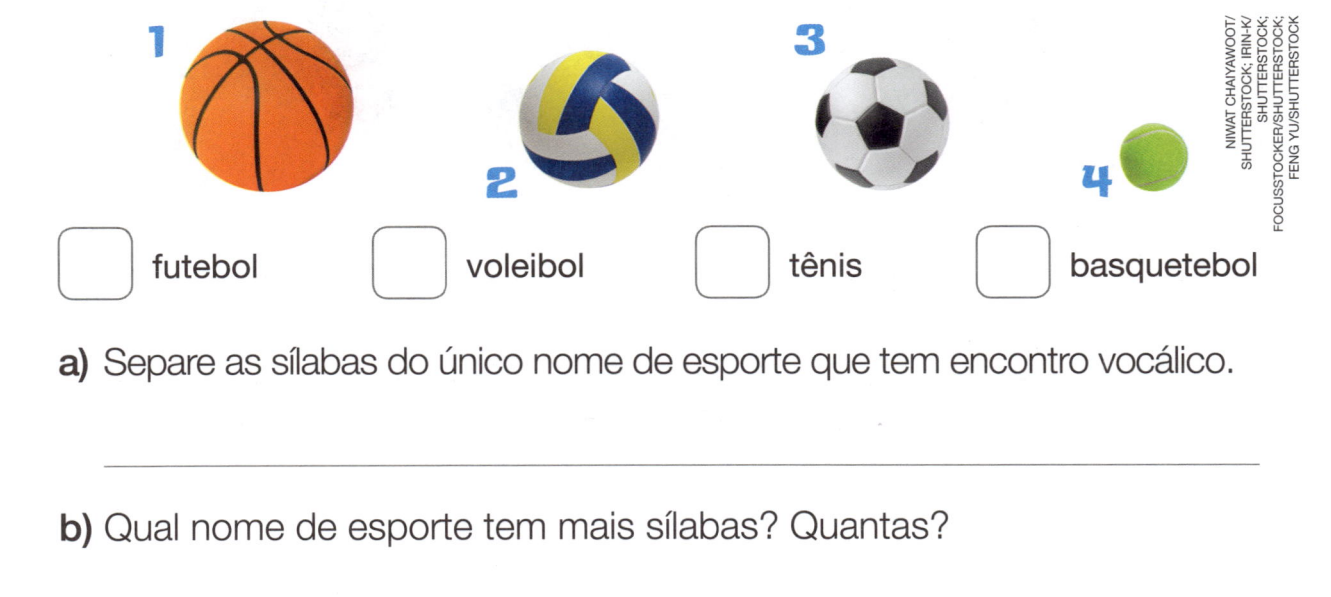

1   2   3   4

☐ futebol   ☐ voleibol   ☐ tênis   ☐ basquetebol

a) Separe as sílabas do único nome de esporte que tem encontro vocálico.

_____

b) Qual nome de esporte tem mais sílabas? Quantas?

_____

20

Plural das palavras terminadas em ÃO

BIA

Oi, vovô

Oi, vovó

A festa na escola foi divertida. A gente brincou bastante. Tinha muitos balões enfeitando o pátio. No salão grande tinha muita gente. Estou mandando umas fotos.

Beijos

Bia

| o sal**ão** → os sal**ões** | um bal**ão** → uns bal**ões** |
| singular   plural | singular   plural |

> A maior parte das palavras terminadas em **ão** faz o plural em **ões**.

Mas há palavras terminadas em **ão** que fazem o plural de modo diferente, como você verá neste capítulo.

Atividades

1. Complete as frases com o plural das palavras a seguir.

limão ❖ coleção ❖ coração ❖ mamão

a) Vou fazer uma boa limonada com estes _____.

b) Tenho duas _____ de figurinhas de super-heróis.

c) Mamãe comprou alguns _____ na feira.

d) Luana desenhou uns _____ no caderno.

2. Use o código e descubra o nome de dois animais. Um deles é uma ave muito veloz e o outro é um grande peixe que vive nos mares e é um perigo para mergulhadores e surfistas.

ã u t o b f l a c r

- Escreva no plural as palavras que você formou.

3. Todos os aumentativos terminados em **ão** fazem o plural em **ões**.

bigode → bigod**ão** → bigod**ões**

forma normal — aumentativo singular — aumentativo plural

- Complete o quadro conforme o exemplo acima.

Normal	Aumentativo singular	Aumentativo plural
parede		
cachorro		
peixe		
gato		
faca		

4. Siga as instruções e forme três palavras no aumentativo.

	1	2	3	4	5
★	R	H	U	S	Ã
🍀	F	C	A	M	G
🌊	O	N	Z	E	I

🍀 2 🍀 3 ★ 4 🍀 3 ★ 1 ★ 5 🌊 1
_____

🌊 2 🍀 3 ★ 1 🌊 5 🍀 5 ★ 5 🌊 1
_____

★ 2 🌊 1 🍀 4 🌊 4 🌊 2 ★ 3 🍀 3 ★ 1 ★ 1 ★ 5 🌊 1
_____

- Escreva no plural os aumentativos que você formou.

_____

Outras formas de plural

Podemos ainda formar de duas outras maneiras o plural das palavras terminadas em **ão**.

- Acrescentando um **s** à forma do singular.

grão → **grãos**
singular   plural

- Trocando **ão** por **ães**.

pão → **pães**
singular   plural

5. Complete as frases com o plural das palavras indicadas entre parênteses. Essas palavras formam o plural como a palavra **grão**.

a) Vou viajar com meus _____. (irmão)

b) Lave as _____ antes das refeições. (mão)

c) Esses dois homens são _____. (cristão)

d) Votar é um direito de todos os _____. (cidadão)

e) O coração e os pulmões são _____ do nosso corpo. (órgão)

6. Complete as frases com o plural das palavras indicadas entre parênteses. Essas palavras formam o plural como a palavra **pão**.

a) Esses _____ são _____.
   (capitão / alemão)

b) Tenho dois _____ muito bonitos. (cão)

7. Você já sabe que, no dicionário, as palavras são apresentadas no singular. Então, escreva agora como devemos procurar estas palavras no dicionário.

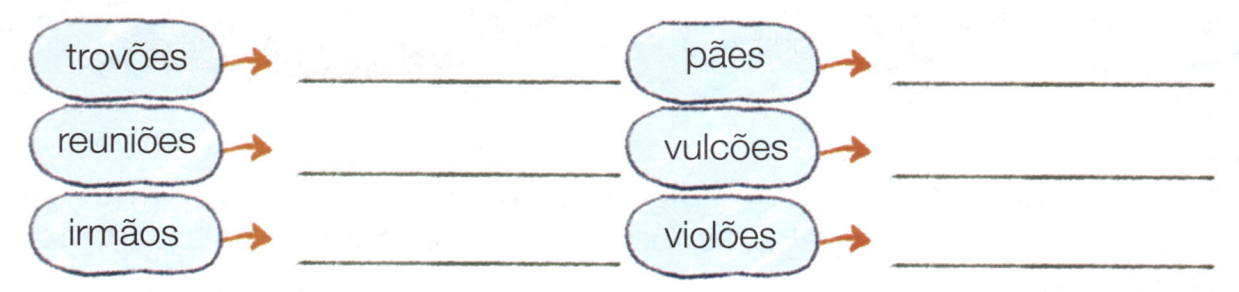

trovões → _____   pães → _____

reuniões → _____   vulcões → _____

irmãos → _____   violões → _____

Reforço ortográfico

▶ Dígrafo

Chuva querida

A chuva cai
e molha a terra quente e seca.
A natureza agradece.
Os passarinhos voam alegres.
A vida renasce e segue em frente.

Célia Siqueira.
Texto escrito especialmente para esta obra.

chuva — ch
mo**lh**a — lh
te**rr**a — rr
pa**ss**ari**nh**o — ss, nh

duas letras ⟶ apenas um som = **dígrafo**

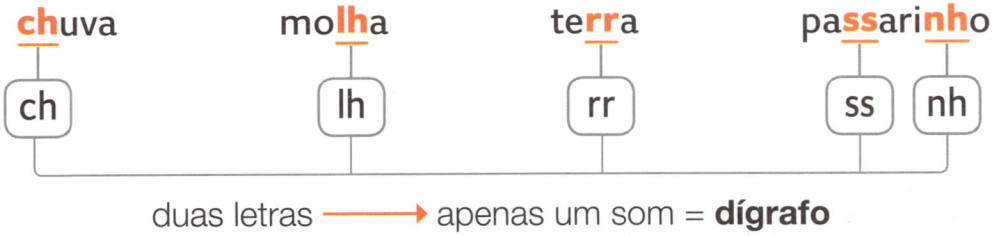

O **dígrafo** é um grupo de duas letras que representa um único som.

Veja outros exemplos.

se**gu**e — gu
querida — qu
rena**sc**e — sc

Reforço ortográfico

Atividades

1. Leia as palavras e copie as sílabas que têm dígrafo. Veja o exemplo.

gali**nha** → **nha**

a) chuteira → _____
b) bilhete → _____
c) telhado → _____
d) caminho → _____
e) seguinte → _____
f) pequeno → _____

2. Copie as palavras nos quadrinhos separando as sílabas.

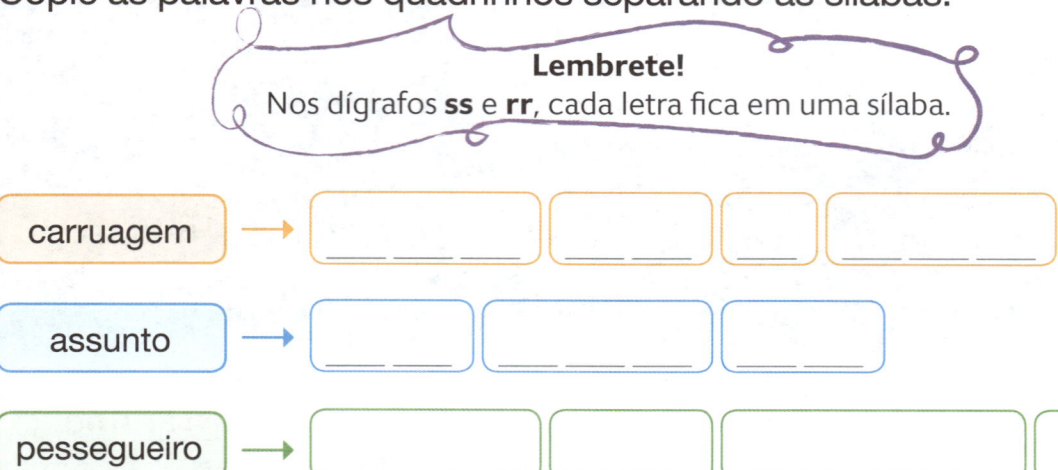

Lembrete!
Nos dígrafos **ss** e **rr**, cada letra fica em uma sílaba.

carruagem → ☐ ☐ ☐ ☐

assunto → ☐ ☐ ☐

pessegueiro → ☐ ☐ ☐ ☐

236

3. Copie da capa desta revista três palavras com dígrafos.

_____
_____
_____
_____
_____
_____

- Em uma dessas palavras, há dois dígrafos. Separe as sílabas dessa palavra e circule os dígrafos.

_____

4. As palavras a seguir foram escritas ao contrário. Escreva-as corretamente.

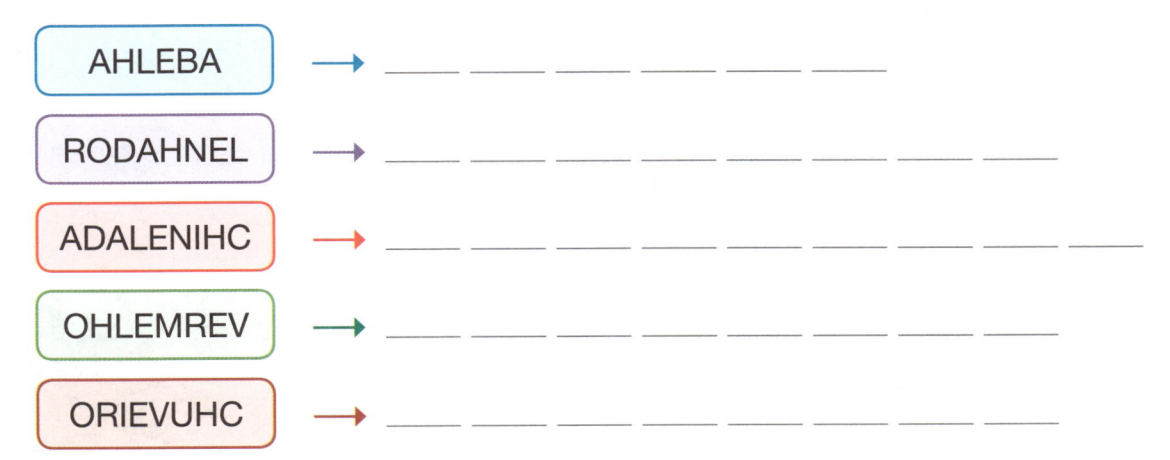

AHLEBA → ____ ____ ____ ____ ____ ____

RODAHNEL → ____ ____ ____ ____ ____ ____ ____

ADALENIHC → ____ ____ ____ ____ ____ ____ ____ ____ ____

OHLEMREV → ____ ____ ____ ____ ____ ____ ____ ____

ORIEVUHC → ____ ____ ____ ____ ____ ____ ____ ____

- Agora, circule as sílabas que têm dígrafo.

- Qual dessas palavras tem uma sílaba com encontro vocálico?

_____

237

Reforço ortográfico

5. Leia.

Uma nuvem diferente

A palavra **nuvem** pode ser usada como coletivo de insetos. Por exemplo: uma nuvem de gafanhotos. Essas nuvens, aliás, costumam aparecer em lugares com temperaturas muito altas, como na África, e são impressionantes. Milhões de gafanhotos vão se juntando e, levados pelo vento, voam por quilômetros. Eles formam grupos tão fechados que conseguem até esconder a luz do Sol, tal como fazem as nuvens do céu. Mas acontece que essas nuvens de gafanhotos podem atacar e destruir muitas plantações de alimentos e por isso são consideradas um grande perigo em certas regiões.

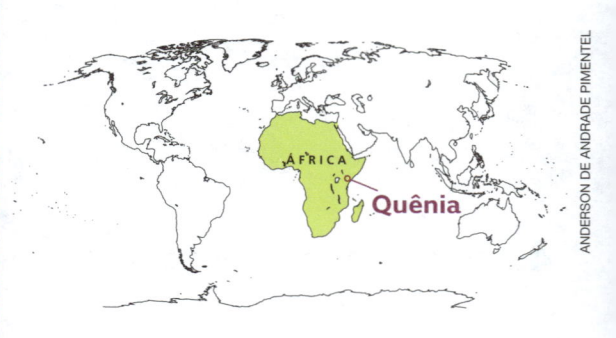

Nuvem de gafanhotos no Quênia, África.

- Copie do texto palavras que apresentam os seguintes dígrafos:

LH → _____

NH → _____

GU → _____

CH → _____

SS → _____

QU → _____

Não confunda *dígrafo* com *encontro consonantal*

Dígrafo é o grupo de duas letras que representa um som apenas:

chuveiro • ma**ss**inha • co**rr**ida

Encontro consonantal é o grupo de duas letras em que cada letra tem um som próprio e diferente:

grade • **pl**aneta • bici**cl**eta.

6. Copie as letras nos locais indicados e forme quatro palavras.

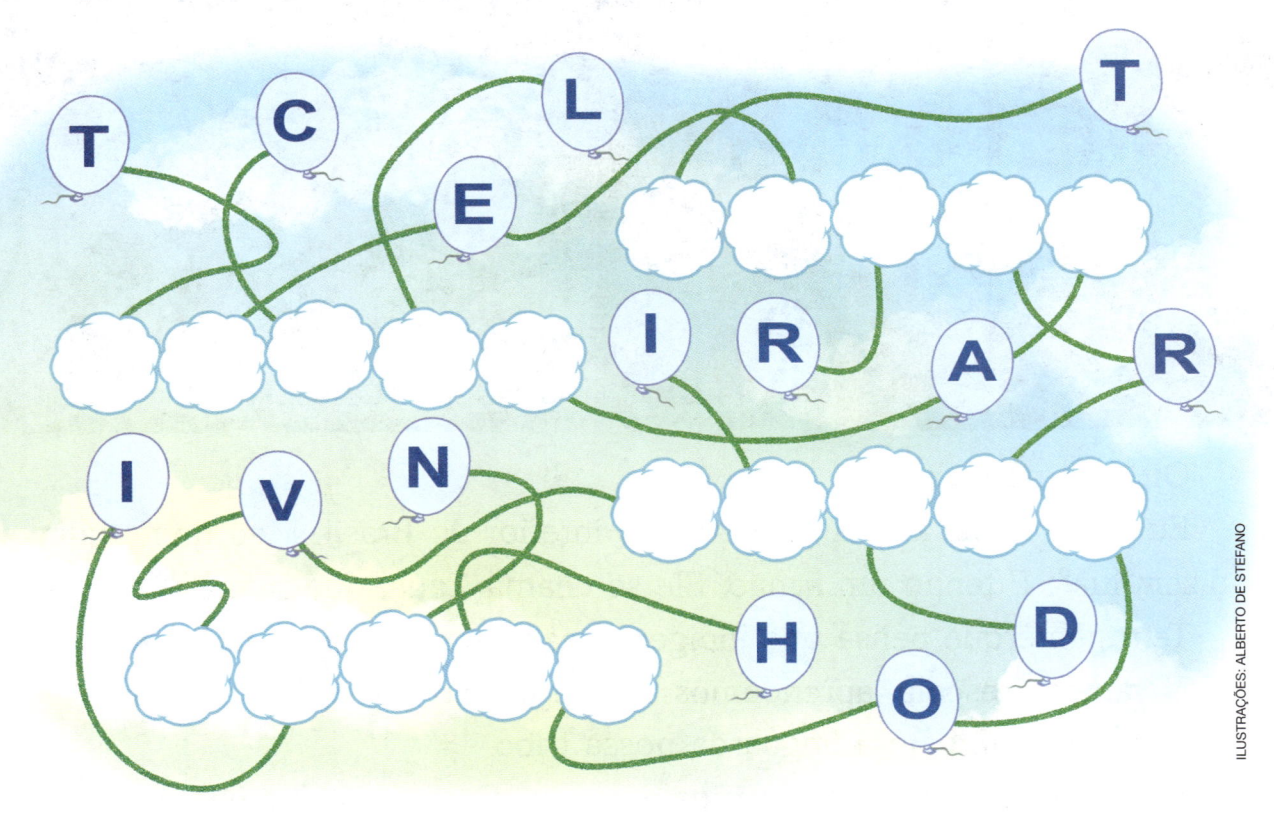

- Escreva as palavras que você formou nos quadros abaixo.

palavras
com encontro consonantal

_____

_____

palavras
com dígrafos

_____

_____

21

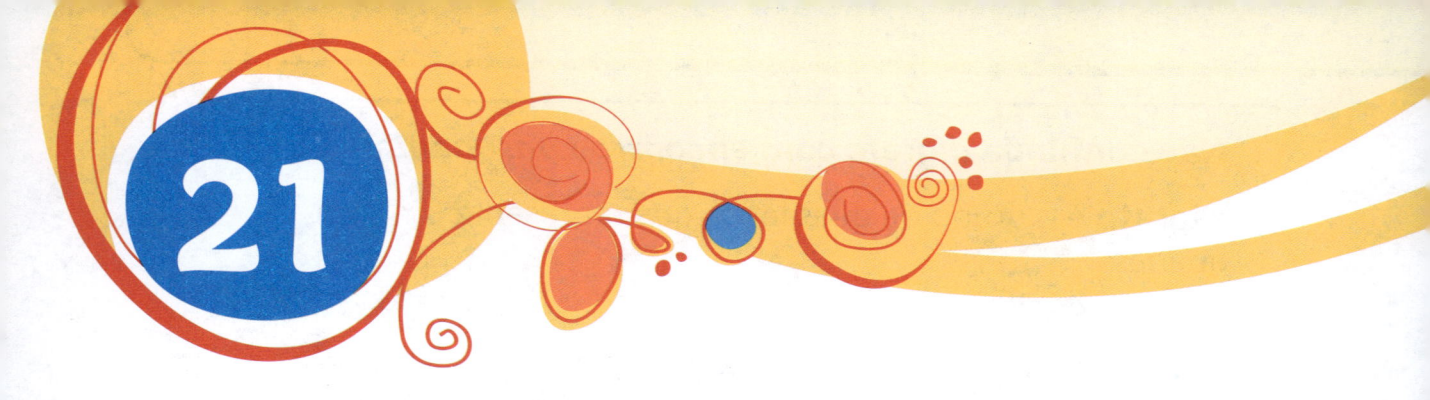

▸ Pronomes pessoais

Indígenas Suruí. Cacoal, Rondônia. 2012.

Oi, meu nome é Jaci.

Eu moro numa aldeia indígena, no interior do Brasil. Meu nome quer dizer "lua". E tenho um irmão. Ele se chama Cauã, que significa "gavião".

Tem gente que pensa que indígenas não estudam, mas não é verdade. Nós vamos à escola, aprendemos a ler e a escrever. Sabemos falar português e também a língua da nossa tribo.

Eu e minhas amigas brincamos bastante. Os meninos também se divertem. Eles jogam futebol, cantam. Nós gostamos de festas. Nesses dias, todos se enfeitam e se pintam, meninos e meninas.

Nós também temos computador, celular e muitas coisas modernas. O modo de viver dos indígenas se modificou com o tempo, como aconteceu também com os outros povos. Nós não ficamos parados no tempo. Mas não esquecemos nosso passado nem nossas tradições.

Eu gosto de fazer amizade com jovens que vivem em outros lugares.

Texto elaborado pelo autor.

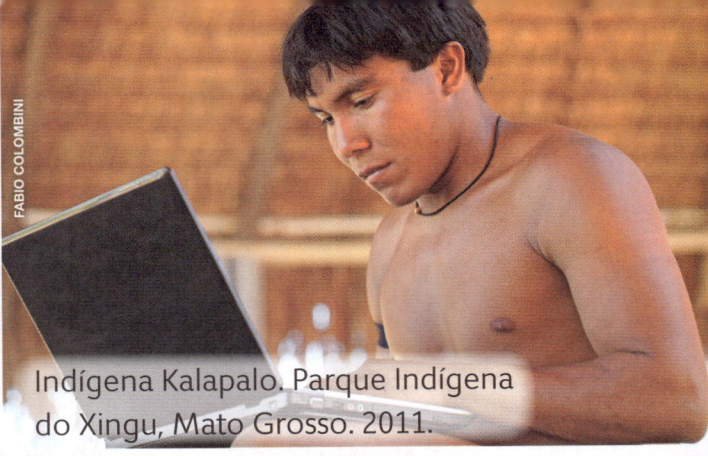

Indígenas Kalapalo. Parque Indígena do Xingu, Mato Grosso. 2018.

Indígena Kalapalo. Parque Indígena do Xingu, Mato Grosso. 2011.

Crianças Guarani Mbya. Aldeia Tenondé Porã, em Parelheiros, São Paulo. 2015.

Indígena Pataxó. Porto Seguro, Bahia. 2014.

Eu moro numa aldeia indígena.
Eles jogam futebol.
Você não quer mandar uma mensagem para mim?

Ele se chama Cauã.
Nós gostamos de festas.

eu — ele — nós — você — eles
pronomes pessoais

Os **pronomes pessoais** são palavras que podem ser usadas no lugar dos substantivos. Os pronomes sempre têm o mesmo **gênero** (masculino ou feminino) e o mesmo **número** (singular ou plural) dos substantivos a que se referem.

O **irmão** de Jaci mora na aldeia.   **Ele** se chama Cauã.
substantivo masculino singular   pronome pessoal masculino singular

O pronome **ele** substitui a palavra **irmão**.

Os **meninos** brincam.   **Eles** jogam futebol.
substantivo masculino plural   pronome pessoal masculino plural

O pronome **eles** substitui a palavra **meninos**.

As **meninas** gostam de festas.   **Elas** se enfeitam.
substantivo feminino plural   pronome pessoal feminino plural

O pronome **elas** substitui a palavra **meninas**.

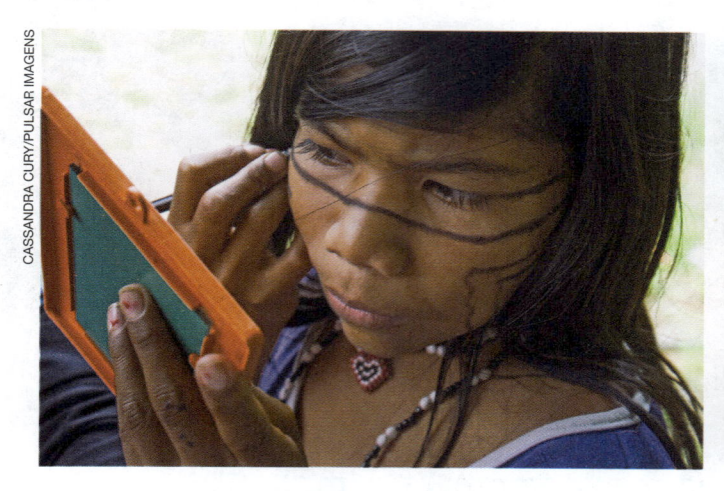

Os pronomes pessoais mais usados são:
- eu, tu, ele, ela, você   →   singular
- nós, eles, elas, vocês   →   plural

Atividades

1. Leia as frases e complete os espaços com os pronomes pessoais **ele**, **eles**, **ela**, **elas**. Veja o exemplo.

Luciana é minha colega.   **Ela** mora no meu prédio.

substantivo feminino singular   pronome pessoal feminino singular

Lembrete: atenção com o uso da letra inicial maiúscula.

a) Os alunos estão contentes. _____ vão fazer um passeio.

b) Meu cãozinho se chama Bidu. _____ é muito esperto.

c) As professoras enfeitaram a escola. _____ vão fazer uma festa.

d) Bia sabe jogar futebol. _____ joga muito bem.

2. Escreva as palavras do texto a que se referem os pronomes pessoais, conforme a cor de cada um.

O equilibrista do circo

O equilibrista está lá em cima, andando numa corda esticada. **Ele** vai e volta.

As pessoas da plateia não tiram os olhos da cena. **Elas** ficam pensando: será que **ele** vai cair?

Depois de andar pra cá e pra lá, **ele** desce. O público aplaude bastante.

A apresentação foi muito bonita. **Ela** emocionou o público.

Ele _____   Elas _____

ele _____   ele _____

Ela _____

3. Leia a tirinha.

ARMANDINHO — Alexandre Beck

- POR QUE A MÃE TÁ DEMORANDO?
- ELA INVENTOU DE FAZER AS UNHAS... "FAZER AS UNHAS"?
- MAS ELA JÁ NÃO NASCEU COM ELAS?

a) Que pronomes pessoais aparecem na tirinha?

_____

b) A quais substantivos esses pronomes se referem?

_____

4. Complete os espaços com os pronomes **eu** e **nós**.

a) _____ gosto de andar de patinete.

b) _____ vamos a uma festa mais tarde.

c) _____ estou cansado, pois andei de bicicleta o dia inteiro.

d) Eu e meu pai fomos passear. _____ fomos ao parque de diversões.

O **adjetivo** deve sempre concordar com o **pronome pessoal** a que se refere em **gênero** (masculino ou feminino) e **número** (singular ou plural).

Exemplo:

Marcela é minha colega. **Ela** é muito **simpática**.

- substantivo feminino singular
- pronome feminino singular
- adjetivo feminino singular

5. Complete cada frase com um dos adjetivos indicados.

a) As pessoas gritaram. **Elas** estavam _____.
nervosos / nervosas

b) A princesa vai ao baile. **Ela** está _____.
lindo / linda

c) Conheço esses alunos. **Eles** são _____.
estudioso / estudiosos

d) Gostei desses livros. **Eles** são muito _____.
interessante / interessantes

Reforço ortográfico

O, OU

Desejo de abraço

Desejo de abraço
nunca passa.
Abraço é o nó mais delicado
que há.
Um braço aqui e outro lá
e o coração se derrete,
o corpo afunda na mais
gigantesca felicidade.

Roseana Murray. *Poço dos desejos*.
São Paulo: Moderna, 2019. p. 42.

Um braço aqui e **ou**tro lá
ou

Certas palavras com **ou** podem causar dúvida na pronúncia ou na escrita. Por isso, preste atenção!
Leia em voz alta estas palavras e perceba a diferença entre elas.

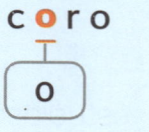

c **o** r o   c **ou** r o
  o   ou

Veja mais exemplos de palavras com **o** e **ou**.

can**o**a • esp**o**sa • l**ou**ro • **ou**vido

Atividades

1. Forme palavras trocando 💧 por **ou** e ❖ por **o**.

cen💧ra _____   i💧co _____

est❖jo _____   p💧co _____

rap❖sa _____   r💧co _____

tes💧ro _____   lag❖a _____

2. Ordene as letras e forme palavras com **o** e **ou**.

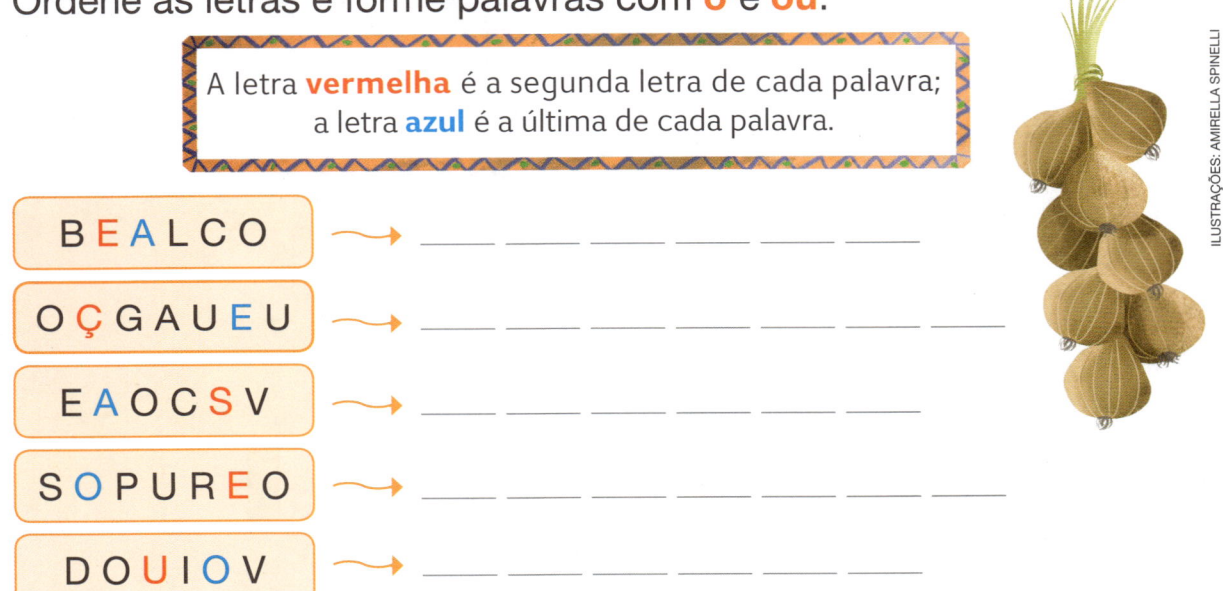

> A letra **vermelha** é a segunda letra de cada palavra; a letra **azul** é a última de cada palavra.

B E A L C O → _____

O Ç G A U E U → _____

E A O C S V → _____

S O P U R E O → _____

D O U I O V → _____

3. Siga as indicações e forme uma palavra que é o nome de um meio de transporte muito usado em rios.

	1	2	3	4
A	C	S	P	W
B	U	A	D	J
C	I	E	N	G
D	T	Y	R	O

1A → 2B → 3C → 4D → 2B →

a) Escreva a palavra que você formou. _____

b) Leia em voz alta essa palavra.

247

Reforço ortográfico

4. Copie as letras nos locais indicados e forme quatro palavras.

- Leia as explicações e escreva as palavras que você formou nos quadros.

a) Aparelho que fornece água para beber.

b) Inseto com asas duras que faz um forte zumbido quando voa.

c) Chuvisco, chuva fina.

d) Utensílio usado para varrer.

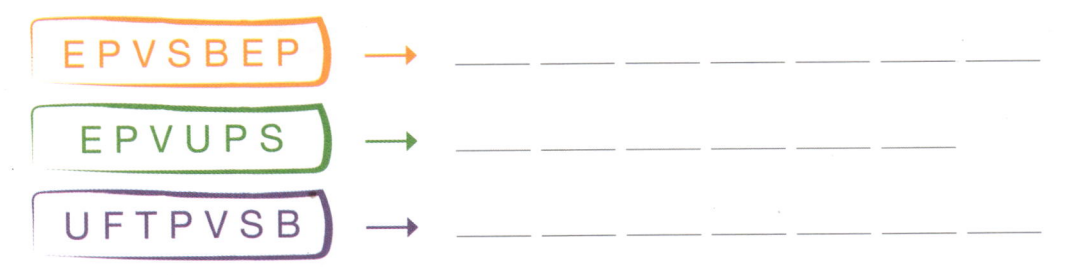

5. Troque as letras por aquelas que vêm **antes** no alfabeto e forme palavras.

E P V S B E P → _____

E P V U P S → _____

U F T P V S B → _____

a) Leia em voz alta as palavras que você formou.

b) Qual dessas palavras é oxítona? _____

c) Copie as palavras formadas, separando-as em sílabas.

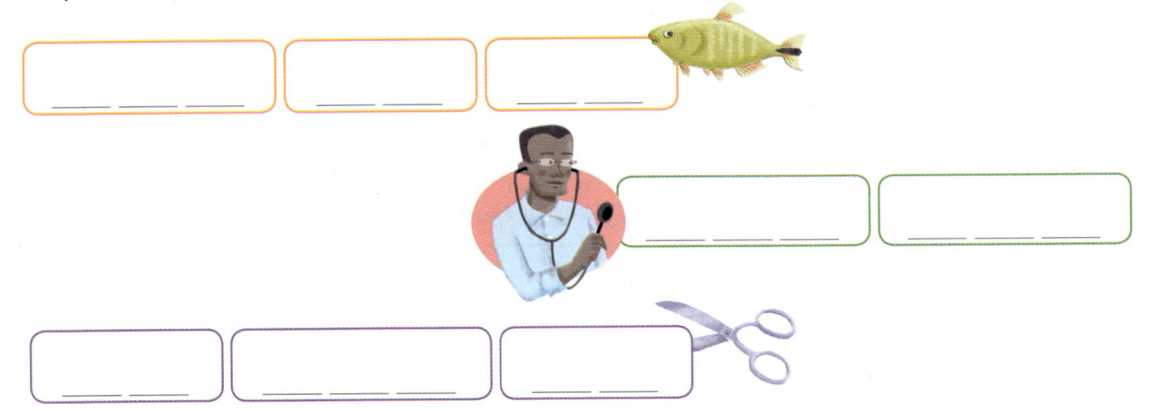

6. As sílabas destas palavras estão fora de ordem. Escreva-as corretamente.

ROCOU _____

SALOU _____

VECOU _____

ROTOU _____

- O que essas palavras têm em comum? Considere o número de sílabas e a posição da sílaba tônica.

_____

_____

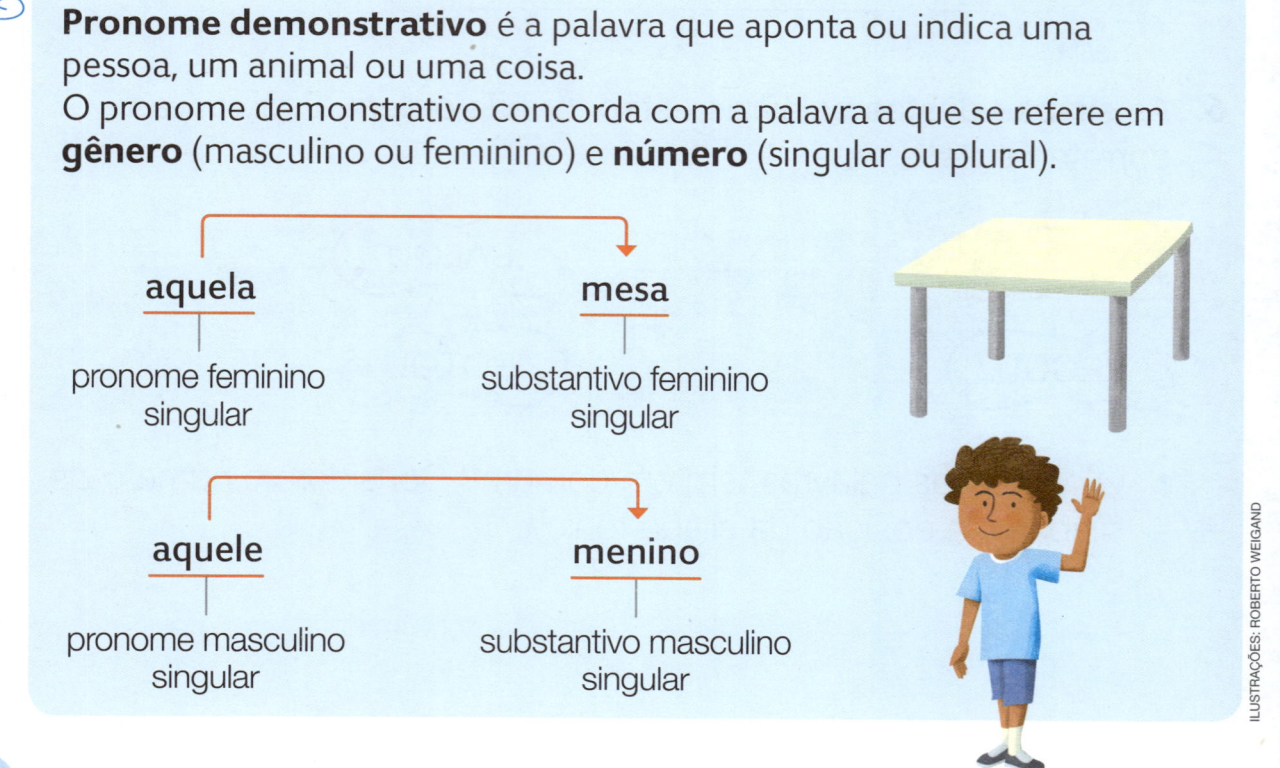

22

Pronomes demonstrativos

TURMA DA MÔNICA Mauricio de Sousa

— ME VÊ UMA *PIZZA* PRA VIAGEM!
— VOCÊ VAI PRA MUITO LONGE?
— ATÉ AQUELA MESA!

Até **aquela** mesa!
|
pronome demonstrativo

Pronome demonstrativo é a palavra que aponta ou indica uma pessoa, um animal ou uma coisa.

O pronome demonstrativo concorda com a palavra a que se refere em **gênero** (masculino ou feminino) e **número** (singular ou plural).

aquela → **mesa**
pronome feminino singular — substantivo feminino singular

aquele → **menino**
pronome masculino singular — substantivo masculino singular

250

Alguns pronomes demonstrativos são:

este, esta, esse, essa, aquele, aquela	→ singular
estes, estas, esses, essas, aqueles, aquelas	→ plural

Este gato é meu.

Esse gato é do Beto.

Aquele gato é do vizinho

Atividades

1. Complete as frases com os pronomes demonstrativos **este**, **esta**, **estes**, **estas**.

   a) Onde você comprou _____ revistas?

   b) Vamos jogar futebol com _____ bola.

   c) Guarde _____ livros na estante.

   d) _____ professor é novo na escola.

2. Leia.

   GARFIELD — Jim Davis

   Quadrinho 1: NOSSA, UM CARTÃO DE ANIVERSÁRIO!

   Quadrinho 2: FELIZ ANIVERSÁRIO, CAMARADA. ABRA ESTE CARTÃO E GANHE UM...

   Quadrinho 3: PLÉFT!

   - No segundo quadrinho, foi usado o pronome demonstrativo **este**. Por que ele está no masculino singular?

3. Circule o pronome demonstrativo usado no título deste livro.

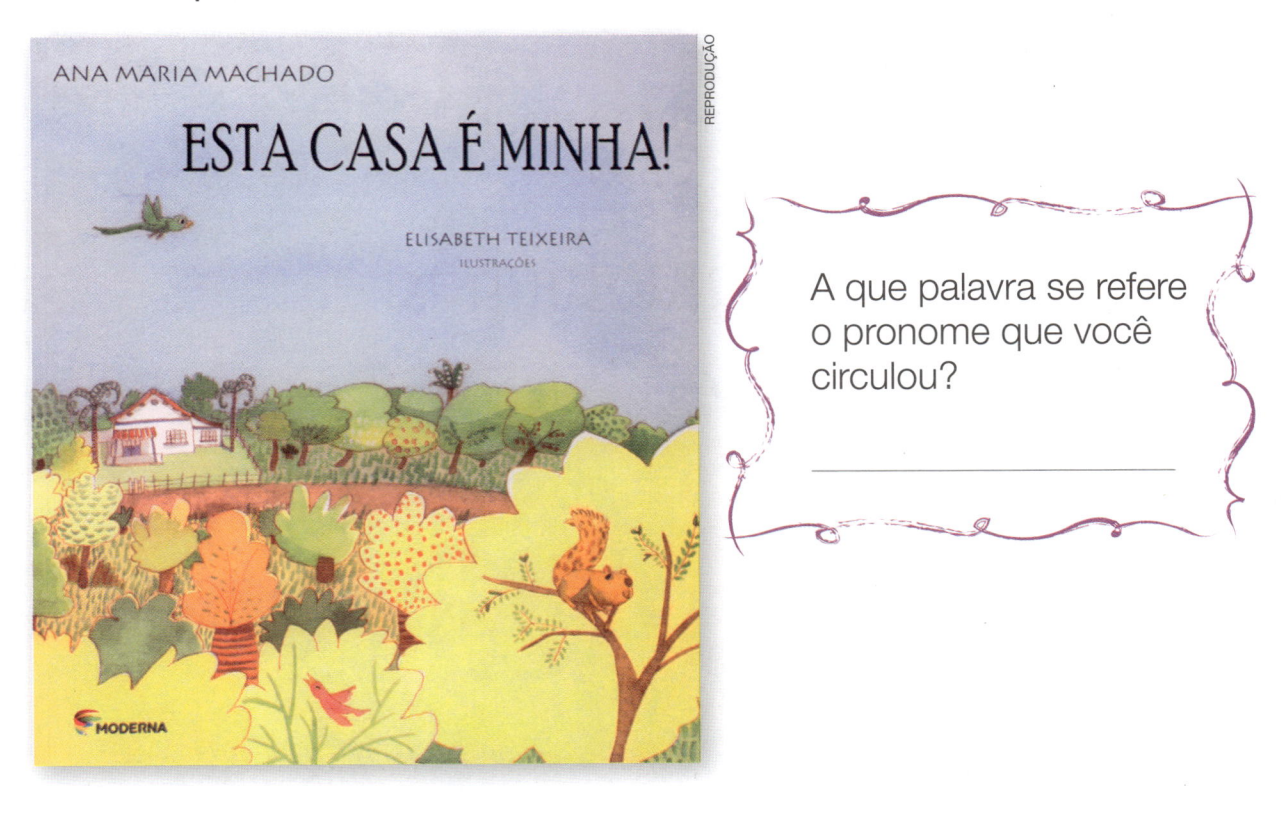

ANA MARIA MACHADO
ESTA CASA É MINHA!
ELISABETH TEIXEIRA
ILUSTRAÇÕES

A que palavra se refere o pronome que você circulou?

_____

4. Ordene as palavras e forme uma frase interrogativa.

essas — armário — mochilas — guardou — no — quem

Atenção com a letra inicial maiúscula e o sinal de pontuação.

_____
_____

a) Copie o pronome demonstrativo usado nessa frase.

_____

b) A que palavra ele se refere?

_____

5. Leia o título deste livro.

a) Que pronome demonstrativo foi usado no título?

_____

b) Se você trocar o substantivo **bichos** por **meninas**, como deve ficar o título?

_____

6. Reescreva as frases abaixo, trocando as palavras destacadas por aquelas que estão entre parênteses. Atenção à concordância.

a) Aquelas **alunas** são estudiosas. (alunos)

_____

b) Esse **garoto** é um jogador fantástico! (garota)

_____

Reforço ortográfico

Consoante muda

O HOMEM-CACTO   Adão Iturrusgarai

homem-ca**c**to
|
consoante muda

Outros exemplos de palavras com consoantes mudas:

a**d**vogado • a**d**jetivo • o**b**servar • su**b**stantivo

Nomes de pessoas também podem ter consoantes mudas. Veja.

Ma**g**da

E**d**na

E**d**mundo

Si**d**nei

Reforço ortográfico

Observe como separamos as sílabas das palavras com consoantes mudas.

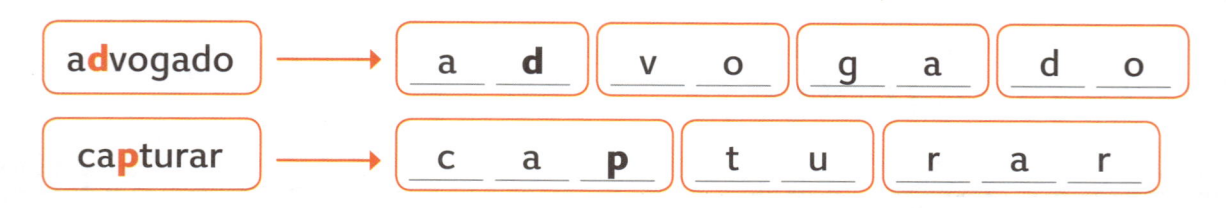

| advogado | → | a | d | v | o | g | a | d | o |

| capturar | → | c | a | p | t | u | r | a | r |

> A **consoante muda** fica junto à vogal que vem antes dela.

Atividades

1. Use o código e descubra a mensagem.

🏏	🍎	🧲	⭐	🚢	🥚	👞	💡	⚪	⚡	🪴	🐻	🌵	🔻
t	m	i	e	n	o	s	a	b	r	v	u	c	j

_____ _____ _____

_____ _____ .

2. Estas palavras foram escritas ao contrário. Escreva-as corretamente e forme palavras com consoantes mudas.

1 LITPÉR --------→ ____ ____ ____ ____ ____ ____

2 RARIMDA ------→ ____ ____ ____ ____ ____ ____

3 ODRUSBA ------→ ____ ____ ____ ____ ____ ____

4 ONIRAMBUS --→ ____ ____ ____ ____ ____ ____ ____ ____

- Separe as sílabas das palavras que você formou.

1. _____   2. _____

3. _____   4. _____

3. Copie as letras nos locais indicados e forme uma palavra com consoante muda.

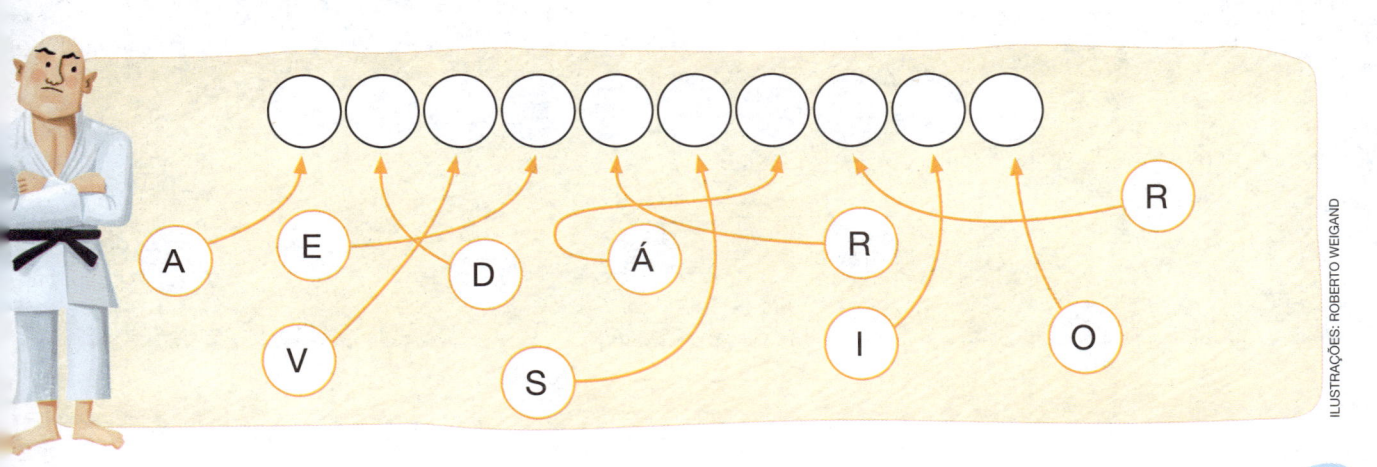

Reforço ortográfico

4. Leia.

O eclipse do Sol

Ocorre o chamado **eclipse solar** quando a Lua se encontra entre o Sol e a Terra.

Nesse momento, o Sol desaparece e a sombra da Lua é projetada sobre a Terra, escurecendo uma parte do nosso planeta.

A palavra **eclipse** é de origem grega e significa "desaparecimento".

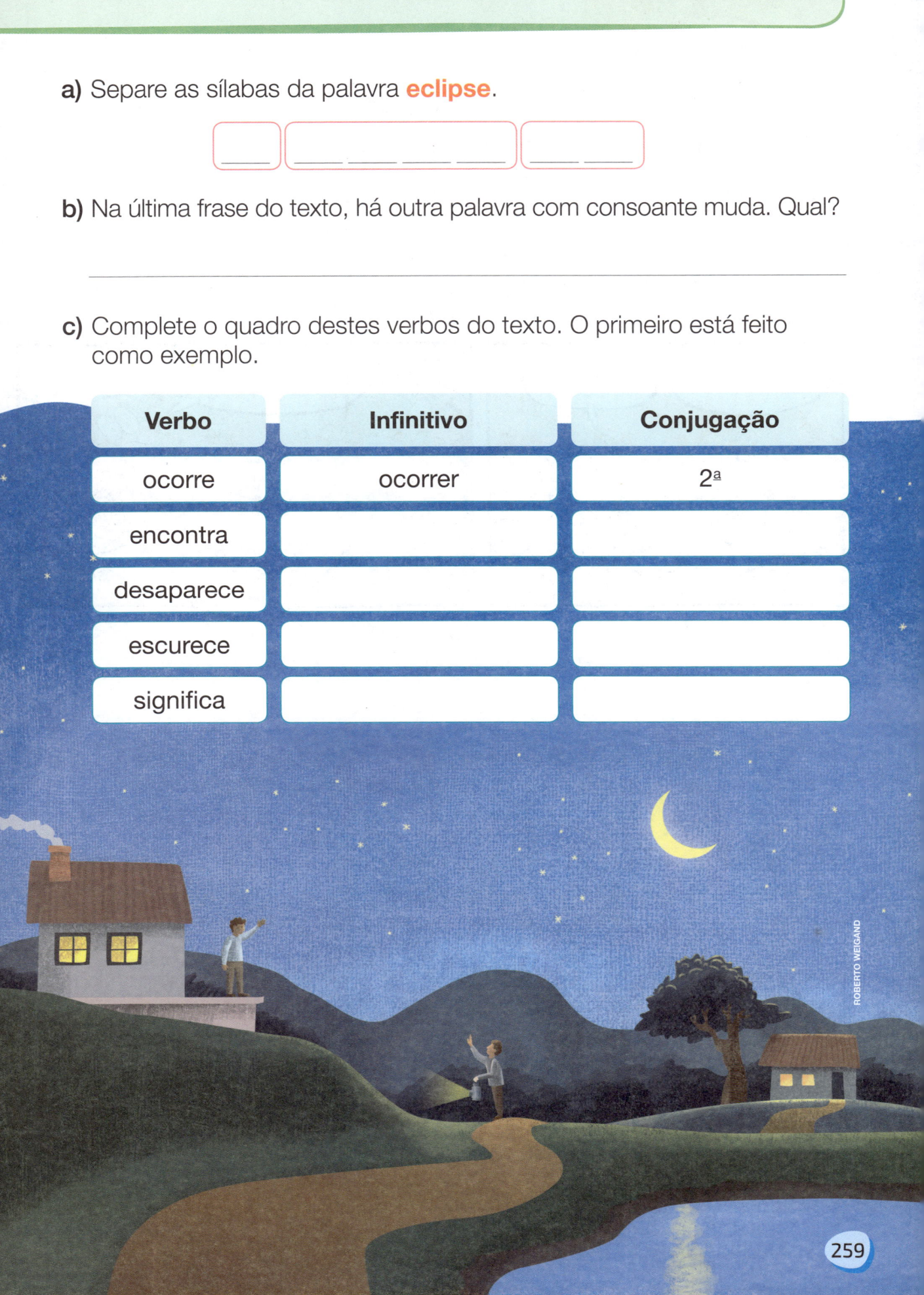

a) Separe as sílabas da palavra **eclipse**.

e | clip | se

b) Na última frase do texto, há outra palavra com consoante muda. Qual?

_____

c) Complete o quadro destes verbos do texto. O primeiro está feito como exemplo.

Verbo	Infinitivo	Conjugação
ocorre	ocorrer	2ª
encontra		
desaparece		
escurece		
significa		

23

Pronomes possessivos

Jean Galvão

> TERMINEI MINHA GRAVURA.
>
> EU TAMBÉM!
>
> EU TAMBÉM!

minha gravura
|
pronome possessivo

Pronome possessivo é a palavra que dá ideia de posse, isto é, indica que alguma coisa pertence a alguém.

O pronome possessivo concorda com a palavra a que se refere em **gênero** (masculino ou feminino) e **número** (singular ou plural).

meu → estojo

pronome masculino singular — substantivo masculino singular

nossas → mochilas

pronome feminino plural — substantivo feminino plural

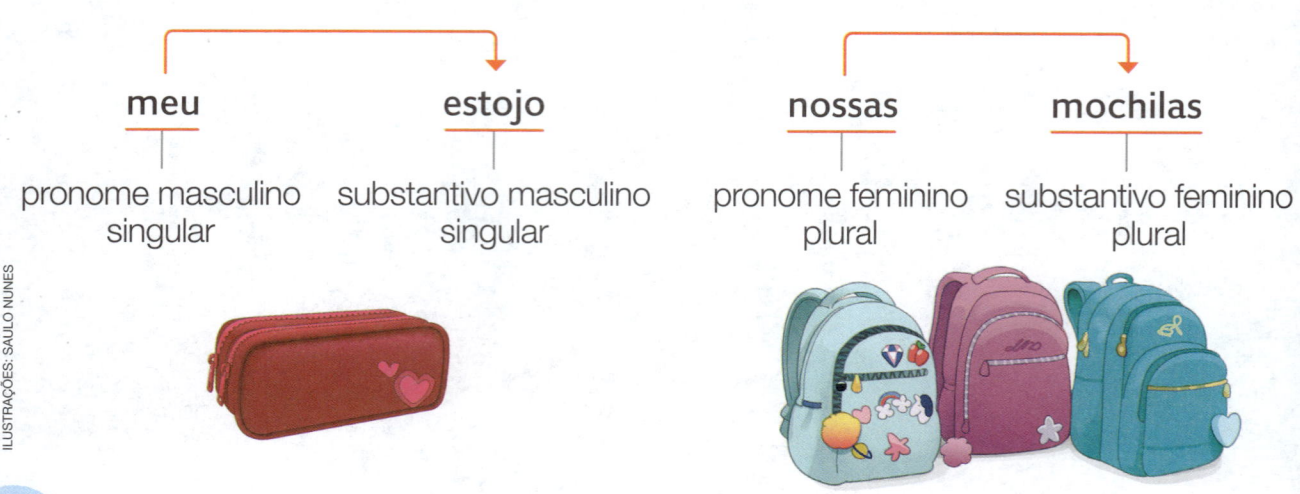

Veja alguns pronomes possessivos.

| meu, minha, teu, tua, seu, sua, nosso, nossa | → | singular |

| meus, minhas, teus, tuas, seus, suas, nossos, nossas | → | plural |

O pronome possessivo pode referir-se também a pessoas, animais ou sentimentos.

Minha mãe!    **Teu** gatinho!    **Nossa** amizade!

Atividades

1. Leia.

Os elefantes e seus cuidados com os filhotes

Os elefantes protegem muito bem seus filhotes. Quando a manada está andando, os filhotes ficam no meio, protegidos pelos adultos. As fêmeas ficam de olho em suas crias, prontas para afastar qualquer perigo.

a) Circule os pronomes possessivos presentes no texto.

b) Agora, sublinhe as palavras com as quais os pronomes possessivos concordam.

2. Leia.

GARFIELD — Jim Davis

- COLOQUE O SEU DEDO AQUI PARA EU DAR O NÓ
- OBRIGADO
- OBRIGADO / TRAGA-ME ISSO DE VOLTA, JÁ!

a) Que pronome possessivo foi usado na tira? _____

b) Se você trocasse a palavra **dedo** pela palavra **mão**, que pronome possessivo deveria usar? _____

3. Reescreva as frases abaixo, trocando as palavras destacadas por aquelas que estão entre parênteses. Atenção com a concordância das outras palavras das frases.

a) Aqueles **meninos** são meus amigos da escola. (meninas)

_____

_____

b) Essa **mulher** morena e alta é minha mãe. (homem)

_____

_____

4. Reescreva o título deste livro passando os substantivos **avô** e **neto** para o feminino.

_____

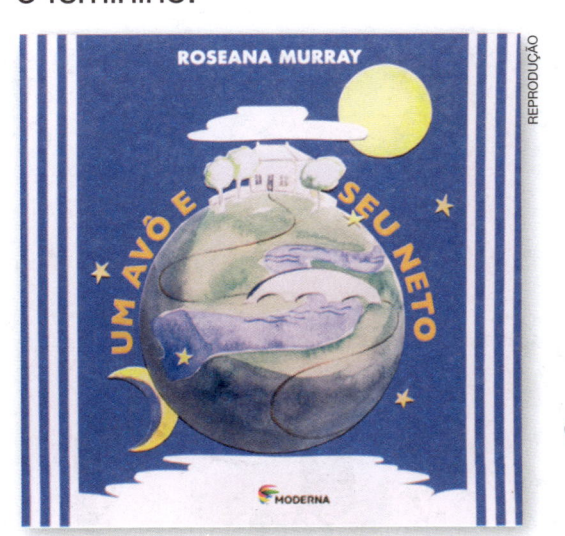

5. Passe as palavras destacadas para o plural. Atenção com a concordância das outras palavras das frases. Veja o exemplo.

Meu **colega** pegou aquele **livro**.

↳ Meus colegas pegaram aqueles livros.

a) Meu **professor** cantou essa **música** moderna.

_____

_____

b) Sua **irmã** vai limpar aquela **sala**?

_____

_____

Reforço ortográfico

LH, LI

Menina abelhuda

Júlia, menina xereta,
foi mexer com uma abelha.
Deu-se mal, saiu correndo,
com uma picada na orelha!

Ah! menina abelhuda!

Minidicionário
Leia o verbete **abelhudo**.

Jú**li**a   abe**lha**   ore**lha**

li   lh

Em muitas palavras, o **li** tem som parecido com **lh**. Por isso, atenção na hora de escrever.

Atividades

1. Leia as frases em voz alta.

    a) Júlia tem uma sandália vermelha.

    b) Minha filha Célia é amiga da Amélia, filha do velho Júlio.

    c) Essa é a velha malha vermelha da Marília.

    d) A família do Júlio vai viajar em julho.

2. Complete as lacunas do texto com as palavras do quadro.

medalha	Natália	familiares	julho	maravilhosa

    No mês de _____, _____ venceu a prova de natação e ganhou uma _____ de ouro!

    Seus _____ ficaram felizes e fizeram uma festa _____ para ela.

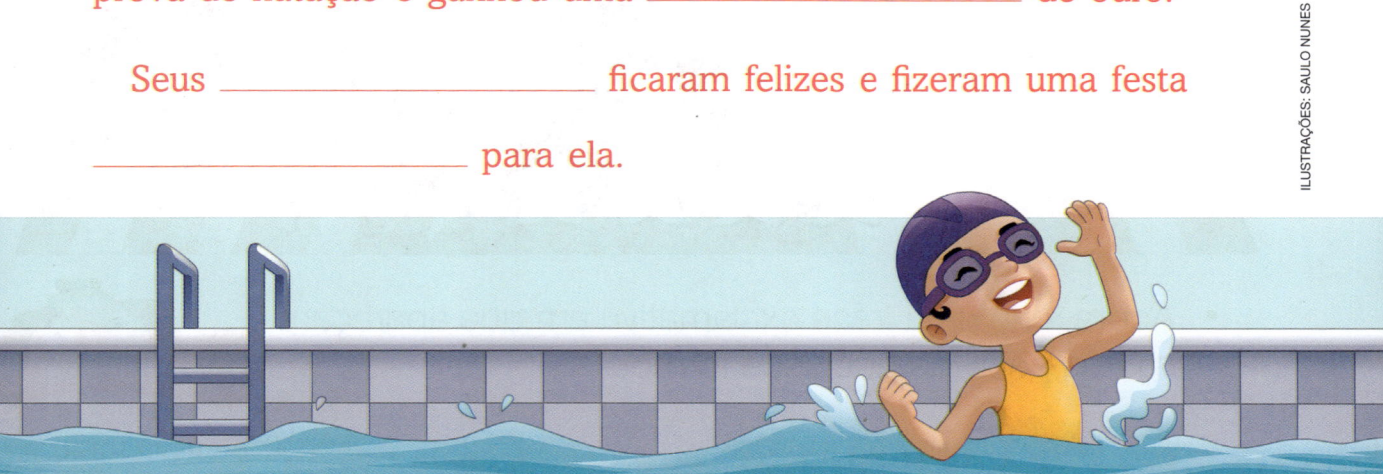

- Agora, leia o texto em voz alta.

Reforço ortográfico

3. Use o código e forme três palavras.

	1	2	3	4	5
A	N	A	L	V	P
B	M	F	E	I	Ç
C	O	Z	C	H	R

5A 2A 3A 4C 2A 5B 1C
☆ ☆ ☆ ☆ ☆ ☆ ☆

4A 3B 5C 1B 3B 3A 4C 1C
☆ ☆ ☆ ☆ ☆ ☆ ☆ ☆

1A 2A 5C 4B 2C
☆ ☆ ☆ ☆ ☆

- Agora, crie uma frase exclamativa em que apareçam as três palavras que você formou.

_____

_____

Lembre-se! Atenção com a letra inicial maiúscula e o sinal de pontuação.

4. As palavras estão com as sílabas fora de ordem. Escreva-as corretamente.

lhabo ---> _____   lhoga ----> _____

lhave ---> _____   lhafo -----> _____

lhapi ---> _____   lharmo --> _____

5. Ordene as letras e forme palavras com **lh**.

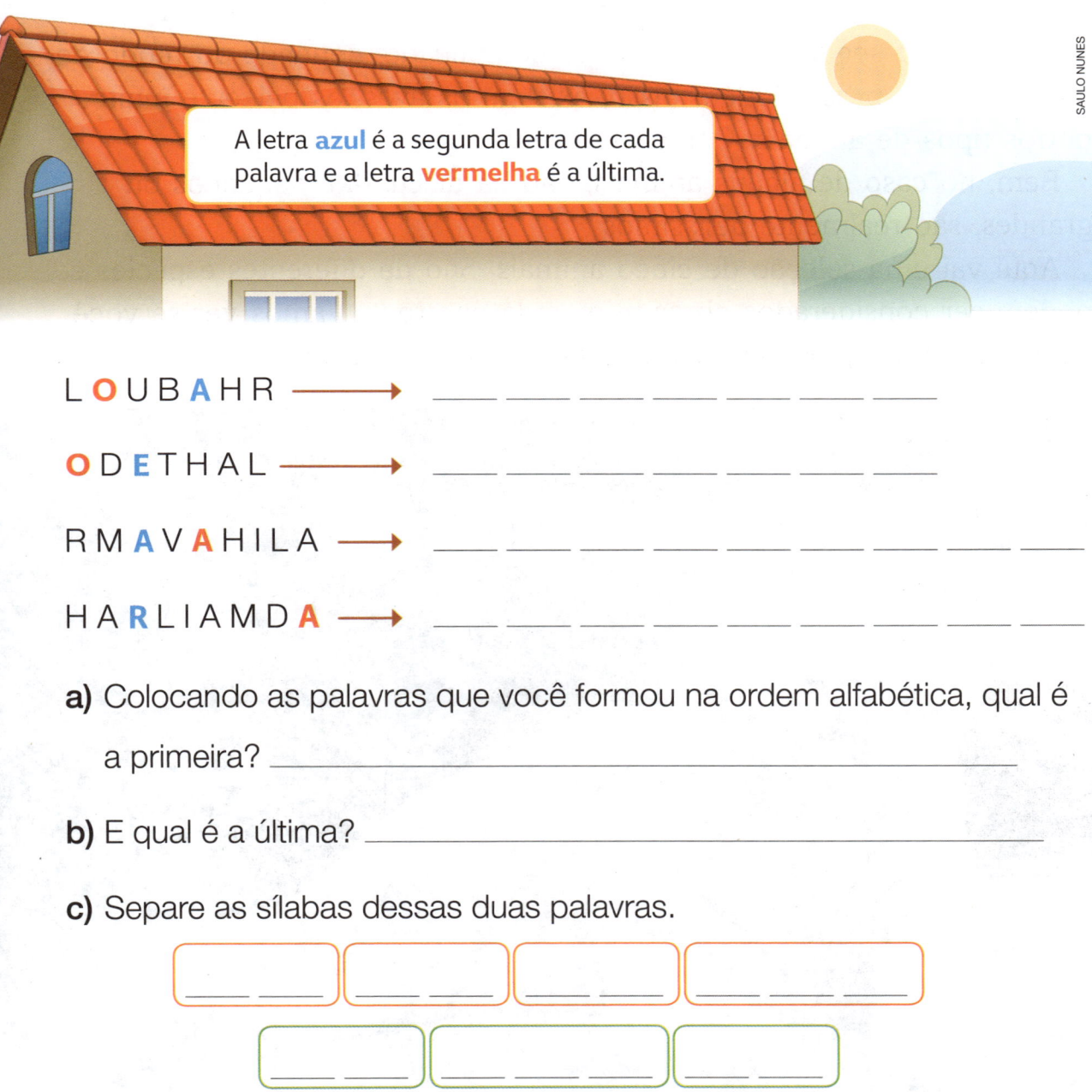

A letra **azul** é a segunda letra de cada palavra e a letra **vermelha** é a última.

L O U B A H R ⟶ ___ ___ ___ ___ ___ ___ ___

O D E T H A L ⟶ ___ ___ ___ ___ ___ ___ ___

R M A V A H I L A ⟶ ___ ___ ___ ___ ___ ___ ___ ___ ___

H A R L I A M D A ⟶ ___ ___ ___ ___ ___ ___ ___ ___ ___

a) Colocando as palavras que você formou na ordem alfabética, qual é a primeira? _____

b) E qual é a última? _____

c) Separe as sílabas dessas duas palavras.

24

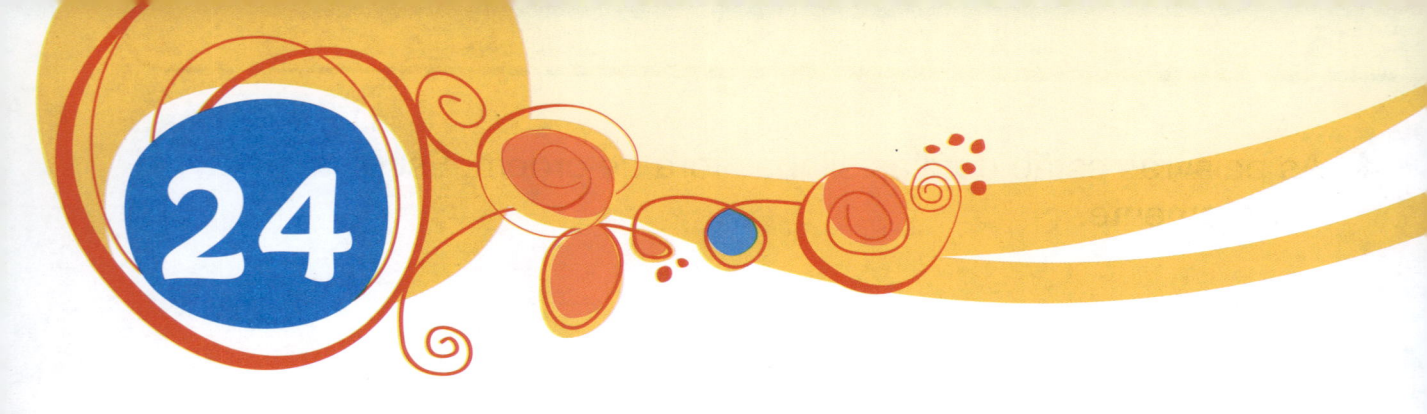

▶ Numeral

Qual é o mais bonito animal do planeta?

Há centenas de animais bonitos. E dizer qual deles deve ganhar o primeiro ou o segundo lugar é muito complicado, depende do modo de olhar de cada pessoa. Além disso, existem as aves, os peixes e muitos outros tipos de animais. Como escolher?

Bem, no caso de alguns animais, não há discussão: pequenos ou grandes, são realmente belíssimos.

Aqui vai uma seleção de cinco animais. São de diferentes espécies e podem ser considerados obras-primas da natureza. Vamos ver se você concorda. Aliás, por que você não faz sua própria lista?

Tigre-branco.

Raposa-do-ártico.

Mariposa-rainha-
-de-madagascar.

Peixe-mandarim.

Arara-azul.

Aqui vai uma seleção de **cinco** animais.

numeral **cardinal**

indica quantidade de coisas ou seres

> **Numeral** é a palavra que indica certa quantidade de animais, pessoas ou coisas. Nesse caso, ele é chamado de **numeral cardinal**.
>
> O numeral pode indicar também a posição que as coisas e os seres ocupam em uma série. Nesse caso, ele é chamado de **numeral ordinal**.

Por exemplo:

primeiro lugar   **quinto** dia   **oitavo** colocado

numeral **ordinal**   numeral **ordinal**   numeral **ordinal**

indicam a posição de coisas ou seres em uma ordem ou série

Veja um quadro com alguns numerais cardinais.

Alguns numerais cardinais			
um	1	vinte e um	21
dois	2	trinta	30
três	3	quarenta	40
quatro	4	cinquenta	50
cinco	5	sessenta	60
seis	6	setenta	70
sete	7	oitenta	80
oito	8	noventa	90
nove	9	cem	100
dez	10	cento e um	101
onze	11	duzentos	200
doze	12	trezentos	300
treze	13	quatrocentos	400
quatorze (ou catorze)	14	quinhentos	500
quinze	15	seiscentos	600
dezesseis	16	setecentos	700
dezessete	17	oitocentos	800
dezoito	18	novecentos	900
dezenove	19	mil	1.000
vinte	20	um milhão	1.000.000

Veja agora um quadro com alguns numerais ordinais.

Alguns numerais ordinais			
primeiro	1º	décimo sexto	16º
segundo	2º	décimo sétimo	17º
terceiro	3º	décimo oitavo	18º
quarto	4º	décimo nono	19º
quinto	5º	vigésimo	20º
sexto	6º	vigésimo primeiro	21º
sétimo	7º	trigésimo	30º
oitavo	8º	quadragésimo	40º
nono	9º	quinquagésimo	50º
décimo	10º	sexagésimo	60º
décimo primeiro	11º	septuagésimo	70º
décimo segundo	12º	octogésimo	80º
décimo terceiro	13º	nonagésimo	90º
décimo quarto	14º	centésimo	100º
décimo quinto	15º	milésimo	1.000º

ILUSTRAÇÕES: SIMONE ZIASCH

Atividades

1. Complete as frases escrevendo os números cardinais indicados nos quadrinhos. Veja o exemplo.

Esse animal tem **quatro** patas. `4`

Nossa gata teve _____ filhotes. `5`

Ganhei _____ entradas para o circo. `3`

Uma semana tem _____ dias. `7`

2. Os numerais cardinais **1** e **2** podem ser usados no masculino ou no feminino, dependendo da palavra que estão acompanhando. Observe.

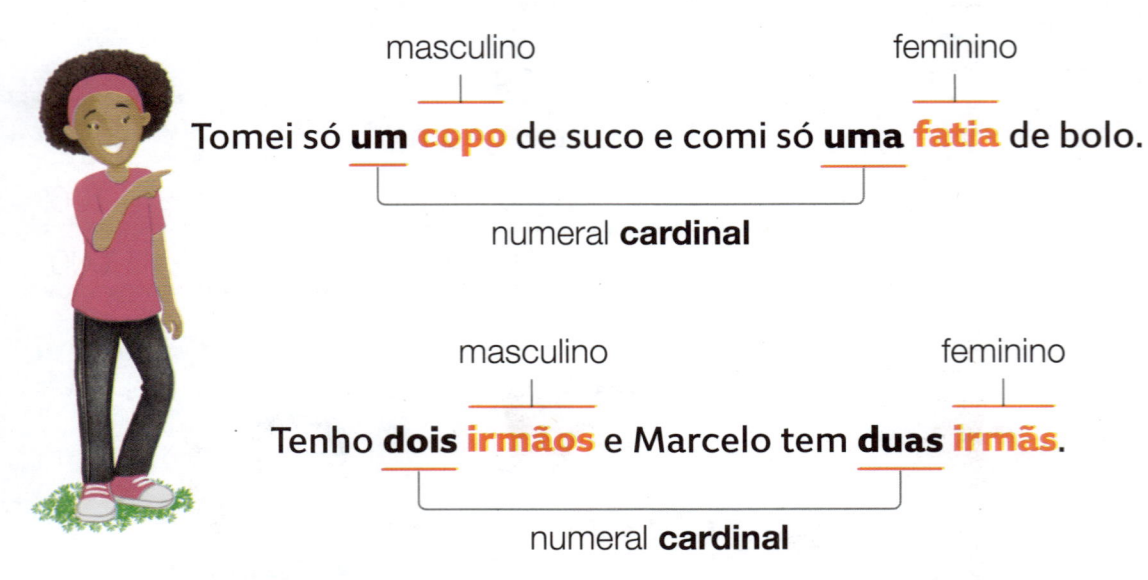

Tomei só **um copo** de suco e comi só **uma fatia** de bolo.
(masculino / feminino — numeral **cardinal**)

Tenho **dois irmãos** e Marcelo tem **duas irmãs**.
(masculino / feminino — numeral **cardinal**)

- Agora, é sua vez! Complete as frases usando **um**, **uma**, **dois**, **duas**.

a) Onde você guardou as _____ borrachas que estavam aqui?

b) Abra essa caixa e pegue _____ cadernos.

c) Tenho _____ camisetas brancas e _____ azul.

d) Pegue só _____ bombom da caixa. Não seja guloso!

3. Circule o numeral que aparece na tira.

TURMA DA MÔNICA Mauricio de Sousa

- Esse numeral é: ☐ ordinal.   ☐ cardinal.

4. Complete as frases com os numerais ordinais indicados. Veja os exemplos.

Caio foi o **segundo** colocado na corrida.   2º

numeral **ordinal**

Atenção!

O **numeral ordinal** concorda em gênero (masculino e feminino) e em número (singular e plural) com a palavra a que se refere.

Beatriz foi a **segunda menina** a jogar a bola.

numeral **ordinal**   feminino singular

Raul e Pedro foram os **primeiros colocados** na competição.

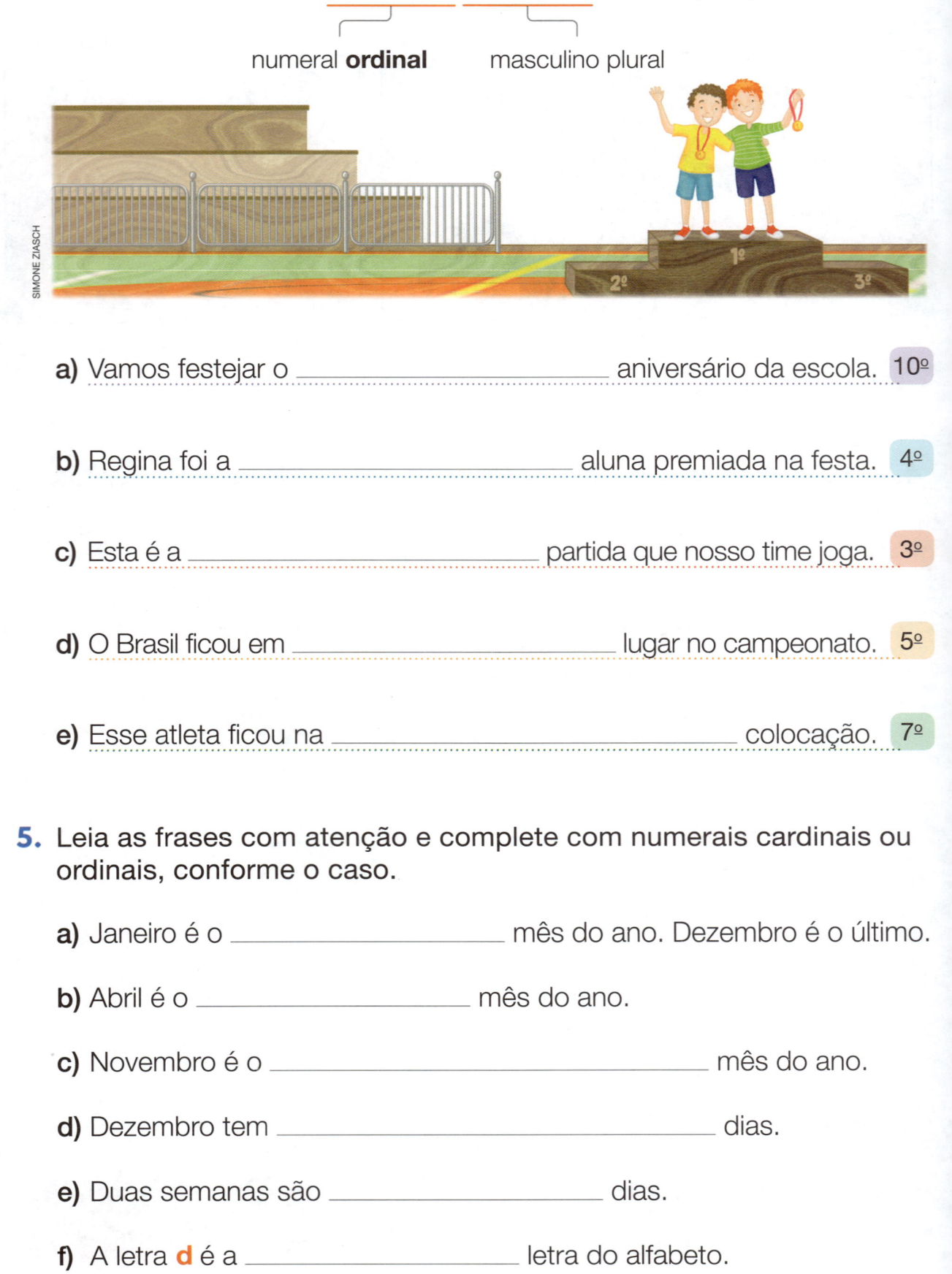

numeral **ordinal**   masculino plural

a) Vamos festejar o _____ aniversário da escola. `10º`

b) Regina foi a _____ aluna premiada na festa. `4º`

c) Esta é a _____ partida que nosso time joga. `3º`

d) O Brasil ficou em _____ lugar no campeonato. `5º`

e) Esse atleta ficou na _____ colocação. `7º`

5. Leia as frases com atenção e complete com numerais cardinais ou ordinais, conforme o caso.

a) Janeiro é o _____ mês do ano. Dezembro é o último.

b) Abril é o _____ mês do ano.

c) Novembro é o _____ mês do ano.

d) Dezembro tem _____ dias.

e) Duas semanas são _____ dias.

f) A letra **d** é a _____ letra do alfabeto.

6. Complete as frases escrevendo os numerais correspondentes.

a) Meia dúzia de camisas são _____ camisas.

b) Uma centena de cadernos são _____ cadernos.

c) Uma dezena de laranjas são _____ laranjas.

7. Vamos brincar de achar numerais! Dentro de alguns numerais cardinais, podemos achar outros numerais cardinais. Veja:

900 — novecentos ⟶ nove — 9

- Agora, é com você! Faça o mesmo com estes numerais. Em alguns deles, podemos encontrar até dois numerais!

quatrocentos ⟶ _____

seiscentos ⟶ _____

oitocentos ⟶ _____

setecentos ⟶ _____

dezenove ⟶ _____

dezesseis ⟶ _____

dezoito ⟶ _____

dezessete ⟶ _____

Reforço ortográfico

ANS, ENS, INS, ONS, UNS

Meios de transporte

Os meios de transporte não param de evoluir. Da canoa aos modernos e imensos navios, da carroça puxada por animais aos automóveis, aviões, trens supervelozes e até foguetes viajando pelo espaço — tudo isso aconteceu ao longo da história humana. Como será o transporte no futuro? O que você imagina que será inventado?

tr**ans**porte
 |
[ans]

Em muitas palavras, a vogal é seguida de **ns**, formando uma só sílaba com essas letras.

É o caso da palavra **transporte**. Observe a divisão silábica.

trans | por | te

Veja outros exemplos.

tr**ans**formação ⟶ tr**ans** - for - ma - ção

dem**ons**trar ⟶ de - m**ons** - trar

Atividades

1. Junte as sílabas da mesma cor e forme palavras.

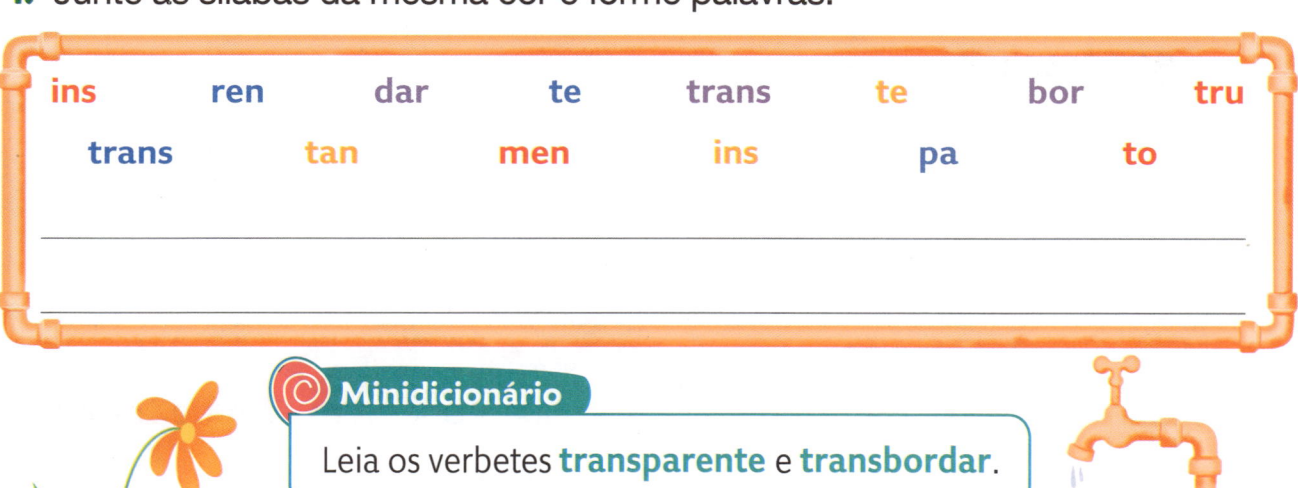

| ins | ren | dar | te | trans | te | bor | tru |
| trans | tan | men | ins | pa | to |

Minidicionário

Leia os verbetes **transparente** e **transbordar**.

Reforço ortográfico

2. Complete as frases com as palavras formadas no exercício anterior.

a) O violino é um _____ musical.

b) O rio está ficando muito cheio, ele pode _____.

c) O vidro da janela da sala é _____.

d) Moro bem perto da escola. Consigo chegar num _____.

3. Estas palavras foram escritas ao contrário. Escreva-as corretamente.

ROTEPSNI ⟶ _____

OÃÇURTSNOC ⟶ _____

ROTURTSNI ⟶ _____

OSOURTSNOM ⟶ _____

4. Use o código e descubra um verbo que significa **mudar de forma**.

R T M A F S N O

5. Escreva as letras nos locais indicados e forme uma palavra.

a) Copie a palavra que você formou. _____

b) Separe essa palavra em sílabas.

_____	_____	_____	_____

c) Faça o plural dessa palavra. _____

6. Os grupos **ens**, **ins** e **uns** também estão presentes no plural de palavras terminadas em **m**. Veja.

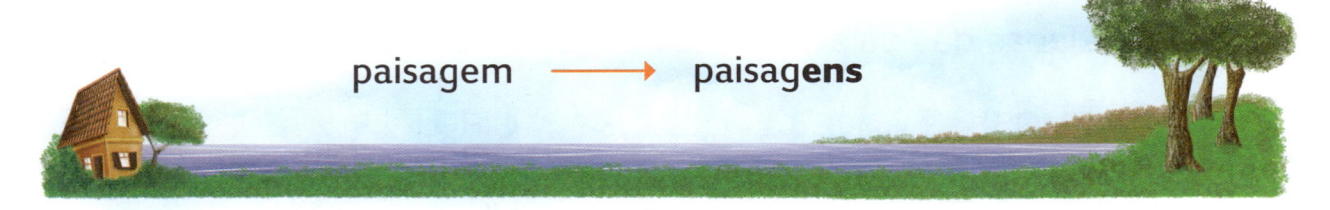

paisagem ⟶ paisag**ens**

- Agora, é sua vez! Faça o plural destas palavras.

algum _____ álbum _____

jardim _____ bagagem _____

boletim _____ viagem _____

Revisão

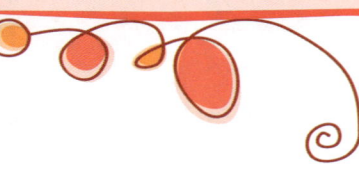

1. Leia esta anedota e coloque nos quadrinhos os sinais de pontuação adequados.

> **?** ponto de interrogação   **!** ponto de exclamação
> **.** ponto-final   **—** travessão   **:** dois-pontos

Um menininho chega em casa e o pai pergunta ☐

☐ Como foi o primeiro dia de aula ☐

☐ Muito bom ☐ Aprendi que esta é a minha mão esquerda ☐

☐ Que bom ☐ E qual é a sua mão direita ☐

☐ Ah, isso só vou aprender amanhã ☐

2. As sílabas das palavras estão trocadas. Escreva-as em ordem.

TRARMOS ⤳ _____   GIRFU ⤳ _____

LHATE ⤳ _____   QUEPAR ⤳ _____

DERPER ⤳ _____   ÇOBER ⤳ _____

SAPRES ⤳ _____   NHALE ⤳ _____

RAFAR ⤳ _____   GRAUDE ⤳ _____

MALNOR ⤳ _____   TAPLAN ⤳ _____

a) Três dessas palavras são verbos. Copie-as nos locais certos.

1ª conjugação	2ª conjugação	3ª conjugação
_____	_____	_____

b) Qual dessas palavras apresenta encontro vocálico e encontro consonantal? _____

c) Circule as palavras que apresentam dígrafos.

3. Leia.

Um belo jardim

O jardineiro da escola cuida com carinho do nosso pequeno jardim.

Ele sempre limpa e rega os canteiros, corta a grama, cuida dos vasinhos de flores. E também ensina a turma de alunos a proteger a natureza.

Por isso, todos admiram nosso jardim. Ele está bonito.

Revisão

a) Quantos parágrafos tem o texto? _____

b) Quantas frases compõem o texto? _____

c) No título do texto, temos um adjetivo, um substantivo e um artigo. Copie-os aqui.

   substantivo ↪ _____

   artigo ↪ _____

   adjetivo ↪ _____

d) Complete o quadro copiando do texto:

   um pronome possessivo → _____

   um sinônimo de belo → _____

   um pronome pessoal → _____

   uma palavra no diminutivo → _____

   um substantivo coletivo → _____

e) Sublinhe todos os verbos do segundo parágrafo.

f) Que adjetivo foi usado no primeiro parágrafo do texto?

   _____

   • A que substantivo ele se refere? _____

g) Passe esta frase para o plural.

   Ele está bonito. _____

h) Dê o antônimo das seguintes palavras:

- limpar _____
- pequeno _____
- bonito _____

i) Separe as sílabas de:

admirar ⟶ _____

vasinhos ⟶ _____

pequeno ⟶ _____

4. Preencha a cruzadinha.

① plural de **feroz**
② singular de **atores**
③ plural de **dor**
④ singular de **atrizes**
⑤ plural de **rapaz**
⑥ plural de **mês**

Revisão

5. Complete as frases conforme os exemplos.

Uma **taça** pequena é uma **tacinha**.

Uma **onça** pequena é uma **oncinha**.

a) Um **caroço** pequeno é um _____.

b) Um _____ pequeno é um **bercinho**.

c) Um pequeno **braço** é um _____.

d) Uma _____ pequena é uma **pracinha**.

6. Copie as letras nos locais indicados e forme uma frase exclamativa.

- Que frase você formou?

_____

Hora da história

Os músicos de Bremen

Era uma vez, na Alemanha, um burro que trabalhava em uma fazenda carregando coisas muito pesadas. Depois de muitos anos de serviços, ele começou a se sentir cansado e não conseguia trabalhar como antes. Vendo isso, seu dono decidiu parar de alimentá-lo, para que morresse.

O burro, percebendo o plano do dono tão ingrato, fugiu da fazenda e pegou o caminho para a cidade de Bremen. Lá, ele tinha certeza de que conseguiria arranjar um lugar para curtir sua aposentadoria cantando, já que sua voz era seu maior talento.

Seguindo pela estrada, viu um cão deitado, ofegante, como se tivesse corrido muito.

— O que aconteceu com você? — perguntou o burro.

— Sou um cão de caça velho e cansado — respondeu o grande cachorro, levantando apenas a cabeça. — Não sirvo mais para o meu dono. Ele saiu para caçar comigo, como fazíamos há anos, e, de repente, vi que ele apontava a arma para mim. Corri como um louco para escapar e chegar aqui.

— Venha comigo para Bremen — disse o burro. — Também estou velho e fugi do meu dono. Lá poderemos ser cantores! Aposto que seu latido é muito potente!

Ouvindo isso, o cachorro se animou e deu um belo uivo. Satisfeitos, os dois seguiram caminho juntos.

Mais adiante, viram uma cerca ao redor de uma propriedade. Empoleirado nela, estava um belo galo, cantando bem alto. Como já era tarde e galos costumam cantar pela manhã, o burro foi logo perguntando:

— Galo, por que está cantando tanto?

— Descobri que amanhã vou virar canja — respondeu o galo, sacudindo as penas. — Serei o almoço especial da minha dona. Sempre fui pontual para acordá-la todos os dias com meu canto. Então, vou cantar até morrer!

— Ora, você não precisa fazer isso! — respondeu o burro. — Venha conosco para Bremen e você ainda poderá cantar por muitos e muitos anos!

O galo adorou a ideia, subiu no lombo do burro e os três seguiram caminho.

Um pouco mais adiante, deram de cara com um gato todo molhado, lambendo as patinhas com uma cara muito triste.

— O que aconteceu com você, bichano? — perguntou o burro, com pena do gatinho.

— Minha dona me jogou no lago, para que eu me afogasse! — miou o gato, muito magoado. — Estou velho e não consigo mais caçar os ratos que entram na casa dela. Não sirvo para mais nada!

— Bobagem! — retrucou o burro. — Você é um gato e gatos sabem fazer belas serenatas noturnas. Iremos cantar em Bremen e queremos que você venha conosco!

O gato se levantou e se chacoalhou animado.

— Ninguém faz serenata melhor do que eu!

E os quatro seguiram caminho.

Mas Bremen ficava distante e a noite já caía. Ao longe, o burro, que era o mais alto, avistou uma casinha iluminada. Chegando perto, olharam pela janela e viram vários homens com máscaras e sacos de dinheiro, ao redor de uma grande mesa com comida farta. Havia uma lareira acesa ao fundo e palha e colchões para todos.

— São ladrões! — observou o cão.

— Quanta comida! — disse o gato.

— Vamos bolar um plano! — sugeriu o galo.

E decidiram fazer o seguinte: o cão subiu no burro, o gato subiu no cão e o galo subiu no gato. Com um coice, o burro derrubou a porta, e eles entraram fazendo muito barulho. Com os berros do galo, os uivos do cachorro e os gritos do gato, os ladrões tomaram um susto enorme e saíram correndo, sumindo sem levar nada.

Os animais comemoraram se fartando do banquete e descansando diante da lareira. Os ladrões nunca mais voltaram. Com dinheiro, casa e comida, eles desistiram de ir para Bremen e ficaram morando ali tranquilos, sem donos, sem trabalhos e sem medo, desfrutando de uma velhice calma e confortável.

Renata Tufano. Versão adaptada de um conto dos Irmãos Grimm.

Hora da história

Atividades

1. Numere as cenas de 1 a 6, seguindo a ordem da história.

2. Você acha que os animais tiveram razão de fugir da casa dos seus donos? Por quê?

3. Os quatro animais conseguiram realizar o plano de entrar e tomar conta da casa porque:

   a) os ladrões tinham deixado a casa vazia.

   b) entraram em acordo com os ladrões.

   c) juntaram as forças e deram um susto nos ladrões.

4. Ficando na casa, o que os animais finalmente conseguiram?

5. Você acha que há pessoas que fazem ações maldosas contra os bichos e não respeitam a vida animal? Você conhece exemplos de ações desse tipo?

6. Que tal fazer um cartaz pedindo que todos tenham respeito pela vida animal? Coloque-o no mural da escola!

Curiosidade!

Na cidade de Bremen, na Alemanha, há uma estátua dos Músicos de Bremen – uma lembrança da história que você acabou de ler.

Vamos ler mais?

Mesmo o menor dos animais fez a diferença nessa história, você não concorda? A solidariedade é muito importante.

Em outra aventura, um rabanete teimoso não sai do chão, mas um bichinho bem pequenino acaba salvando o dia! Será que você adivinha quem foi? Descubra em *O grande rabanete*, de Tatiana Belinky.

GALINHA

BALEIA

Minidicionário ilustrado

CAVALO

Abreviaturas
subst.: substantivo
adj.: adjetivo
v.: verbo
adv.: advérbio
masc.: masculino
fem.: feminino
Pl.: plural
Ant.: antônimo
• O destaque na divisão silábica assinala a sílaba tônica.

ILUSTRAÇÕES: PAULO MANZI

URSO

Aa

abelhudo a.be.**lhu**.do
   adj. Intrometido, bisbilhoteiro: *Esse menino é abelhudo, vive se metendo na conversa dos outros.*

acabar a.ca.**bar**
   v. Terminar, concluir, finalizar: *Eu vou acabar logo esse trabalho.* ■ **Ant.**: começar, iniciar.

acalmar a.cal.**mar**
   v. Deixar calmo: *A mãe acalmou o filho.*

acrobata a.cro.**ba**.ta
   subst. masc. e fem. Pessoa que faz acrobacias, que dá saltos perigosos e faz demonstrações de força: *O público aplaudiu os acrobatas do circo.*

adormecer a.dor.me.**cer**
   v. Pegar no sono: *Ele adormeceu vendo televisão.*

ágil **á**.gil
   adj. masc. e fem. Ligeiro, que se movimenta com facilidade e rapidez: *Esse garoto é ágil, num instante subiu na árvore.*
   ■ **Pl.**: ágeis.

aguardar a.guar.**dar**
   v. Esperar: *Todos aguardam ansiosos o início do jogo.*

ajudar a.ju.**dar**
   v. Auxiliar: *Vou ajudar meu colega a limpar a sala.*

alegre a.**le**.gre
   adj. masc. e fem. Contente, feliz: *Ficamos alegres com essa boa notícia.* ■ **Ant.**: triste, descontente, infeliz.

amar a.**mar**
   v. Gostar muito, adorar: *Papai ama sua família.*

ambulância am.bu.**lân**.cia
   subst. fem. Veículo especial para transporte de pessoas feridas ou doentes: *A ambulância levou o ferido ao hospital.*

aparecer a.pa.re.**cer**
   v. Surgir: *O Sol está aparecendo no horizonte.*
   ■ **Ant.**: desaparecer.

apavorar a.pa.vo.**rar**
v. Assustar muito, amedrontar, aterrorizar: *O barulho do trovão apavorou as crianças.*

aquático a.**quá**.ti.co
adj. **1.** Que vive na água: *planta aquática.* **2.** Que se faz na água: *esporte aquático.*

aquecer a.que.**cer**
v. Esquentar: *Mamãe vai aquecer a água do banho.*
▪ Ant.: esfriar.

arteiro ar.**tei**.ro
adj. Levado, travesso, bagunceiro: *menino arteiro.*

autor au.**tor**
subst. masc. Aquele que faz, cria ou realiza alguma coisa: *Marcelo é o autor dessa história, ele a inventou.*
▪ Pl.: *autores.*

auxiliar au.xi.li.**ar** [**x** com som de **s**]
v. Ajudar: *Os alunos vão auxiliar o professor a montar a exposição.*

azarado a.za.**ra**.do
adj. Que tem azar: *Aquele homem é azarado.* ▪ Ant.: sortudo, felizardo.

Bb

bagunceiro ba.gun.**cei**.ro
adj. Que faz bagunça, baderna, confusão: *garoto bagunceiro.*

baixo **bai**.xo
adj. Que tem pouca altura: *muro baixo.* ▪ Ant.: alto.

belo **be**.lo
adj. **1.** Lindo, muito bonito: *Este é um belo país!* **2.** Que merece elogios: *Ele fez uma bela ação ajudando aquelas pessoas.*

benefício be.ne.**fí**.cio
subst. masc. Vantagem, proveito: *Praticar esportes nos traz muitos benefícios.*

benéfico be.**né**.fi.co
adj. Que faz bem: *O clima desta região é benéfico à saúde.*
▪ Ant.: prejudicial.

biografia bi.o.gra.**fi**.a
  subst. fem. História da vida de uma pessoa: *Li a biografia do poeta Manuel Bandeira.*

bondoso bon.**do**.so
  adj. Que é bom: *Um homem bondoso ajuda os outros.*
  ■ Ant.: maldoso, malvado.

Cc

calda **cal**.da
  subst. fem. Mistura de água e açúcar que se ferve para fazer doces: *A calda do doce está bem gostosa!*

calmo **cal**.mo
  adj. Tranquilo, sossegado: *Ele está calmo.*

capturar cap.tu.**rar**
  v. Prender, deter, aprisionar: *A polícia capturou o bandido.*

carnívoro car.**ní**.vo.ro
  adj. Que se alimenta de carne: *O leão é um animal carnívoro.*

cauda **cau**.da
  subst. fem. Rabo: *O cachorro está abanando a cauda.*

certo **cer**.to
  adj. Correto, sem erro, exato: *Sua resposta está certa.*
  ■ Ant.: incorreto, errado.

começar co.me.**çar**
  v. Iniciar, principiar: *Vamos começar o jogo agora.*
  ■ Ant.: terminar, concluir, finalizar, acabar.

completo com.**ple**.to
  adj. Inteiro, a que não falta nada: *Tenho uma coleção completa de figurinhas de animais.* ■ Ant.: incompleto.

complicado com.pli.**ca**.do
  adj. Difícil de fazer ou entender: *Este trabalho é complicado.*
  ■ Ant.: descomplicado, simples.

concluir con.clu.**ir**
  v. **1.** Terminar, finalizar, acabar: *Vamos concluir o trabalho.*
  2. Deduzir, chegar a uma conclusão: *Ouvi sua explicação e concluí que você está certo.* ■ Ant.: começar, iniciar.

confortável con.for.**tá**.vel
  adj. masc. e fem. Que oferece conforto, comodidade, bem-estar: *Minha casa é muito confortável.*
  ▪ Pl.: confortáveis. ▪ Ant.: desconfortável.

contente con.**ten**.te
  adj. masc. e fem. Alegre, satisfeito, feliz: *Ele saiu contente da competição.* ▪ Ant.: descontente.

corajoso co.ra.**jo**.so
  adj. Valente, destemido, que não tem medo: *homem corajoso.*
  ▪ Ant.: covarde, medroso.

correto cor.**re**.to
  adj. Certo: *resultado correto.* ▪ Ant.: incorreto, errado.

covarde co.**var**.de
  adj. masc. e fem. Medroso, sem coragem: *Aquele homem é covarde.* ▪ Ant.: corajoso, valente.

curto **cur**.to
  adj. **1.** Que tem pouco comprimento: *caminho curto.*
  2. Que dura pouco: *filme curto.* ▪ Ant.: longo, comprido.

Dd

dançarino dan.ça.**ri**.no
  subst. masc. Bailarino, aquele que dança: *Esse rapaz é um bom dançarino.*

delicioso de.li.ci.**o**.so
  adj. Que causa delícia, que é gostoso, saboroso: *sorvete delicioso.*

derrotar der.ro.**tar**
  v. Vencer: *Acho que nosso time vai derrotar o adversário.*

descer des.**cer**
  v. Mover-se de cima para baixo: *Vamos descer a ladeira.*
  ▪ Ant.: subir.

desconfortável des.con.for.**tá**.vel
  adj. masc. e fem. Que não oferece conforto ou bem-estar: *casa desconfortável.* ▪ Pl.: desconfortáveis.
  ▪ Ant.: confortável.

descontente des.con.**ten**.te
    adj. masc. e fem. Aborrecido, chateado: *Ele ficou descontente com a notícia*. ▪ **Ant.**: contente.

desobedecer de.so.be.de.**cer**
    v. Não fazer o que alguém manda: *Ela desobedeceu ao pai, não fez o que ele pediu*. ▪ **Ant.**: obedecer.

desobediente de.so.be.di.**en**.te
    adj. masc. e fem. Que não obedece, que não segue as ordens: *menino desobediente*. ▪ **Ant.**: obediente.

desonesto de.so.**nes**.to
    adj. Que rouba ou engana as pessoas: *Aquele vendedor foi desonesto com a freguesa, pois cobrou duas vezes pelo mesmo produto*. ▪ **Ant.**: honesto.

difícil di.**fí**.cil
    adj. masc. e fem. Complicado, que não é fácil de entender ou fazer: *trabalho difícil*. ▪ **Pl.**: difíceis. ▪ **Ant.**: fácil.

digitar di.gi.**tar**
    v. Pressionar as teclas com os dedos, como fazemos, por exemplo, no teclado de um computador: *Vou digitar o texto*.

dirigir di.ri.**gir**
    v. 1. Conduzir, guiar: *Ela vai dirigir o carro*. **2.** Comandar, dar ordens: *Ele dirige a nossa escola, é o nosso diretor*.

diurno di.**ur**.no
    adj. Que se refere ao dia, que acontece durante o dia: *jogo diurno*.

doentio do.en.**ti**.o
    adj. Que não tem boa saúde: *homem doentio*. ▪ **Ant.**: sadio.

Ee

egoísta e.go.**ís**.ta
    adj. masc. e fem. Que só pensa em si mesmo, que não ajuda ninguém: *menino egoísta*.

elegante e.le.**gan**.te
    adj. masc. e fem. Que se veste bem, que tem bom gosto na escolha das roupas: *meninas elegantes*. ▪ **Ant.**: deselegante.

encaixotar en.cai.xo.**tar** [**x** com som de **ch**]
v. Colocar em um caixote: *Vou encaixotar esses livros.*

engraçado en.gra.**ça**.do
adj. Divertido, que faz rir: *palhaço engraçado.*

enxugar en.xu.**gar** [**x** com som de **ch**]
v. Secar: *Ela lavou e enxugou os pratos.*

errado er.**ra**.do
adj. Incorreto, que não está certo: *resposta errada.*
- Ant.: correto, certo.

esbugalhado es.bu.ga.**lha**.do
adj. Muito aberto: *Ele estava com os olhos esbugalhados de espanto.*

esposo es.**po**.so
subst. Homem casado, marido. *Isabel e o esposo foram viajar.*

estreito es.**trei**.to
adj. Que tem pouca largura: *porta estreita.* ▪ Ant.: largo.

estressante es.tres.**san**.te
adj. masc. e fem. Que provoca muito cansaço físico e mental: *trabalho estressante.*

estrofe es.**tro**.fe
subst. fem. Cada grupo de versos de um poema. Um poema pode ter uma ou mais estrofes e cada estrofe pode ter uma quantidade variada de versos.

exausto e.**xaus**.to [**x** com som de **z**]
adj. Muito cansado: *Ele trabalhou tanto que ficou exausto.*

exigir e.xi.**gir** [**x** com som de **z**]
v. Fazer questão, ordenar, impor: *Ele exige que todos cheguem na hora.*

existente e.xis.**ten**.te [**x** com som de **z**]
adj. masc. e fem. Que existe: *Os cientistas estudam os animais existentes nessa ilha.* ▪ Ant.: inexistente.

extenso ex.**ten**.so [**x** com som de **s**]
adj. Comprido, longo: *rua extensa.* ▪ Ant.: curto.

Ff

fábula **fá**.bu.la
  subst. fem. Pequena história que transmite um ensinamento moral. Geralmente as personagens são animais. Veja, por exemplo, a fábula "O pastorzinho e o lobo", na página 74.

fácil **fá**.cil
  adj. masc. e fem. Que se faz (ou entende) sem dificuldade: *atividade fácil*. ▪ **Ant.**: difícil.

feio **fei**.o
  adj. Sem beleza. Que não tem boa aparência: *homem feio*. ▪ **Ant.**: belo, bonito, lindo.

feliz fe.**liz**
  adj. masc. e fem. Muito alegre, contente: *Fiquei feliz com esse presente*. ▪ **Pl.**: felizes. ▪ **Ant.**: infeliz.

felizardo fe.li.**zar**.do
  adj. Que tem muita sorte: *Que menino felizardo! Ele foi sorteado e levou o prêmio*. ▪ **Ant.**: azarado.

feroz fe.**roz**
  adj. masc. e fem. Que ataca com muita violência: *O leão é um animal feroz*. ▪ **Pl.**: ferozes.

fértil **fér**.til
  adj. masc. e fem. Que produz bastante: *Essa terra é muito fértil*. ▪ **Pl.**: férteis.

finalizar fi.na.li.**zar**
  v. Terminar, concluir, acabar: *Vou finalizar a lição*. ▪ **Ant.**: começar, iniciar.

fino **fi**.no
  adj. Que não é grosso. *A folha do livro é fina*. ▪ **Ant.**: grosso.

forte **for**.te
  adj. masc. e fem. **1.** Que tem muita força: *O elefante é um animal muito forte*. **2.** Que tem muita intensidade: *vento forte*. ▪ **Ant.**: fraco.

Gg

ganhar ga.**nhar**
v. **1.** Receber: *Ganhei um presente.* **2.** Vencer: *Nosso time ganhou o jogo.*

gentil gen.**til**
adj. masc. e fem. Pessoa que trata os outros com atenção, delicadeza e boa educação: *Esse rapaz é gentil.* ▪ Pl.: gentis.
▪ Ant.: grosseiro.

gostoso gos.**to**.so
adj. Saboroso, delicioso: *sanduíche gostoso.*

grande **gran**.de
adj. masc. e fem. **1.** Extenso, que ocupa grande espaço: *sala grande.* **2.** Alto, bem desenvolvido: *árvore grande.*
▪ Ant.: pequeno.

grosseiro gros.**sei**.ro
adj. Que não trata os outros com educação, que é indelicado: *Esse homem é grosseiro, trata mal as outras pessoas.*
▪ Ant.: delicado, gentil.

grosso **gros**.so
adj. Volumoso, massudo, que não é fino: *O dicionário é um livro grosso.* ▪ Ant.: fino.

Hh

habitar ha.bi.**tar**
v. Morar, residir, viver: *Ele habita na cidade de Campinas.*

hábito **há**.bi.to
subst. masc. Costume, aquilo que se faz com frequência: *Ele tem o hábito de caminhar pela manhã.*

herói he.**rói**
subst. masc. Aquele que se destaca por praticar ações corajosas em benefício de outras pessoas: *No filme, o herói salvou a vida de muita gente.*

honesto ho.**nes**.to
adj. Que age corretamente, que não rouba nem engana ninguém: *menina honesta.* ▪ Ant.: desonesto.

horroroso hor.ro.**ro**.so
adj. Horrível, pavoroso: *monstro horroroso*.

hospital hos.pi.**tal**
subst. masc. Local onde pessoas doentes ou feridas recebem tratamento médico: *A ambulância levou os feridos para o hospital.* ▪ Pl.: hospitais.

hotel ho.**tel**
subst. masc. Local especialmente preparado para receber pessoas que pagam pelo tempo que ficam hospedadas: *Ficamos em um hotel durante uma semana.* ▪ Pl.: hotéis.

Ii

idioma i.di.**o**.ma
subst. masc. Língua falada por um povo: *Nosso idioma é o português*.

idoso i.**do**.so
adj. Que tem muitos anos de vida: *homem idoso*. ▪ Ant.: jovem.

impedir im.pe.**dir**
v. Proibir, não permitir: *O guarda de trânsito impediu a passagem do carro por essa rua.*
▪ Ant.: permitir.

impossível im.pos.**sí**.vel
adj. masc. e fem. Que não pode ser, que não se pode fazer: *trabalho impossível*.
▪ Pl.: impossíveis. ▪ Ant.: possível.

impuro im.**pu**.ro
adj. Sujo, poluído, que tem impureza: *ar impuro*. ▪ Ant.: puro.

imundo i.**mun**.do
adj. Muito sujo: *Essa roupa está imunda*.

incompleto in.com.**ple**.to
adj. Que não está completo, que tem falta de alguma coisa: *Meu álbum de figurinhas está incompleto*.
▪ Ant.: completo.

incorreto in.cor.**re**.to
adj. Errado: *resultado incorreto*. ▪ Ant.: correto, certo.

incrível in.**crí**.vel
adj. masc. e fem. Muito difícil de acreditar, de aceitar como verdadeiro: *história incrível.* ▪ Pl.: *incríveis.*

indicar in.di.**car**
v. Mostrar, apontar: *O guarda indicou o caminho ao motorista.*

inesquecível i.nes.que.**cí**.vel
adj. masc. e fem. Que não se esquece: *viagem inesquecível.*
▪ Pl.: *inesquecíveis.*

inexistente i.ne.xis.**ten**.te [**x** com som de **z**]
adj. masc. e fem. Que não existe: *O saci é um ser inexistente na vida real.* ▪ Ant.: existente.

infeliz in.fe.**liz**
adj. masc. e fem. Muito triste: *Esse homem é infeliz, está sofrendo muito.* ▪ Pl.: *infelizes.* ▪ Ant.: feliz.

iniciar i.ni.ci.**ar**
v. Começar, principiar: *O professor vai iniciar a aula.*
▪ Ant.: terminar, concluir, finalizar, acabar.

inocente i.no.**cen**.te
adj. masc. e fem. Que não tem culpa: *Houve um acidente com o carro, mas o motorista é inocente, não teve culpa de nada.*
▪ Ant.: culpado.

inútil i.**nú**.til
adj. masc. e fem. Que não serve para nada, que não é útil: *Esse jornal velho é inútil.* ▪ Pl.: *inúteis.* ▪ Ant.: útil.

invisível in.vi.**sí**.vel
adj. masc. e fem. Que não se consegue ver: *mancha invisível.*
▪ Pl.: *invisíveis.* ▪ Ant.: visível.

irreal ir.re.**al**
adj. masc. e fem. Imaginário, que não existe na realidade: *Nesse filme, há um animal irreal.* ▪ Pl.: *irreais.* ▪ Ant.: real.

Jj

jardim jar.**dim**
subst. masc. Terreno onde se cultivam plantas e flores: *Na escola, temos um pequeno jardim.* ▪ Pl.: *jardins.*

jogar jo.**gar**
  v. 1. Atirar, lançar: *Alguém jogou uma pedra na janela*.
  2. Tomar parte em um jogo: *Gosto de jogar queimada*.

jovem **jo**.vem
  adj. masc. e fem. Que é moço: *homem jovem*. ▪ **Pl.**: jovens.
  ▪ **Ant.**: idoso.

juvenil ju.ve.**nil**
  adj. masc. e fem. Que se refere à juventude, aos jovens: *roupa juvenil*. ▪ **Pl.**: juvenis.

Kk

A letra k [lê-se **cá**] é usada na escrita de palavras de origem estrangeira, em símbolos científicos e em abreviaturas. Pode aparecer também em alguns nomes próprios.

Ll

largo **lar**.go
  adj. Que é grande de um lado a outro: *rua larga*.
  ▪ **Ant.**: estreito.

lento **len**.to
  adj. Vagaroso, demorado: *Ele caminhava a passos lentos*.
  ▪ **Ant.**: rápido, veloz.

levado le.**va**.do
  adj. Travesso, peralta, que vive fazendo o que não deve: *menino levado*. ▪ **Ant.**: comportado.

levantar le.van.**tar**
  v. Erguer: *Mariana levantou a mão para chamar a professora*.
  ▪ **Ant.**: baixar.

leve **le**.ve
  adj. masc. e fem. Que tem pouco peso: *livro leve*.
  ▪ **Ant.**: pesado.

limpar lim.**par**
  v. Tirar a sujeira: *Vamos limpar a sala*. ▪ **Ant.**: sujar.

limpo **lim**.po
  adj. Sem sujeira: *quarto limpo*. ▪ **Ant.**: sujo.

lindo lin.do
adj. Muito bonito: *rosto lindo*. ▪ Ant.: feio.

linguarudo lin.gua.ru.do
adj. Fofoqueiro, que fala demais: *Ele foi linguarudo, contou o segredo do amigo.*

longo lon.go
adj. **1.** Comprido: *vestido longo*. **2.** Demorado: *filme longo*.
▪ Ant.: curto.

louco lou.co
adj. Maluco, doido: *sujeito louco*.

Mm

magro ma.gro
adj. Que tem pouca gordura, que não é gordo: *Esse homem é magro*. ▪ Ant.: gordo.

maldoso mal.do.so
adj. Que faz maldade, que é mau: *homem maldoso*.
▪ Ant.: bondoso.

maluco ma.lu.co
adj. Doido, louco: *sujeito maluco*.

malvado mal.va.do
adj. Que faz malvadezas ou maldades: *homem malvado*.
▪ Ant.: bondoso.

mamífero ma.mí.fe.ro
adj. Que mama quando é filhote: *O gato é um animal mamífero.*

manga man.ga
subst. fem. **1.** Parte da roupa onde se enfia o braço: *manga da camisa*. **2.** Fruto comestível da mangueira: *O gato brinca com as mangas.*

maravilhoso ma.ra.vi.lho.so
adj. Espetacular, muito bonito: *Esse filme é maravilhoso.*

medonho me.do.nho
adj. Que provoca ou causa medo, assustador: *monstro medonho.*

medroso me.**dro**.so
adj. Que tem medo, que é covarde: *homem medroso*.
▪ Ant.: corajoso, valente.

mentiroso men.ti.**ro**.so
adj. Que mente, que diz mentiras: *Aquele homem é mentiroso*.
▪ Ant.: sincero.

Nn

narrar nar.**rar**
v. Contar: *A professora vai narrar uma história aos alunos*.

navegar na.ve.**gar**
v. **1.** Percorrer os mares, os rios: *Eles navegaram vários dias pelo rio Amazonas*. **2.** Entrar na internet e passar de uma tela a outra, lendo textos, vendo desenhos etc.: *Ele passou horas navegando na internet*.

necessitar ne.ces.si.**tar**
v. Precisar: *Necessito de ajuda para fazer o trabalho*.

negar ne.**gar**
v. **1.** Dizer que não é verdade: *Ele negou ter feito aquilo*.
2. Recusar, não dar: *Ele negou ajuda ao colega*.

noturno no.**tur**.no
adj. Que se refere à noite, que acontece à noite: *jogo noturno*.

novo **no**.vo
adj. **1.** Moço, jovem: *homem novo*. **2.** Que foi feito há pouco tempo: *prédio novo*. ▪ Ant.: velho.

nutritivo nu.tri.**ti**.vo
adj. Que alimenta, que faz bem à saúde: *As frutas são nutritivas*.

Oo

obedecer o.be.de.**cer**
v. **1.** Fazer o que alguém manda: *O aluno obedece ao professor*. **2.** Cumprir, respeitar: *Devemos obedecer às leis*.
▪ Ant.: desobedecer.

obediente o.be.di.**en**.te
adj. masc. e fem. Que obedece, que segue as ordens: *aluno obediente*. ▪ Ant.: desobediente.

observar ob.ser.**var**
  v. Olhar com atenção: *Observe essa borboleta, veja como ela é bonita!*

ocorrer o.cor.**rer**
  v. Acontecer: *Ocorreu um acidente na esquina.*

oculto o.**cul**.to
  adj. Escondido: *Dizem que há um tesouro oculto nessa ilha.*

odiar o.di.**ar**
  v. Detestar: *Não sei por que ele odeia essas pessoas, tem tanta raiva delas.*

ofender o.fen.**der**
  v. Falar ou fazer alguma coisa que revela falta de respeito por alguém: *Suas palavras ofenderam o colega.*

ótimo **ó**.ti.mo
  adj. Excelente, muito bom: *Ele fez um trabalho ótimo.*
  ▪ **Ant.:** péssimo.

Pp

pastor pas.**tor**
  subst. masc. Aquele que toma conta de um rebanho: *O pastor vigia as ovelhas.* ▪ **Pl.:** pastores.

pavoroso pa.vo.**ro**.so
  adj. Que causa pavor ou grande medo: *animal pavoroso.*

pequeno pe.**que**.no
  adj. De pouco tamanho, que não é grande: *livro pequeno.*
  ▪ **Ant.:** grande.

permitir per.mi.**tir**
  v. Autorizar, deixar fazer alguma coisa: *O guarda permitiu que o motorista estacionasse o carro naquele lugar.* ▪ **Ant.:** impedir.

pesado pe.**sa**.do
  adj. Que pesa muito: *Não consigo levantar essa mesa, pois ela é pesada.* ▪ **Ant.:** leve.

péssimo **pés**.si.mo
  adj. Muito ruim: *Seu trabalho está péssimo.* ▪ **Ant.:** ótimo.

podre **po**.dre
  adj. masc. e fem. Estragado: *fruta podre.*

poesia po.e.**si**.a
subst. fem. Texto escrito em versos, poema. Veja, por exemplo, "Liberdade", na página 101.

poluição po.lui.**ção**
subst. fem. Aquilo que suja o ar, a água, a natureza: *A fumaça das fábricas causa a poluição do ar.*

possível pos.**sí**.vel
adj. masc. e fem. Que pode ser, que pode acontecer: *É possível que venha à escola hoje.* ▪ **Pl.**: possíveis. ▪ **Ant.**: impossível.

prejudicial pre.ju.di.ci.**al**
adj. masc. e fem. Que faz mal: *Fumar é prejudicial à saúde.* ▪ **Pl.**: prejudiciais. ▪ **Ant.**: benéfico.

preservar pre.ser.**var**
v. Conservar em bom estado, cuidar bem: *Devemos preservar a natureza.*

pular pu.**lar**
v. Saltar: *As crianças pulam corda a tarde inteira.*

puro **pu**.ro
adj. Bem limpo, sem sujeira: *água pura.* ▪ **Ant.**: impuro.

Qq

quadrúpede qua.**drú**.pe.de
adj. masc. e fem. Que tem quatro pés ou patas: *O cavalo é um animal quadrúpede.*

quantia quan.**ti**.a
subst. fem. Soma ou quantidade de dinheiro: *Ele pagou uma grande quantia por essa casa.*

quartel quar.**tel**
subst. masc. Edifício onde ficam alojados os soldados: *Ontem, os soldados saíram marchando do quartel.* ▪ **Pl.**: quartéis.

queimar quei.**mar**
v. Destruir pelo fogo: *O fazendeiro queimou o mato que havia nesse morro.*

quieto qui.**e**.to
adj. 1. Parado, imóvel: *Fique quieto, não se mexa!* **2.** Sossegado, calmo: *Ele é um menino quieto.*

Rr

rápido rá.pi.do
adj. Veloz: *Esse jogador é rápido.* ▪ Ant.: lento.

real re.al
adj. masc. e fem. **1.** Que aconteceu de verdade: *Essa é uma história real.* **2.** Que existe mesmo, que não é imaginário: *cidade real.* **3.** Nome da moeda brasileira: *Achei uma moeda de 1 real.* ▪ Pl.: reais. ▪ Ant.: irreal.

rebanho re.ba.nho
subst. masc. Grupo de certos animais mamíferos que o homem cria para deles obter carne, leite, lã, couro etc.: *rebanho de cabras, de ovelhas, de bois etc.*

recomeçar re.co.me.çar
v. Começar de novo: *Mariana vai recomeçar a lição.*

refazer re.fa.zer
v. Fazer de novo: *Vou refazer meu desenho porque ele não ficou bom.*

regar re.gar
v. Molhar (plantas, terra etc.): *Mamãe está regando a grama do jardim.*

reler re.ler
v. Ler de novo: *Vou reler a história.*

religar re.li.gar
v. Ligar de novo: *Vou religar o computador para terminar o trabalho.*

renascer re.nas.cer
v. Nascer de novo: *Com a chegada da primavera, a natureza parece renascer.*

renascimento re.nas.ci.men.to
subst. masc. Um novo nascimento: *O renascimento da natureza começa com a chegada da primavera.*

resumir re.su.mir
v. Dizer em poucas palavras: *Vamos resumir a história que lemos.*

revoada re.vo.a.da
subst. fem. Bando de aves voando: *Vimos uma revoada de pombos.*

riacho ri.**a**.cho
subst. masc. Pequeno rio: *No fundo da chácara, passa um riacho.*

rima **ri**.ma
subst. fem. Repetição de um som no final de alguns versos de uma poesia. Veja, por exemplo, as rimas da poesia "Escorregão", na página 46.

risonho ri.**so**.nho
adj. Que sorri: *menino risonho.*

ruela ru.**e**.la
subst. fem. Rua pequena: *Ele mora nessa ruela.*

Ss

saboroso sa.bo.**ro**.so
adj. Gostoso, que tem bom sabor: *comida saborosa.*

sadio sa.**di**.o
adj. Que tem boa saúde: *menino sadio.* ■ Ant.: doentio.

saltar sal.**tar**
v. Pular: *O cavalo saltou a cerca.*

salvar sal.**var**
v. Livrar de um grande perigo: *O bombeiro salvou a menina quando a casa pegou fogo.*

sapeca sa.**pe**.ca
adj. masc. e fem. Arteiro, levado: *menino sapeca.*

saudável sau.**dá**.vel
adj. masc. e fem. Que é bom para a saúde: *clima saudável.*
■ Pl.: saudáveis.

sério **sé**.rio
adj. **1.** Que não ri: *homem sério.* **2.** Importante: *assunto sério.* **3.** Grave: *acidente sério.*

simples **sim**.ples
adj. masc. e fem. Que se pode fazer ou entender sem dificuldade: *Este trabalho é simples.* ■ Ant.: complicado.

sincero sin.**ce**.ro
adj. Que diz realmente o que pensa, o que sente: *homem sincero.* ■ Ant.: mentiroso.

soletrar so.le.**trar**
v. Pronunciar cada letra de uma palavra: *Ele soletrou seu nome para o professor.*

soltar sol.**tar**
v. **1.** Libertar: *Ele soltou o pássaro que estava na gaiola.*
2. Largar o que estava segurando: *Ela soltou a corda.*

sono **so**.no
subst. masc. Vontade de dormir: *Estou com sono.*

sonolento so.no.**len**.to
adj. Que tem sono: *menino sonolento.*

sorridente sor.ri.**den**.te
adj. masc. e fem. Risonho, alegre: *menina sorridente.*

sortudo sor.**tu**.do
adj. Que tem muita sorte: *homem sortudo.* ▪ Ant.: azarado.

subir su.**bir**
v. Ir para cima: *Choveu bastante e a água do rio subiu muito.*
▪ Ant.: descer.

sujar su.**jar**
v. Tornar sujo: *Ele pisou na lama e sujou os sapatos.*
▪ Ant.: limpar.

sujo **su**.jo
adj. Que não está limpo, que não tem limpeza: *quarto sujo.*
▪ Ant.: limpo.

sumir su.**mir**
v. Desaparecer: *Bia percebeu que sumiram alguns livros da estante.*

sussurrar sus.sur.**rar**
v. Falar bem baixinho, murmurar: *Eles estão sussurrando no fundo da sala.*

Tt

tagarela ta.ga.**re**.la
adj. masc. e fem. Que fala muito: *Mas que menino tagarela, não para de falar!*

terminar ter.mi.**nar**
v. Concluir, finalizar, acabar: *Estou terminando a lição.*
▪ **Ant.**: começar, iniciar.

terrível ter.**rí**.vel
adj. masc. e fem. 1. Que provoca terror ou pavor: *monstro terrível.* **2.** Que causa grande infelicidade ou tragédia: *acidente terrível.* ▪ **Pl.**: terríveis.

tranquilo tran.**qui**.lo
adj. Calmo, sereno: *Ele está tranquilo.*

transbordar trans.bor.**dar**
v. Sair das bordas ou margens: *O rio transbordou e inundou a cidade.*

transparente trans.pa.**ren**.te
adj. masc. e fem. Que deixa passar a luz e ver o que está do outro lado: *Esse pote tem um vidro transparente.*

tristonho tris.**to**.nho
adj. Que revela tristeza: *rosto tristonho.*

trocar tro.**car**
v. **1.** Mudar: *Vou trocar de roupa.* **2.** Dar uma coisa por outra: *Ele quer trocar seus patins por uma bicicleta.*

turma **tur**.ma
subst. fem. Grupo de pessoas que são amigas ou que trabalham ou fazem alguma atividade em conjunto: *Uma turma de estudantes visitou o museu.*

Uu

úmido **ú**.mi.do
adj. Levemente molhado: *pano úmido.*

único **ú**.ni.co
adj. Que é um só: *Sou filho único, não tenho irmão nem irmã.*

urgente ur.**gen**.te
adj. masc. e fem. Que não se pode deixar para depois: *socorro urgente.*

útil **ú**.til
adj. masc. e fem. Que serve para alguma coisa: *A pá é muito útil para o jardineiro.* ▪ **Pl.**: úteis. ▪ **Ant.**: inútil.

Vv

valente va.**len**.te
 adj. masc. e fem. Corajoso: *homem valente*. ▪ **Ant.**: covarde, medroso.

velho **ve**.lho
 adj. **1.** Idoso, que tem muitos anos de vida: *senhora velha*.
 2. Antigo, que existe há muito tempo: *cidade velha*.
 ▪ **Ant.**: novo.

veloz ve.**loz**
 adj. masc. e fem. Rápido: *Ela é uma atleta veloz*. ▪ **Pl.**: velozes.
 ▪ **Ant.**: lento.

vencer ven.**cer**
 v. **1.** Derrotar: *Tenho certeza de que vamos vencer esse adversário.* **2.** Ganhar: *Vencemos o campeonato.*

ventania ven.ta.**ni**.a
 subst. fem. Vento forte: *A ventania levou embora o chapéu do homem.*

vento **ven**.to
 subst. masc. Ar em movimento: *O vento balança as folhas das árvores.*

verso **ver**.so
 subst. masc. Cada uma das linhas de uma poesia. Veja, por exemplo, os versos da poesia "Liberdade", na página 101.

visível vi.**sí**.vel
 adj. masc. e fem. Que se consegue ver: *Ele tem uma mancha visível na camisa.* ▪ **Pl.**: visíveis. ▪ **Ant.**: invisível.

vontade von.**ta**.de
 subst. fem. Desejo: *Tenho vontade de comer esse doce.*

Ww

A letra w [lê-se **dábliu**] é usada em palavras estrangeiras, em símbolos científicos e em abreviaturas. Ora ela tem o som de **u**, ora tem o som de **v**.

Show

Xx

xale xa.le
  subst. masc. Peça de vestuário que as mulheres usam sobre os ombros: *Ela está usando um xale vermelho.*

xampu xam.**pu**
  subst. masc. Produto para lavar os cabelos: *Eu usei xampu quando tomei banho.*

xarope xa.**ro**.pe
  subst. masc. Remédio líquido açucarado: *Esse xarope é de mel com agrião.*

xereta xe.**re**.ta
  adj. masc. e fem. Intrometido: *Este menino é muito xereta.*

Yy

A letra y [lê-se **ípsilon**] é usada na escrita de palavras estrangeiras, em abreviaturas e em símbolos científicos. Pode-se encontrar a letra **y** em alguns nomes próprios.

Yuri   Yara

Zz

zangado zan.**ga**.do
  adj. Muito bravo, irritado: *O homem ficou zangado com a brincadeira que os colegas fizeram com ele.*

zelador ze.la.**dor**
  subst. masc. Homem encarregado de tomar conta de um prédio: *Meu tio é o zelador desse prédio.* ▪ **Pl.**: zeladores.

zombar zom.**bar**
  v. Caçoar, rir de alguém: *Não devemos caçoar das pessoas.*

zonzo **zon**.zo
  adj. Tonto, atordoado: *Fiquei zonzo com aquele barulhão!*